Dolce Ita

Acta Universitatis Wratislaviensis No 3391

Davide Artico

Dolce Italia?

Dzieje współczesnych Włoch w twórczości Francesca Gucciniego i innych „śpiewających autorów"

Wrocław 2012
Wydawnictwo Uniwersytetu Wrocławskiego

Recenzenci
Wojciech Soliński
Jolanta Maria Żurawska

Redaktor Wydawnictwa
Barbara Majewska

Opracowanie typograficzne
Bogusław Wrona

Projekt okładki
Hanna Parylak

Na okładce: Demonstracja w Rzymie, 1975 © Owen Franken/FotoChannels

ISSN 0239-6661
ISBN 978-83-229-3280-3

Publikacja przygotowana w Wydawnictwie Uniwersytetu Wrocławskiego Sp. z o.o.
50-137 Wrocław, pl. Uniwersytecki 15
tel./fax 71 3752507, e-mail: marketing@wuwr.com.pl

Spis treści

Wstęp i coś jeszcze

W pierwszej wersji niniejsze uwagi złożyły się na rozprawę doktorską obronioną w maju 2007 roku na Wydziale Filologicznym Uniwersytetu Wrocławskiego. Wtedy jej celem było zaprezentowanie, zupełnie w Polsce nieznanej, wielokształtnej aktywności twórczej (w dużym stopniu literackiej) Francesca Gucciniego — artysty na sposób renesansowy wszechstronnego, który nigdy nie dał się uwieść syrenom eklektyzmu i od pół wieku bez mała stanowi jeden z filarów współczesnej kultury włoskiej.

Guccini doczekał się, wcale przez niego nieoczekiwanej, nobilitacji: trafił do włoskich liceów na prawach największych poetów. Rozporządzeniem włoskiego Ministerstwa Oświaty jeden z jego utworów: *Canzone per Piero* (Pieśń dla Piotra), stał się kilka lat temu jednym z tematów wypracowania maturalnego w zakresie języka włoskiego. Niektóre inne wiersze Gucciniego już wcześniej wydrukowano we Włoszech w szkolnych podręcznikach literatury współczesnej. Wszakże jeszcze raz należy podkreślić, że takie mianowanie na poetę sam Guccini wielokrotnie odrzucał, choćby w tekstach swoich „wierszowanych zwierzeń" z lat 70. XX wieku, np. w *Canzone delle osterie di fuori porta* (Pieśń o szynkach podmiejskich, 1974):

> Bo ja wciąż wstaję późno, bo ja kładę
> Się późno. Cała noc przegrana w karty,
> Potem dworcowa kawa, aby zneutralizować wino.
> Lecz nie mam w rękawie usprawiedliwień,
> Nie powtarzam wciąż: jestem poetą,
> Nie chcę realizować żadnych utopii.
> Mój jedyny cel: odnaleźć się w łóżku
> Na drugi dzień[1].

---

[1] F. Guccini, *Canzone delle osterie di fuori porta*, [w:] *Stanze di vita quotidiana*, Milano 1974 — wszystkie przekłady filologiczne tekstów piosenek: Davide Artico i Wojciech Soliński.

Powszechnie wiadomo, że nie wolno bezpośrednio utożsamiać wypowiedzi podmiotu lirycznego czy epickiego narratora z poglądami autora dzieła literackiego. Jednakże odrzucenie nieco stereotypowej roli „poety" doskonale pasuje do osobowości Gucciniego. Napisał on wiele — rzekłoby się: bardzo wiele — wierszy, ale to są głównie teksty piosenek. Nie są to wprawdzie zwyczajne piosenki estradowe, są to dzieła wnikliwie, często przenikliwie prześwietlające problemy jednostki i społeczności włoskiej naszych czasów. Ta zaduma ma nierzadko charakter rozważań filozoficznych, a zawsze kunsztowny kształt literacki. Jego utwory pozostają jednak piosenkami napisanymi w celu ich śpiewania na koncertach. Nigdy nie były przeznaczone do opublikowania w zbiorach poetyckich.

Jeśli nie poetą, to kim jest zatem Francesco Guccini? A trzeba też dodać, iż oprócz bycia, Polak powiedziałby, „tekściarzem" i kompozytorem własnych piosenek, jest on także autorem kilku powieści autobiograficznych niepozbawionych finezji w przedstawieniu fabuły przy szerokim zastosowaniu autoironii. Napisał też kilka scenariuszy komiksowych. A przecież napisał także — do spółki z Lorianem Macchiavellim — kilka powieści kryminalnych, i wreszcie nie wolno też zapominać o tym, że Guccini — z powodzeniem — zagrał jako aktor w kilku filmach.

Kiedy ograniczy się pole obserwacji twórczości Gucciniego tylko do jego utworów wierszowanych, wydaje się, że najbardziej uzasadnione byłoby określenie go mianem barda. Tym wyrazem pochodzenia celtyckiego określa się twórcę, który jest zarazem poetą i pieśniarzem — często wędrownym — opiewającym czyny bohaterów. Dzieło barda przypomina zwyczajną piosenkę, ale literacko wyrafinowany tekst oraz tak zwane wielkie tematy epickie, charakterystyczne dla eposu, pozwalają uznać je za utwór poetycki. Mówiąc o tematach epickich w wierszach Gucciniego, należy podkreślić, że bohaterowie nie odpowiadają wprawdzie obrazowi typowemu dla kultury hellenistycznej. Próżno szukać tu Achillesa czy Eneasza, pogromców wrogów czy założycieli nowych cywilizacji. Jednak dynamiczny sposób przedstawiania jednostkowych losów zwykłych ludzi w wierszach Gucciniego jest bardzo podobny do diachronicznego rozwijania się akcji w klasycznej poezji epickiej. Nadto wybór słownictwa niemal zawsze odnosi czytelnika do języka arcydzieł światowej literatury w ich włoskich przekładach.

Trzeba wszakże pamiętać o tym, że termin „bard" w języku polskim należy do pola semantycznego, w którym znajduje się również określenie „piosenka autorska". Wkraczamy tu na „pole minowe" dosłownego tłumaczenia i interferencji językowej. Mówiąc o piosence autorskiej, nie oddajemy jeszcze — albo oddajemy w bardzo ograniczonej mierze — znaczenia włoskiego wyrazu *cantautore*, którym zwykle określa się na Półwyspie Apenińskim postacie takie, jak Guccini. Wyraz ten odnosi się pozornie do piosenkarza piszącego teksty i muzykę do piosenek, które następnie wykonuje na estradzie i nagrywa na płytach. Formalnie jest połączeniem słowa *cantante*, to jest „piosenkarz", ze słowem *autore*, czyli właśnie „autor". Semantyka neologizmu jest jednak inna. Związek, jaki zachodzi między wyrazem *cantautore* a postacią, na którą wskazuje, jest o wiele węższy od sumy znaczeń dwóch pierwotnych znaków językowych.

Nie wszystkich piszących dla siebie piosenkarzy można obdarzyć mianem *cantautore*. Gdyby na gruncie polszczyzny zaryzykować neologizm: kantautorem staje się tylko ten, kto jest w stanie przetwarzać zwykłe doświadczenia życiowe na świadomość zbiorową za pomocą wierszowanych utworów do śpiewania. Przypominają one pod tym względem starogreckie *epé*. W szeroko pojętej kulturze hellenistycznej *epé*, to jest opowiadania o epopejach zgodnie z definicją stosowaną m.in. przez Pindara, spełniały właśnie rolę przekazywania pewnych elementów świadomości zbiorowej.

Tłumacząc *cantautore* na „bard", stosuje się uproszczenie, które zostawia cały szereg nierozstrzygniętych zagadnień. Włoski *cantautore* ma swoje odrębne tło społeczne, polityczne, kulturowe, na którym tworzy niepowtarzalne dzieła muzyczne i przede wszystkim literackie. Te dzieła zaś są tylko w bardzo ograniczonym stopniu porównywalne z dorobkiem autorów, z którymi polskiej publiczności kojarzy się określenie „bard". Wprawdzie pewne postacie, a wspomnijmy tu chociażby doskonale znanego wszystkim Włodzimierza Wysockiego, były bardzo cenione, a nawet lubiane i w pewnej mierze naśladowane przez kantautorów. Jednakże kantautor to ktoś inny. Nie ważniejszy, nie zdolniejszy, tylko inny.

Jeżeli koniecznie musielibyśmy poszukiwać pierwowzorów włoskich kantautorów w stosunkowo ograniczonym wymiarze czasowym, a mianowicie u schyłku lat 50. XX wieku, to wskazalibyśmy raczej na francuskich *chansonniers*. Pierwszym Francuzem, którego przyjęcie we Włoszech szło w parze z powstaniem nowego stylu muzycznego, był niewątpliwie Gilbert Bécaud. Jego sposób wykonywania własnych utworów inspirował wielu włoskich piosenkarzy, którzy mieli potem stać się nadzwyczajnie popularnymi gwiazdami estrady. Byli wśród nich Sergio Endrigo, Fabrizio De André, jak również jeden z najsłynniejszych Włochów na świecie: Domenico Modugno.

Wprawdzie twórczość francuskich *chansonniers* była przyjmowana początkowo we Włoszech bardzo powierzchownie. Dobitnie świadczą o tym między innymi złagodzone językowo i przytłumione treściowo wersje włoskie piosenek samego Bécaud[2]. Wkrótce jednak, to znaczy na początku lat 60., powstały dwa niezależne od siebie nurty twórczości rdzennie włoskiej. Były nimi tak zwana szkoła genueńska, do której należeli Gino Paoli, Luigi Tenco i wspomniany De André, oraz grupa z Turynu zwana Cantacronache, na której czele stała postać nadzwyczajnie przypominająca Georges'a Brassensa, czyli Fausto Amodei.

Oba nurty przyjęły niektóre cechy twórczości *chansonniers*, rozwijały je jednak w sposób zdecydowanie oryginalny. Pierwszą z tych cech była przewaga słowa wierszowanego w stosunku do partytury, co stanowiło o szczególnie nowatorskiej przemianie we włoskiej panoramie muzyki popularnej. Ponadto język tych wierszy stawał się coraz bardziej ludowy, związany z życiem codziennym. W sferze słownictwa starano się unikać nadmiernie dotąd eksploatowanej retoryki romantycznej miłości. Zaczęły się pojawiać coraz odważniej wyrażenia powszechnie uważane za „skandalizujące", czyli takie, które nie szły w parze z wciąż jeszcze pruderyjnym nastawieniem większości słucha-

---

[2] Ciekawy przykład porównania dosłownego przekładu tekstu francuskiego Bécaud z włoską wersją tej samej piosenki znajduje się w: E. de Angelis, *Le mal de Paris. Influenza della canzone francese su quella italiana*, „Trasparenze" 22, 2004, s. 43–44.

czy, albo takie, które jako nazbyt konkretne wciąż można było uznać za „niepoetyckie".

Przykładowo można tu przypomnieć utwór *Il cielo in una stanza* autorstwa Gina Paolego, w którym przypuszczalnie nieślubna para kocha się w pokoju wynajętym na godziny, a mimo to przeżywa niezapomniane chwile miłości, gdy zmurszałe ściany stają się w oczach wyobraźni drzewami rajskiego ogrodu, a źle pomalowany na fioletowo sufit awansuje do rangi nieba. Innym przykładem takiej antyromantyczności jest piosenka, w której tekście Luigi Tenco powiada: „Zakochałem się w Tobie, bo nie miałem nic lepszego do roboty". A warto wspomnieć także Fabrizia De Andrégo śpiewającego o dziewczynie imieniem Marinella, która kochała się wśród zboża z przypadkowo poznanym „królem bez korony i świty", a potem utonęła w rzece.

To pierwsze pokolenie kantautorów przeprowadziło więc swego rodzaju rewolucję kulturową na fali francuskiego egzystencjalizmu za pośrednictwem tekstów piosenek. Treść wierszy nie wykluczała zagadnień politycznych, ale w żadnej mierze nie ograniczała się do nich. Daremnie poszukiwałoby się wśród włoskich kantautorów z lat 60. odpowiednika Jacka Kaczmarskiego, który w tematy polityczne brnął czasami nazbyt łatwo. Wprawdzie jego pieśni bywały czasami zbyt dowolnie interpretowane przez publiczność. Najlepszym tego przykładem są *Mury*, uznane za hymn Solidarności, mimo że przesłanie utworu dotyczy przede wszystkim twórczości artystycznej, która „traci" autora i przechodzi w ręce ogółu[3]. Ogólnie rzecz ujmując, refleksje Kaczmarskiego były jednak jednoznacznie ukierunkowane politycznie, co też wynika zresztą z jego tekstów prozatorskich opublikowanych w podziemiu, na przykład w wydawanym w latach 80. we Wrocławiu piśmie Solidarności Walczącej „Walka".

Tymczasem we Włoszech lat 60. kwestie polityczne przenikały do tekstów piosenek mocno zakamuflowane. Czasy były jeszcze takie, że strajki robotników tłumiło wojsko i rządy sprawowała prawica w znacznej mierze pofaszystowska. Dlatego też we włoskiej muzyce popularnej pojawiały się tematy wcześniej tam nieobecne, takie jak:

---

[3] Por. K. Gajda, *Jacek Kaczmarski w świecie tekstów*, Poznań 2003, *passim*.

samotność, brak umiejętności czy też możliwości dogłębnego komunikowania się, tęsknota, sprawy życia i śmierci. Jednym słowem pierwsza fala kantautorów odmładzała muzykę włoską i na swój sposób próbowała wyciągnąć ją z zaścianka. Szczególnie interesującym zjawiskiem jest przy tym zaangażowanie autorów z uznanych środowisk literackich we wspólne pisanie tekstów piosenek. W ten sposób Italo Calvino brał udział w Cantacronache, a Pier Paolo Pasolini napisał teksty dla kantautorki Laury Betti[4].

Złoty wiek piosenki autorskiej w wykonaniu włoskich kantautorów zaczął się na fali buntu obyczajowego, zwanego często „francuskim majem" roku 1968. Do Włoch echa paryskich wydarzeń dotarły bardzo szybko i równie szybko ten nowy ruch społeczny i polityczny trafił tu na żyzną glebę. Warunki były, rzec można, optymalne. Niebawem do buntu rozgoryczonej i rozczarowanej młodzieży mieli się przyłączyć wykorzystywani i czasami też gwałtownie represjonowani robotnicy. Świadczy o tym tzw. gorąca jesień roku 1969, kiedy strajki i manifestacje wstrząsnęły całym terytorium Włoch.

W zaistniałej sytuacji twórczość kantautorów zaczęła się rozwijać w przyśpieszonym tempie, odzwierciedlając nowe kierunki kulturowe, które docierały do Włoch z Francji i coraz częściej również z kręgów zbuntowanej młodzieży amerykańskiej. Właśnie w tym okresie zaczyna swoją działalność profesjonalną Francesco Guccini. Początkowo jako autor piosenki dla zespołu Equipe 84, by następnie — już w roku 1967 — nagrać swoją pierwszą płytę solową.

Teraz należałoby wskazać na poważne różnice, jakie zachodzą między działalnością artystyczną i zaangażowaniem politycznym włoskich kantautorów lat 60. a późniejszą twórczością „bardów" w powszechnie przyjętym w Polsce ujęciu. Najważniejsza zbieżność dotyczy tak zwanej kwestii partyjności. Antykomunistyczne nastawienie takich artystów, jak Wysocki czy Kaczmarski, wynikało z ich rozumienia (a właściwie bezkrytycznego utożsamienia) pojęcia komunizmu związanego z konkretnym systemem rządzenia państwem w wykonaniu radzieckim.

---

[4] Zob. F. Bernasconi, *I sentieri incrociati delle canzoni di Italo Calvino e Pier Paolo Pasolini*, „Trasparenze" 22, 2004, s. 5–10.

Mury, które miały runąć w słynnej piosence Kaczmarskiego, były murami takiego właśnie „ludowego" ustroju. Mało kto ma w tej kwestii jakiekolwiek wątpliwości. Utwór — szczególnie w jego pierwotnej wersji — jest o wiele mniej konfesyjny, niż wynika z tego spostrzeżenia. Osobowość Kaczmarskiego też nie była aż tak płytka. Tym niemniej motyw opozycji wobec autorytarnych rządów w Polsce minionej epoki jest elementem nierozłącznie związanym z twórczością autora, do którego na stałe przylgnęła etykieta „barda Solidarności".

Zgoła odmiennie rzecz się miała z włoskimi kantautorami końca lat 60. ubiegłego wieku. Na pierwszy plan wysuwa się oczywistość: nie było wtedy we Włoszech opozycji ustrojowej. Stwierdzenie może się wydaje paradoksalne, dlatego że właśnie na Półwyspie Apenińskim działała największa i najlepiej zorganizowana partia komunistyczna w ówczesnej Europie Zachodniej. Przy czym trzeba pamiętać, że już od pierwszych lat powojennych Włoska Partia Komunistyczna zaakceptowała ustrój parlamentarny i nigdy później nie zamierzała zmienić tej swojej strategii[5]. Z tego też względu WPK stanowiła opozycję organiczną i tym samym była nierozłączną częścią ustroju. Sama nomenklatura partii patrzyła nieufnie, jeśli nie wręcz wrogo, na nową podmiotowość młodzieży i najbardziej buntowniczych przedstawicieli świata pracy. Na pewno włoscy komuniści ze swoją staroświecką mentalnością — nie mówiąc o przywiązaniu do modelu radzieckiego, z którego jednak zrezygnowano po stłumieniu Praskiej Wiosny w 1968 roku — nie mogli wobec młodszej generacji odgrywać roli optymalnej opcji politycznej, którą mogłaby ona poprzeć w nadziei na gruntowną przemianę kulturową i obyczajową.

Bunt polityczny kantatutorów był więc skierowany przeciwko starym porządkom, ale nie na rzecz jakiejś wymarzonej alternatywy. Był może jałowy, ale z pewnością prezentował bardzo przemyślany i dobrze wyważony projekt zmian i propozycji. W jednym kantautorzy wydawali się zgodni ze sobą. Odrzucili — i to stanowczo i z wielką odwagą obywatelską — klimat terroru po zamachach neofaszystowskich. Pierwszy z nich wykonano 12 grudnia 1969 roku w oddziale Banku Gospodarki

[5] Por. P. Spriano, *Le passioni di un decennio (1946–1956)*, Cles 1992.

Rolnej w Mediolanie, gdzie wybuchła bomba i zabiła 16 osób, raniąc około 90[6]. Był to początek kilkunastoletniego okresu tak zwanej strategii napięcia polegającej na sianiu terroru za pomocą zamachów w celu utrudniania demokratycznych przemian i ostatecznego przywrócenia dyktatury faszystowskiej.

Mimo że to przecież element najnowszej historii Włoch, zjawisko „strategii napięcia" jest bardzo mało znane w Polsce. A jeśli już o takim okresie w dziejach Republiki Włoskiej tutaj się rozprawia, to zwykle największą uwagę zwraca się na zbrodnie popełnione przez Czerwone Brygady. Jest to podejście nieco powierzchowne, niepozbawione zresztą pewnego ideologicznego zabarwienia, jakby jedynym możliwym terrorem był terror samozwańczych lewaków. Ujmując rzecz w sposób ściśle historyczny, należy natomiast stwierdzić, że tzw. czerwony terroryzm był zjawiskiem w sumie marginalnym i trwał o wiele krócej niż terroryzm neofaszystów. Terroryzm niby „lewicowy" stronił od zamachów bombowych, w których straciło życie wiele niewinnych ofiar, ograniczając się do walki zbrojnej z domniemanymi „wrogami klasowymi" proletariatu. Oczywiście zbrodnie Czerwonych Brygad, a w szczególności krwawe napaści na sędziów, przedstawicieli „upaństwowionych" związków zawodowych i innych, też przyczyniły się do zwiększenia strachu i wchodziły więc w skład „strategii napięcia". Badania włoskich historyków wskazują jednak na to, że to nie Czerwone Brygady, lecz ugrupowania skrajnie prawicowe ponoszą odpowiedzialność za co najmniej 83% wszystkich zabójstw na tle politycznym w latach 70. we Włoszech[7].

Zamachy terrorystyczne neofaszystów szły zresztą w parze z próbą zamachu stanu przez skrajnie prawicowe, nacjonalistyczne ugrupowanie Avanguardia Nazionale, na którego czele stał były komandor faszystowskiej marynarki wojennej Junio Valerio Borghese. Rok po zamachu bombowym w Mediolanie, w nocy z 7 na 8 grudnia 1970 roku, komandor Borghese przejął siedziby niektórych ministerstw oraz centralę telewizji państwowej w Rzymie, ogłaszając powstanie

---

[6] J.A. Gierowski, *Historia Włoch*, Wrocław 1999, s. 587.

[7] Por. G. Bocca, *Il terrorismo italiano*, Milano 1981, *passim*.

nowych rządów faszystowskich we Włoszech. Pomagało mu przy tym między innymi kilku oficerów wywiadu wojskowego[8]. Wskutek jednak tajemniczej rozmowy telefonicznej próba zamachu stanu wkrótce została powstrzymana. Borghesemu zapewniono niekaralność i wyemigrował do wtedy jeszcze frankistowskiej Hiszpanii, gdzie zmarł kilka lat później.

Terror neofaszystowski trwał nieprzerwanie do 2 sierpnia 1980 roku, kiedy to dokonano ostatniego i równocześnie najkrwawszego zamachu bombowego. W poczekalni II klasy dworca kolejowego w Bolonii straciło wtedy życie 85 osób, około 200 zostało rannych. Było to największe ludobójstwo we Włoszech od zakończenia II wojny światowej, po czym „strategia napięcia" straciła rozpęd i zakończyła się jako zjawisko obejmujące całe społeczeństwo Włoch.

Tymczasem pierwszym zamachem Czerwonych Brygad było zastrzelenie genueńskiego sędziego Maria Sossiego w 1970 roku. Największa aktywność „czerwonych" terrorystów przypada jednak na drugą połowę lat 70., kiedy to do władzy (w roku 1976) dochodzi tak zwany rząd jedności narodowej, skupiający ugrupowania od chadecji po WPK. Punktem kulminacyjnym działalności terrorystycznej Czerwonych Brygad było porwanie genseka chadecji Alda Moro 16 marca 1978 roku. Po 54 dniach spędzonych w niewoli terrorystów Moro został zabity z zimną krwią. Zwłoki polityka znaleziono 9 maja 1978 roku w bagażniku czerwonego renault w pobliżu polskiego kościoła w Rzymie.

Wszystkie te wydarzenia odbiły się echem w piosenkach kantautorów. Jeszcze raz należy podkreślić, że w przeważającej części teksty tych piosenek nie nawiązywały bezpośrednio do walki politycznej, tylko do klimatu kulturowego, który nastał we Włoszech w trudnym okresie terroryzmu. Najpowszechniejszym motywem tekstów była wytrzymałość Włochów w obliczu nawet największych tragedii. „Bolonia [...] tak prowadzi swoje obrachunki z życiem, aby nigdy nie upaść po ciosie", śpiewał Guccini, a wtórował mu Francesco De Gregori: „Niech żyją Włosi, którzy potrafią to wytrzymać i stawiać opór".

[8] G. De Lutiis, *Storia dei servizi segreti in Italia*, Roma 1991.

Jeszcze raz dostrzec można zasadnicze różnice między nimi a „bardami" w ujęciu zakorzenionym w polskich realiach. Nie ma podziału na „dobrych" i „złych", jest tylko piekło bezsensownego zabijania. Nie ma też żadnej opcji politycznej do popierania: ani prawicy, ani lewicy, ani rządu, ani opozycjonistów. Pozostaje nadzieja i wewnętrzna siła ludzi, którzy wiele przeżyli i wiele jeszcze przyjdzie im przeżyć. Lata 70. jawią się w twórczości kantautorów jako podatny grunt dla nowego egzystencjalizmu, tym razem zupełnie odmiennego od tego importowanego — nierzadko zbyt powierzchownie — z Francji w poprzedniej dekadzie.

Trzecie pokolenie kantautorów zaczęło wyrastać po roku 1977 i cieszyło się w miarę dużą popularnością przez całe lata 80. Rok 1977 był przełomowy z przynajmniej dwóch względów. Przede wszystkim powstał właśnie wtedy w Wielkiej Brytanii pewien ruch, który był nie tylko muzyczny, ale również obyczajowy. Określa się go zazwyczaj mianem *punk*. Nastawienie młodych generacji, i to nie tylko we Włoszech, było bardzo przychylne wobec wszystkich nurtów kultury anglosaskiej. Osiągało wtedy pełnoletność pokolenie urodzonych w drugiej połowie lat pięćdziesiątych, to jest w okresie, kiedy się już skończyła odbudowa po zniszczeniach wojennych i zaczynał szybki wzrost gospodarczy. Była to pierwsza generacja, która mogła już spędzić dzieciństwo przed telewizorem, słuchać do woli Beatlesów i Stonesów, a przede wszystkim miała dosyć zaściankowej kultury tradycyjnej i wszystko to, co pachniało angielszczyzną, postrzegała jako obietnicę modernizacji spleśniałych stosunków rodzinnych i społecznych.

Import nowych nurtów kulturowych z Anglii i ze Stanów Zjednoczonych pogrążonych w wietnamskim szoku szedł w parze z ostatecznym rozczarowaniem polityką partyjną. Rządy jedności narodowej w latach 70. dążyły do utworzenia ustroju socjaldemokratycznego, który jednak nie odpowiadał ani robotnikom, ani pracodawcom. Na szczególny brak zaufania cierpiała przede wszystkim tradycyjna lewica. Przykładowe pod tym względem jest wydarzenie z 17 lipca 1977 roku. Doszło wtedy w Rzymie do protestu rozgoryczonych ludzi pracy przeciw sekretarzowi największego związku zawodowego Lucianowi Lamie. Protestujący robotnicy skarżyli się, że związki zawodowe są w zmowie z pracodawcami i nie działają skutecznie na rzecz pracowników. Doszło wtedy do starć między robotnikami i ochroną sekretarza Lamy.

Nowe pokolenie kantautorów odczuwało napięcie młodych ludzi i starało się przełożyć takie niespokojne nastroje zbiorowe na formy ekspresyjne bardzo niekonwencjonalne. Lekcja muzyczna, jakiej udzieliła im subkultura punków, choć w złagodzonej formie, została przecież odrobiona. Przewaga słowa wierszowanego nad muzyką powoli zanikła na rzecz bardziej rockowych partytur i dominującego nade wszystkim rytmu basów elektrycznych. W tekstach zaczęły się też pojawiać pierwsze jawne i wyraźnie zamierzone naruszenia zasad gramatycznych i składniowych. Wyrażenia rodem z żargonu młodzieżowego przestały być nadzwyczajnym elementem oburzającego naruszenia panujących tu konwencji; ich wykorzystywanie stało się wręcz normą.

Szeregi pokolenia 1977 mocno przerzedziły zażywane wtedy dość powszechnie narkotyki. Inni jego przedstawiciele przestali po prostu zajmować się zawodowo piosenkami, między innymi bardzo obiecujący swego czasu mediolańczyk Alberto Camerini. Jeszcze inni zaczęli pisać piosenki dla innych wykonawców, na przykład genueńczyk Ivano Fossati, który do dziś bardzo niechętnie występuje osobiście na estradzie. Niektórzy jednak doczekali się sławy. Wśród nich znajdujemy bez cienia wątpliwości Vasca Rossiego, w latach 80. opiewającego w swych utworach uroki zabaw dyskotekowych i kokainowych odlotów, dziś statecznego pana w średnim wieku. Innym przykładowym przedstawicielem tego pokolenia, który jest artystycznie czynny do dzisiaj, jest Eugenio Finardi. Będąc synem mediolańskiego inżyniera i bostońskiej śpiewaczki operowej, dwujęzyczny Finardi zaczął swoją karierę w wieku 16 lat na koncertach plenerowych, osiągając sukces około dwudziestki za sprawą płyty pt. *Sugo*. Już tytuł jest swego rodzaju prowokacją kulturową. Włoski wyraz *sugo* oznacza zarówno „wyciąg z owoców", jak i „sos", na przykład do makaronu, czyli wskazuje na kwintesencję smaku. Pojawia się na zakończeniu *Narzeczonych* Aleksandra Manzoniego w znaczeniu „sedno", „najważniejsze przesłanie" tej — osadzonej w realiach siedemnastowiecznej Lombardii — historii miłości, chce się rzec, z przeszkodami. Wybór takiego słowa na tytuł płyty Finardiego zmierza ku udowodnieniu, że młodzież z jednej strony szuka głębszego sensu istnienia, z drugiej zaś nie może się już zadowolić przestarzałą, dziewiętnastowieczną kulturą, której wcieleniem jest właśnie Manzoni i jego powieść — do dziś obowiązkowa lektura szkolna. Zastępuje ją „muzyką buntowniczą", jak brzmi tytuł jednego z utworów na płycie: *Musica ribelle*.

Kantautorów było znacznie więcej, nie sposób wymienić ich wszystkich. Podsumowując, należy jednak podkreślić jeszcze raz, że określenie *cantautore* bardzo słabo tłumaczy się polskim wyrazem „bard". Po pierwsze zjawisko artystyczne jest o wiele bardziej długotrwałe niż epopeja bardów w ścisłym polskim pojęciu. Jacek Kaczmarski i jego rosyjskie *alter ego* Włodzimierz Wysocki byli nadzwyczajnie błyszczącymi gwiazdami jednego sezonu, to jest okresu u schyłku lat 70. i na początku 80. We Włoszech natomiast pierwsze przykłady rodzimej twórczości w zakresie piosenki autorskiej pojawiły się już pod koniec lat 50. na fali francuskojęzycznych *chansonniers*, szczególnie triady: Brassens, Brel, Ferré. Nowa forma przekazu artystycznego cieszyła się uznaniem największych współczesnych literatów, między innymi Calvina i Pasoliniego, podczas gdy na stylu wykonawczym Bécaud wzorował się też Domenico Modugno[9].

Po wielkiej rewolucji obyczajowej w 1968 roku kantautorzy byli coraz bardziej popularni i przekształcili samą istotę piosenki na formę ekspresyjną, w której decydującą rolę odgrywa poetycka forma, a treść zawiera czasem bardzo głębokie rozważania egzystencjalne. Obecne są również tematy *sensu lato* polityczne, chociaż — jak się rzekło — kantautorzy nie uprawiają polityki partyjnej ani pozapartyjnej działalności opozycyjnej, w swoich utworach poszukują najczęściej głębokiego sensu życia i śmierci w obliczu zagrożeń terrorystycznych i ograniczonej demokracji włoskiej.

Po roku 1977 i w przeciągu całych niemal lat 80. do głosu dochodzi jeszcze jedno pokolenie kantautorów — buntownicze i kontrowersyjne. Źródłem inspiracji są dla nich przede wszystkim nowe nurty muzyczne pochodzące z krajów angielskojęzycznych, przy czym treści utworów

[9] Kantautorami (kantautorkami) mogliby zostać nazwani na przykład Wojciech Młynarski, Jonasz Kofta czy Agnieszka Osiecka, gdyby pisali melodie do swoich piosenek.

odzwierciedlają w sposób bardzo wyraźny i bezpośredni niepokoje młodzieży pogrążonej w niepewności jutra i chaosie ówczesnego społeczeństwa włoskiego. Nieliczni autorzy z tamtego okresu są artystycznie czynni zawodowo po dziś dzień.

W świetle powyższego wyjaśnienia jest teraz może bardziej przejrzyste stwierdzenie, że Guccini jest kantautorem. Nie jest poetą w ujęciu ścisłym. Nie jest też po prostu „bardem", chyba że uznamy, iż wyraz ten należy interpretować w znaczeniu etymologicznym, to jest według pierwowzoru celtyckiego, a nie w jego aktualnym znaczeniu w języku polskim. Jednakże w stosunku do Gucciniego określenie *cantautore* wydaje się zakresowo zbyt wąskie, szczególnie wtedy, kiedy bierze się pod uwagę cały dorobek artystyczny i literacki autora. Rozumie się chyba samo przez się, dlaczego badania przedstawione w pracy doktorskiej dotyczyły prawie wyłącznie Gucciniego utworów wierszowanych, czyli tekstów jego piosenek. Wyczerpująca praca naukowa o całokształcie twórczości Gucciniego objęłaby kilka tomów o pokaźnych rozmiarach. Sama analiza tekstów piosenek zajęła w rozprawie bez mała trzysta stronic.

Tak czy inaczej, pozostaje podstawowe zagadnienie, że dorobek Gucciniego jest bardzo mało znany, zarówno poza granicami Italii, jak i w niej samej. Stojąc na stanowisku, że warto przybliżyć polskiemu czytelnikowi twórczość tak wielostronnej postaci współczesnej kultury włoskiej, postanowiłem przeredagować i uzupełnić pracę doktorską o dokonania niektórych jego, chce się rzec, kolegów po fachu, bez których — co starałem się, jak umiałem, uzasadnić — nie da się zrozumieć do końca fenomenu włoskiego kantautorstwa tego, które go otaczało wtedy, gdy się rodziło, ale i tego, które mu towarzyszy dzisiaj. Nadto, jak się rzekło, w poprzednim kształcie rozprawa dotyczyła niemal wyłącznie utworów wierszowanych Gucciniego, tymczasem warto zapoznać się również — przynajmniej częściowo — z jego twórczością prozatorską.

Tak powstała koncepcja obecnej książki, która zawiera przede wszystkim informacje o samym Guccinim, a oprócz nich krótkie, przykładowe zarysy autorów z nim porównywalnych. Materiał jest przedstawiony — jeśli było to możliwe — w sposób chronologiczny, a tam, gdzie wydaje się to niezbędne, do rozważań nad samymi utworami dołączono różne informacje o włoskich realiach, chcąc w ten sposób zbudować coś na kształt dziejów współczesnej Italii wyśpiewanych przez Gucciniego i innych kantautorów. Choć sprawdzone i dobrze udokumentowane dane nie zostały przedstawione w sposób ściśle naukowy. Ta praca, w obecnym kształcie, nie jest zresztą — i być nie zamierza — opracowaniem z dziedziny historii najnowszej czy socjologii.

Badania ściśle filologiczne przeprowadzono u źródeł, to jest korzystając z płyt winylowych i partytur pierwszych edycji, co ma zapewnić wiarygodność i powagę naukową. Poddałem również analizie dorobek pisarski Gucciniego, w skład którego wchodzą na razie — Guccini żyje i pracuje, niewykluczone więc, że jego pisarski dorobek jeszcze się poszerzy — trzy dzieła autobiograficzne i pięć powieści kryminalnych powstałych we współpracy z Lorianem Macchiavellim, nie wliczając innych, krótszych tekstów opublikowanych w tomach zbiorowych.

Przegląd twórczości prozatorskiej Gucciniego nie jest jednak w tej książce wyczerpujący, ponieważ jestem zdania, iż analiza jego piosenek — szczególnie jeśli towarzyszy jej analiza dokonań innych śpiewających autorów i samego zjawiska kantautorstwa — jest ważniejsza i w gruncie rzeczy ciekawsza. Postanowiłem więc poświęcić więcej miejsca utworom wierszowanym Gucciniego, których nie analizowałem szerzej w rozprawie doktorskiej, dołączając do nich analizy wybranych piosenek innych autorów z nim porównywalnych, a w końcu postanowiłem też zaprezentować prozę Gucciniego na wybranych przykładach. Na ostatnich stronach umieściłem też bibliografię i dyskografię Gucciniego.

O Guccinim krótko i biograficznie

Napisanie sensownej biografii żyjącego autora jest skrajnie trudnym zadaniem. Towarzyszy mu ogromne zagrożenie hermeneutyczne w opisywaniu przebiegu wydarzeń z życia osoby, którą znamy nie z bezpośrednich, codziennych kontaktów, ale tylko i wyłącznie przez jej twórczość.

Dzieło sztuki jest oczywiście owocem pracy konkretnej osoby. Taki człowiek ma zwykle za sobą własne niepowtarzalne przeżycia i doświadczenia. Niemniej przebiegu twórczej działalności splątanej z doświadczeniem życiowym — czyli tego, co Niemcy określają prostym pozornie wyrażeniem *Werk* (praca) — nie można pod żadnym pozorem utożsamiać z zakończonym dziełem artystycznym. Dzieło: rzeźba, obraz, budowla sakralna, powieść czy też piosenka prawie zawsze stanowi bardzo ograniczone ucieleśnienie Werku.

Dzieło opublikowane sprawia wrażenie doskonałego, czyli w dosłownym sensie skończonego, perfekcyjnego. Nie pozwala się zmodyfikować czy zsyntetyzować, chyba że wykona się jego nową wersję lub adaptację. Po tym jak publiczność zapoznała się z jego kanoniczną wersją, dzieło zaczyna żyć własnym życiem. Publiczność ustosunkowuje się zatem do niezawisłego dzieła, a nie do samego autora, który w międzyczasie miał inne doświadczenia, a w każdym razie nie oddał w całości w dziele swojej świadomości życiowej albo też zaprezentował ją tylko w pewnej części. Idąc tropem Hansa-Georga Gadamera, trzeba powtórzyć, że w toku badań filologicznych schodzi na drugi plan pytanie o prawdę historyczną. O wiele ważniejszy jest zawarty w sztuce potencjał prawdy egzystencjalnej[10]. To jest uniwersalność przesłania samego dzieła bez względu na tymczasową cielesność jego autora.

[10] Por. H.-G. Gadamer, *Prawda i metoda. Zarys hermeneutyki filozoficznej*, Warszawa 2007, zwłaszcza s. 434–439.

Moment publikacji ustanawia cezurę między Werkiem a skończonym dziełem. Cezura ta ma dwie poważne konsekwencje, które — jak może się wydawać — są logicznie ze sobą sprzeczne, obie wszakże należy brać pod uwagę, analizując twórczość danego autora, ponieważ:

- Życiowe doświadczenia autora odzwierciedlają się w jego twórczości. Nie można do końca zrozumieć dorobku danego autora, nie znając w ogóle jego biografii.
- Dzieło artystyczne jest tworem autonomicznym przekazującym sens i znaczenie niezależnie od przeżyć samego autora. Gdyby było inaczej, dzieło to nie byłoby w stanie wywoływać odruchów utożsamiania się z jego przekazem ze strony odbiorców, dla których w ogromnej większości rzeczywisty autor jest osobą nieznaną, często już nieżyjącą.

To powiedziawszy, trzeba uznać, że każde dzieło artystyczne powinniśmy analizować równocześnie na dwóch odrębnych płaszczyznach: dzieło jako owoc Werku, to jest przebiegu twórczego głęboko związanego z biograficznym doświadczeniem autora, oraz dzieło jako niezawisły znak o uniwersalnym potencjale przekazywania sensu. Powinniśmy ponadto wziąć pod uwagę — oprócz powiązań między twórczością a biografią — również stosunki zachodzące między jednostką a społeczeństwem, i to także dwupłaszczyznowo: z punktu widzenia autorskiego usytuowania w realiach życiowych i z punktu widzenia reakcji na otaczającą ją rzeczywistość ze strony publiczności, która najczęściej nie jest tożsama z rzeczywistością tworzącego autora. To ostatnie zagadnienie jest szczególnie ważne w przypadku Gucciniego, ponieważ wśród wielbicieli jego utworów powstałych w latach 60. i 70. znajduje się wielu dzisiejszych nastolatków, którzy jeszcze się nie urodzili, kiedy on pisał swoje piosenki[11].

Rozstrzygające w ramach powyższych zagadnień nie są same struktury społeczne, to jest ustrój polityczny czy stosunki ekonomiczne, ale raczej interakcja poszczególnych osób z tymiż strukturami. Zbyt upraszczające jest redukowanie sztuki i zjawisk kulturowych do wyłącz-

[11] O znaczącej obecności bardzo młodej publiczności w imprezach z udziałem Francesca Gucciniego pisze obszernie prasa codzienna, na przykład R. Celi, *Guccini si rimette in viaggio per raccontare le sue storie*, „La Repubblica" 5 listopada 2002.

nej roli tzw. nadbudowy organizacji gospodarczej i ustrojowej panującej w społeczeństwie, w którym artysta tworzy. Niemniej dzieła sztuki często powstają jako odpowiedzi na bodźce, które stanowią raczej wady niż zalety danej organizacji politycznej, społecznej, wyznaniowej czy wreszcie ekonomicznej. Pozytywne przyjęcie czy też odrzucenie tejże sztuki przez współczesną czy przyszłą publiczność zależy również od struktur społeczeństw, w których żyją osoby stanowiące tę właśnie publiczność.

Wydaje się zatem, że szkicowanie panoramy społeczeństwa, w którym dany autor żyje, tworzy, osiąga mniejszy lub większy sukces, jest ważniejsze od rozważań psychologicznych na podstawie jego biografii. Inaczej mówiąc, wydarzenia osobiste z życia autora nabierają sensu pod warunkiem, że przedstawia się je na tle struktur społeczeństwa, którego autor jest częścią. Z tego właśnie względu doszedłem do wniosku, że dane biograficzne Gucciniego lepiej umieścić w kontekście dziejów Włoch od zakończeniu II wojny światowej do dziś.

Francesco Guccini urodził się zaledwie kilka dni po przystąpieniu faszystowskich Włoch do wojny rozpętanej przez hitlerowców, mianowicie 14 czerwca 1940 roku. W obliczu zagrożenia wojennego, ale przede wszystkim niedoboru żywności w skupiskach miejskich rodzice postanowili przeprowadzić się do wioski zagubionej wśród apenińskich wzgórz. Pomimo że oficjalnie, czyli zgodnie z metryką urodzenia, mały Francesco urodził się w Modenie, *de facto* za jego rodzinną miejscowość należy uznać gminę Pávana na pograniczu między Emilią a Toskanią (wieś leży dzisiaj w obrębie administracyjnym północnotoskańskiego miasta Pistoia).

Sam Guccini tak wspomina swoje „góralskie" dzieciństwo: „Mieszkałem tam w pięknym starym młynie przez pięć pierwszych lat mego życia i to wystarczyło, by na zawsze zostać naznaczonym piętnem Pàvany, i pewnie dlatego wciąż tam wracam w moich tekstach. To przecież tam uczyłem się mówić, jeść, chodzić, patrzeć, śmiać się, płakać, mieć jakieś marzenia"[12].

---

[12] M. Cotto (red.), *Un altro giorno è andato. Francesco Guccini si racconta a Massimo Cotto*, Firenze 1999, s. 11.

Dopiero kilka miesięcy po zakończeniu wojny, to jest późnym latem roku 1945, rodzina Guccinich przeprowadziła się z powrotem do Modeny. W Modenie młody Francesco spędził resztę dzieciństwa i pierwsze lata młodzieńcze. Tam chodził do szkoły, tam też uzyskał świadectwo dojrzałości. Po maturze podjął pracę dziennikarską w lokalnej gazecie.

Pisanie o wydarzeniach na prowincji najwidoczniej nie odpowiadało ambicji młodego Francesca. W wieku dwudziestu lat przeprowadził się do Bolonii i zapisał się na Wydział Filologiczny *almae matris studiorum*, to jest uczelni o najstarszej tradycji na świecie. Studiów nie ukończył. Zaliczył wprawdzie — i to na wysokim poziomie — wszystkie przedmioty, zdał wszystkie stosowne egzaminy, ale w końcu postanowił nie robić dyplomu.

W czasie studiów Guccini utrzymywał się, pracując w bolońskim Dickinson College, gdzie uczył włoskiego amerykańskich studentów. Praca pedagogiczna Gucciniego trwała jeszcze długo po tym, jak nie była już konieczna w celach zarobkowych. Po osiągnięciu bardzo stabilnej sytuacji finansowej Guccini pracował dalej — choć tylko w czasie wakacji — jako lektor włoskiego dla młodych Amerykanów. W sumie spędził aż 20 lat, ucząc w Dickinson College. Jeden z powodów tego trwałego zaangażowania zdradził w wywiadzie sam Guccini:

> Początki były wspaniałe. Elektryzowała mnie sama możliwość uczenia czegokolwiek, a dodatkowo jeszcze okoliczność, że ja i moi studenci byliśmy niemal rówieśnikami. Miałem wtedy 25 lat, oni dobiegali dwudziestki. Z czasem jednak to się znacząco zmieniło, aspekt ludyczny całej sprawy coraz bardziej tracił na znaczeniu, aż wreszcie w roku 1985 zrezygnowałem[13].

Działalność artystyczna Gucciniego jako autora piosenek zaczęła się jeszcze przed przeprowadzką do Bolonii. Pierwszą przezeń napisaną piosenką, o której wiadomo, jest utwór *L'antisociale* (Aspołecznik) z 1961 roku. Jednak w pierwszej połowie lat 60. jego twórczość nie mogła się należycie rozwinąć ze względu na wiele innych obowiązków, m.in. służbę wojskową, którą ukończył w randze podporucznika. Nie był to jednak czas całkowicie stracony. Napisał wtedy Guccini jedną

---

[13] *Ibidem*, s. 57.

ze swoich najbardziej do dziś popularnych piosenek, a mianowicie *Auschwitz*, która błyskawicznie osiągnęła wielki sukces, wchodząc do repertuaru grupy Equipe 84. Kwestia praw autorskich była jeszcze wtedy we Włoszech bardzo niejasna. Ponieważ Guccini *de facto* sprzedał swoją piosenkę muzykom z Equipe 84, to właśnie jeden z nich, Maurizio Vandelli, figurował do niedawna jako jej autor, choć z całą pewnością jest to piosenka autorstwa Gucciniego.

Po zakończeniu służby wojskowej Guccini nawiązał kontakty ze środowiskiem twórczym pierwszego pokolenia kantautorów, o którym już wcześniej była tu mowa. Tak autor wspomina ten okres: „Ważna była grupa Cantacronache Fausta Amodei, Sergia Liberoviciego i Michele Straniery, dzięki którym wprowadzono mnie w świat piosenek folkowych i anarchistycznych"[14]. Pierwszą płytę wydał jednak Guccini dopiero w roku 1967.

Stawiam tu sobie zadanie udowodnienia, że swoiście rozumiany *protest song* stanowi jeden z najważniejszych elementów całego artystycznego dorobku Gucciniego, a głębokie przekonania wolnościowe, niemal anarchistyczne, towarzyszą Gucciniemu od czasu kontaktów z Cantacronache aż do jego ostatnich dzieł zarówno wierszowanych, jak i prozatorskich. Powinno się to w pełni ujawnić w trakcie analizy utworów w następnych częściach tej pracy.

Aktywność artystyczna Gucciniego nie ograniczała się do pisania piosenek i ich wykonywania na estradzie. Zagrał również w sześciu dziełach filmowych. Pierwszym z nich był, nakręcony w roku 1979, film Paola Pietrangelego pod znaczącym tytułem *I giorni cantati* (Dni prześpiewane). Guccini zagrał w nim obok osobistości bardzo od niego różnych. Wśród aktorów figurował inny *cantautore*, Ivan Della Mea, oraz już wówczas popularna aktorka teatralna Mariangela Melato. W drugoplanowej roli wystąpił w nim także młody, niedoświadczony i nikomu wtedy nieznany aktor, o którym jednak miało się zrobić bardzo głośno w przyszłości. Był nim Roberto Benigni.

Po raz drugi Guccini pojawił się na planie filmowym jako aktor w roku 1986 w *Musica per vecchi animali* (Muzyka dla starych zwierząt)

---

[14] *Ibidem*, s. 51.

— ekranizacji popularnej powieści Stefana Benniego[15], którą wyreżyserował sam Benni do spółki z Umbertem Angeluccim. Warto dodać, że w filmie tym wystąpili między innymi wzięty artysta kabaretowy Paolo Rossi i przyszły laureat literackiej Nagrody Nobla Dario Fo.

W 1998 roku Guccini zagrał w krótkometrażowej produkcji zatytułowanej *Radiofreccia* (Radio Strzała) w reżyserii innego kantautora: Luciana Ligabue. Rok później Gucciniego zwerbowano do zagrania w ambitnym dziele Enza Monteleoniego. Mowa o filmie pod tytułem *Ormai è fatta* (Niemal nam się udało) — sfabularyzowanej biografii autentycznej, bardzo romantycznej postaci. Chodzi o Horsta Fantazziniego, swego rodzaju współczesnego Janosika, który w trudnych latach 60. okradał bogatych, żeby pomagać biednym. Fabuła filmu została osnuta na historii nieudanej ucieczki Fantazziniego z piemonckiego więzienia w Fossano, w którym włoski Janosik odbywa do dzisiaj swój długoterminowy wyrok.

W 2005 i 2007 roku Guccini zagrał w dwóch filmach reżysera Leonarda Pieraccioniego. Pierwszy to *Ti amo in tutte le lingue del mondo* (Kocham cię we wszystkich językach świata). Guccini kreuje w nim postać surowego dyrektora szkoły, zatrudniającego głównego bohatera filmu, nauczyciela wychowania fizycznego Gilberta, w którym jest zakochana uczennica Paulina. Właśnie Paulina próbuje podrywać pana od wuefu, wypisując gdzie się da „kocham Cię" we wszystkich językach świata. W innym filmie Pieraccioniego, pod tytułem *Una moglie bellissima* (Przepiękna żona), Guccini gra drugorzędną rolę reżysera amatora, który w małym toskańskim miasteczku usiłuje przygotować przedstawienie musicalu *Grease* z aktorami — naturszczykami, którzy w codziennym życiu pracują w warzywniaku, są szewcami bądź listonoszami.

Rola reżysera amatora odpowiada jednej z życiowych pasji Gucciniego. Jako znawca języka i literatury łacińskiej, Guccini przetłumaczył dwie komedie Plauta, największego dramatopisarza rzymskiego żyjącego w latach 250–184 p.n.e. Językiem docelowym jego przekładów nie był jednak język włoski, lecz dialekt z Pávany. W roku 2006 Guccini po-

---

15 S. Benni, *Comici spaventati guerrieri*, Milano 1986.

stanowił zająć się inscenizacją przez siebie przełożonych komedii. Zaczął od sztuki pt. *Casina* (Panna młoda), którą przedstawiono najpierw w Sarsinie, czyli w miejscu urodzenia Plauta we włoskim regionie Umbria. Aktorami byli amatorzy mieszkający w Pávanie, którzy oczywiście władają lokalnym dialektem w sposób doskonały. Jako reżyser Guccini odniósł niespodziewanie wielki sukces. Pozytywnie przyjęty debiut reżyserski zachęcił go do dalszej pracy, która zaowocowała inscenizacją sztuki pt. *Aulularia* (Skarb), wystawionej w Bolonii i we Florencji[16].

Obecnie Gucciniego najłatwiej spotkać w Bolonii, gdzie mieszka, chyba że właśnie wyjechał na wieś do rodzinnej Pávany, w której spędza bardzo wiele czasu. Zapewne zajada się wówczas miejscowymi kołdunami w rosole[17], obficie je popijając czerwonym winem. Pomimo że w czerwcu 2010 roku skończył siedemdziesiąt lat, w dalszym ciągu śpiewa, pisze piosenki a także powieści — i to nie tylko — kryminalne. Do „kryminałów" napisanych wspólnie z Lorianem Macchiavellim i innych prozatorskich dzieł Gucciniego wrócimy jeszcze w dalszej części tej pracy.

---

[16] R. Incerti, *Plauto, tortelli e dialetto*, „La Repubblica", wydanie florenckie, 9 grudnia 2006, s. 19.

[17] W wielu wywiadach jako ulubioną potrawę wymienia właśnie „tortellini in brodo".

Wiersze Gucciniego

Mianując Gucciniego kantautorem, nie rozwiązuje się jeszcze zagadnienia, do jakiego nurtu przypisać jego wiersze, w których jest stale obecny żywioł epicki, z tym że mowa w nich najczęściej o bohaterstwie zwykłych ludzi, którzy mają stawiać czoła tragediom życia codziennego. Jest jednak także w jego piosenkach głęboki liryzm, a to szczególnie wtedy, gdy opisuje „swoje" miejsca: Bolonię, wzgórza Emilii, Apeniny albo najbliższe mu osoby, jak na przykład w utworze *Van Loon*, który jest poświęcony ojcu, czy w piosence *Culodritto* (Wypięta pupa), kiedy zwraca się bezpośrednio do swojej córki. Nie brakuje też komizmu, i to zarówno w dziełach zdeklarowanych jako ironiczne, autoironiczne, jak i w wielu innych.

Twórczość Gucciniego jest zresztą ogromna. Pierwszą płytę nagrał w roku 1967, ostatnią — w 2004. Biorąc pod uwagę, że niektóre dzieła są jeszcze wcześniejsze — jak na przykład już tu wspomniana piosenka *L'antisociale*, którą datujemy na 1961 rok — do zbadania pozostaje okres co najmniej 40 lat. W tym czasie ponadto jego twórczość ewoluowała. W miarę dojrzewania osobistego i artystycznego autora — dzieła Gucciniego stawały się coraz bardziej wyrafinowane i, co za tym idzie, bardziej złożone. Nie sposób uporządkować wszystkich jego piosenek w jednoznacznych kategoriach. Nie oznacza to jednak, że nie można — na podstawie niektórych powtarzających się cech poetyki, retoryki i tematyki tych tekstów — wyodrębnić trzech głównych odmian gatunkowych.

Piosenki komiczne

Można tu wyróżnić dwa typy w zależności od tego, jak wyraża się poczucie humoru autora. Do ich określenia najlepiej służą definicje zaczerpnięte z francuskojęzycznej nauki o literaturze:

• *Pastiche*, czyli świadome naśladownictwo dziwacznych, wręcz kuriozalnych obyczajów językowych ludzi z północnych Włoch, często słabo wykształconych lub należących do pospólstwa. Doborem słów i konstrukcją zdań zgodnie z zasadami potocznego języka włoskiego z Północy Guccini popisał się także w swoich powieściach autobiograficznych, w których na przykład nazywa buty *fanghe*, czyli „błotami", bo w pierwszych latach powojennych buty służyły ludziom pracy przede wszystkim do chodzenia w błocie, a ludzie ci wysławiali się wyłącznie na podstawie swoich bezpośrednich doświadczeń życiowych[18]. W utworach typu *pastiche* Guccini bawi się leksyką ludową, osiągając zazwyczaj bardzo komiczne puenty — zwłaszcza dla słuchacza o wykształceniu średniowysokim, którego językiem stron rodzinnych jest język włoski. Komiczny efekt tych piosenek zależy właściwie tylko od zawartych w nich gier słów.

• *Divertissement* to utwory o dużym ładunku ironii, w której utajone jest szyderstwo zawarte w wypowiedzi pozornie aprobującej. Technika ta jest raczej typowa dla wcześniejszej twórczości Gucciniego, kiedy autor swoimi piosenkami zamierzał napiętnować faryzeuszostwo włoskiego społeczeństwa schyłku lat 60. XX wieku. Najwięcej utworów tego typu znajdujemy na płycie pod znaczącym tytułem *Opera buffa* z roku 1973[19]. Nie brakuje ich jednak też we wcześniejszej i późniejszej jego twórczości. Wzorcowy pod tym względem jest tekst piosenki *Fantoni Cesira*. Żeńskie imię Cesira było bardzo popularne wśród rolników spod Bolonii, a stawianie nazwiska przed imieniem nawiązuje do obyczajów językowych jeszcze z czasów Mussoliniego. Bohaterka piosenki, jak możemy domniemywać, pochodzi z zabitej deskami wsi, prawdopodobnie z rodziny o konserwatywnych poglądach. Z tekstu dowiadujemy się, że chce zostać aktorką i dlatego wybiera się do wielkiego miasta, gdzie jednak karierę robi przede wszystkim dzięki romansom z wiceministrami, wysokimi rangą prałatami, wreszcie z różnymi producentami filmowymi. W fabule jest ukryta drwina z wielu słynnych aktorek tamtego okresu. W wersie „każe do niej mówić Cesi Phantoni"

---

[18] F. Guccini, *Vacca d'un cane*, Milano 1993.

[19] F. Guccini, *Opera buffa*, Milano 1973.

widać nawet odrobinę złościwości adresowanej do bodaj wtedy najpopularniejszej z nich. Mowa tu o Sophii Loren, która wybrała swego czasu imię artystyczne pisane z wykorzystaniem nietypowej dla języka włoskiego zbitki 'ph', to jest dokładnie tak, jak bohaterka piosenki przekształciła swoje nazwisko z Fantoni na Phantoni. Na temat Loren krążyło też wówczas dużo plotek. Rzekomo miała się przebić do ról aktorskich za pomocą niezbyt surowego prowadzenia się. O jej karierze mówiono również, że jest oparta przede wszystkim na związku uczuciowym z możnym producentem Carlem Pontim, którego poznała podczas wyborów *Miss Roma 1950*. Miała wtedy 16 lat, a Ponti był żonatym 37-latkiem. W konkursie Loren zajęła tylko drugie miejsce. Jednakże wskutek romansu z producentem, który potem rozwiódł się z pierwszą żoną i ożenił z nią, Loren miała otwartą przed sobą drogę do wielkiej kariery.

W późniejszej twórczości Gucciniego drwina z hipokryzji bohaterów jego piosenek zostanie zastąpiona narastającym rozgoryczeniem. Świadczy to o poważnej zmianie sposobu patrzenia na życie przez autora, chcącego tym samym wyrazić opinię, że to, co w ówczesnym społeczeństwie włoskim początkowo wydawało się farsą, stawało się później tragedią. Nie zanikła natomiast wszechobecna autoironia, i to nie tylko w tekstach piosenek. Jej przykład stanowi chociażby opis służby wojskowej autora, zawarty w jednej z jego książek prozatorskich[20].

Piosenki protestu

Guccini nigdy nie ukrywał swojego światopoglądu. Można to określać jako zespół przekonań wolnościowych skutkujących przeciwstawianiem się wszelkiej formie autorytaryzmu. Z tego powodu uzyskał renomę lewaka, choć w zasadzie nigdy nie wyraził przekonań ściśle marksistowskich. Jego śpiewane protesty są raczej skierowane przeciwko łamaniu podstawowych praw człowieka, a to nie musi koniecznie

[20] F. Guccini, *Cittanòva blues*, Torino 2003.

umiejscawiać autora na lewicy, ale jeśli już musi, może to być lewica niekomunistyczna, której nie są obce przekonania liberalne. Tak czy inaczej, protest songi Gucciniego można też podzielić na dwa różne „podzespoły": protesty okazjonalne i teksty egzystencjalistyczne.

- Protesty okazjonalne. Najwięcej z nich poświęconych jest ważnym kwestiom w stosunkach międzynarodowych. Wśród tych najważniejszych trzeba wymienić koniecznie: *Primavera di Praga*, dramatyczny protest przeciw stłumieniu Praskiej Wiosny 1968 roku przez wojska Układu Warszawskiego[21], *Lager* ku czci ofiar hitlerowskiej zagłady[22]. Znajdziemy tu także problemy prawa jednostki do stanowienia o własnym losie, np. w utworze *Piccola storia ignobile* (Podła historyjka) zostaje poruszony temat włoskiego podziemia aborcyjnego w latach poprzedzających uchwalenie ustawy o dobrowolnym usunięciu ciąży.
- Teksty egzystencjalistyczne. W wielu piosenkach Guccini usiłuje znaleźć sens istnienia człowieka poprzez przedstawianie licznych, na pozór małych, banalnych i nic nieznaczących, dramatów codzienności. Kiedy to okazuje się, że ludzkie tragedie życiowe są zwykle wynikiem braku odpowiedzialności czy obojętności wobec cierpienia bliźniego. Czasem w żywotach zwyczajnych bohaterów Gucciniego panuje *noia* (nuda) niemal Leopardiańska. Jest to szczególnie widoczne w utworach z pierwszej połowy lat 70., ale ten temat powraca również w twórczości ostatniego okresu. Na przykład dzieło *Lettera* (List) z 1996 roku Guccini zakończył następującymi wersami: „[...] powolny przebieg bez celu / tego czegoś, co nazywasz życiem".

Czas spędzony na gapieniu się w telewizor, paradowaniu po ulicach jak na pokazie mody, czekaniu na zimę tylko po to, żeby tęsknić za latem, to wszystko staje się w myśli autora trywialną sprawą bez celu, chociaż ktoś mógłby uznać to za prawdziwe życie. Guccini bezlitośnie krytykuje konsumpcyjny styl życia, w którym jedyną „kulturę" stanowią tak zwane informacje rodem z telewizji komercyjnej. Takie wypowiedzi egzystencjalistyczne w wierszach można też uznać za rodzaj

[21] F. Guccini, *Primavera di Praga*, [w:] *idem*, *Due anni dopo*, Milano 1970.

[22] F. Guccini, *Lager*, [w:] *idem*, *Metropolis*, Milano 1981.

protestu przeciw ustrojowi, w którym człowiek wart jest tylko tyle, ile wynosi jego popyt na towary i usługi skomercjalizowanych środków masowego przekazu.

Piosenki literackie

Nie można wyobrazić sobie twórczości Gucciniego bez jego nieustannego nawiązywania do największych dzieł literatury światowej. Uwidacznia się przy tym jego nienaganne wykształcenie filologiczne. *Alma mater studiorum* w Bolonii była w latach 60. uczelnią na najwyższym poziomie światowym i to tam właśnie zdobył Guccini tak gruntowne przygotowanie pozwalające mu do dzisiaj kreować bohaterów na miarę arcydzieł Homera, Szekspira czy Flauberta. Wystarczy posłuchać piosenek takich jak *Ophelia*[23], *Signora Bovary*[24], *Odysseus*[25]. Liczne są także przypadki odsyłania w tekstach do bohaterów utworów Cervantesa czy Dumasa.

Nie mniej interesujące i artystycznie wysmakowane są piosenki literackie poświęcone poszczególnym miastom włoskim. Także w nich nie brak intertekstualnych nawiązań do historii kultury i sztuki. Na przykład na płycie *Metropolis* jest piosenka pt. *Antenòr* na temat mitycznego założyciela Padwy, a w utworze poświęconym Bolonii Guccini przypomina o słynnej katedrze San Petronio.

Pamiętając o znaczeniu rozważań teoretycznych, takich jak te zawarte powyżej, staram się — na rzecz większej, narracyjnej, chce się rzec, czytelności tych uwag — prezentować wierszowany dorobek literacki Gucciniego zgodnie z chronologią jego udostępniania szerokiej publiczności. Opisuję więc w dalszych częściach książki poszczególne wybrane utwory według kolejności publikacji płyt autorskich Gucciniego, przypominając jeszcze raz, że kompletna, choć przecież wciąż otwarta na nowe dokonania, dyskografia artysty znajduje się na ostatnich stronach tej pracy, obok bibliografii. W podrozdziałach chrono-

---

23 F. Guccini, *Ophelia*, [w:] *idem*, *Due anni dopo...*

24 F. Guccini, *Signora Bovary*, [w:] *idem*, *Signora Bovary*, Milano 1987.

25 F. Guccini, *Odysseus*, [w:] *idem*, *Ritratti*, Milano 2004.

logicznych przedstawię ponadto najbardziej znaczące utwory innych kantautorów związane z czasem ich powstania lub tematycznym pokrewieństwem z omówionymi dziełami Gucciniego.

Folk Beat n. 1

Rozwiązania stylistyczne i treści piosenek protestu Boba Dylana wraz z kulturowym podłożem kontestacyjnym na amerykańskich uczelniach po 1964 roku dotarły do Włoch, choć wcale nie tak szybko, jak można było się spodziewać w społeczeństwie bardzo przychylnie nastawionym do wszystkiego, co pochodzi z angielskojęzycznego świata. Do końca niemal lat 60. ogólne nastawienie włoskiej publiczności było znacznie bardziej rozrywkowe niż kontestacyjne lub — o czym wspomniałem — egzystencjalistyczne, jak w przypadku przyjęcia twórczości francuskich *chansonniers*. O takim w sumie powierzchownym podejściu Włochów do zagranicznych nurtów twórczych w muzyce świadczy przykład „uwłoszczenia" jednej z najstarszych amerykańskich piosenek protestu, której tekst w wersji włoskiej stracił wszystkie jego wartości wolnościowe i stał się dobitnym banałem. O którą piosenkę chodzi, zobaczymy za chwilę. Najpierw należy zrekonstruować klimat, w którym powstawały protest songi za Atlantykiem.

Ściśle pojęta piosenka protestu powstała w Stanach Zjednoczonych Ameryki Północnej tuż po zakończeniu II wojny światowej. Jednym z rozstrzygających bodźców był duszny klimat „polowania na czarownice" wywołany przez senatora McCarthy'ego, a ściślej mówiąc, przez promowane przezeń przepisy prawne, które *de facto* spowodowały zawieszenie praw obywatelskich wobec osób tylko podejrzewanych o niesłuszne przekonania polityczne, to jest domniemanych „komunistów". W swego rodzaju odpowiedzi na ten najnowszy „młot na czarownice", jakim były porządki prawne zaprowadzone przez McCarthy'ego, autorzy Lee Hays i Peter Seeger napisali w 1949 roku utwór *If I had a hammer* (Gdybym miał młotek).

Piosenka była otwartym szyderstwem z paranoidalnych obaw amerykańskiej prawicy i nie wyszła z mody przez kilkanaście lat. Jej najlepiej znaną w Polsce wersję zawdzięczamy wykonaniu teksańskiego śpiewaka Triniego Lopeza z 1963 roku[26]. Może się wydać paradoksalne, ale ta niezwykle w PRL-u popularna piosenka nie została rozpoznana jako *protest song* wymierzony w ówczesny amerykański *establishment*. Podejście mitotwórcze do Ameryki, którą wciąż uważało się za wymarzoną krainę wolności, nie pozwalało na obiektywne przyjęcie wszystkich elementów jej kultury, które wyłaniały się między innymi z utworów muzycznych. Innymi słowy przyjęcie piosenki było w pewnej mierze wybiórcze — bardzo sobie chwalono jej stronę rozrywkową, wcale nie brano tymczasem pod uwagę, że jej tekst wskazuje na konkretny, poważny problem społeczny. Przecież przeciętnemu polskiemu słuchaczowi, nieznającemu języka angielskiego, odpornemu na partyjną nowomowę, mogło nie mieścić się w głowie, że w słynnym USA ludzie mogą być represjonowani ze względu na ich przekonania! Pewnym usprawiedliwieniem dla ówczesnej młodej polskiej publiczności była okoliczność, że utwór nadawało państwowe radio tylko w wersji oryginalnej.

A przecież również we Włoszech odbiór *If I had a hammer* był nie mniej selektywny. Utwór został zaprezentowany przez piosenkarkę Ritę Pavone pt. *Dátemi un martello*. Tekst był okropnie zniekształcony. Na oryginalnej partyturze napisano włoskie wersy, w których nie było mowy o prześladowaniach na tle politycznym, tylko o bliżej nieokreślonej rywalce pretensjonalnej (po włosku *smorfiosa*), którą chciało się uderzyć rzeczonym młotkiem. W ten sposób czcigodna piosenka protestu Haysa i Seegera stała się tandetą. Włosi jednak polubili ją i dotychczas o niej pamiętają, co świadczy między innymi o rodzaju upodobań publiczności z tamtego okresu.

A skoro już mowa o pieśniach protestu, to najwyższy czas przejść do Boba Dylana, w którego artystycznej karierze momentem przełomowym stała się przeprowadzka do Nowego Jorku w 1960 roku. Od tamtego czasu stał się postacią ogromnie popularną w świecie muzyki folk. W 1963 roku napisał piosenkę, która miała odgrywać przez dłuższy czas rolę swego rodzaju manifestu *beat generation* — pokolenia,

[26] T. Lopez, *If I had a hammer*, [w:] *idem*, *Trini Lopez at P.J.'s*, Burbank (CA) 1963.

do którego należeli między innym studenci, którzy rozpoczęli ruch kontestacyjny na kalifornijskim uniwersytecie w Berkeley w 1964 roku i mieli później przeprowadzić różne protesty na rzecz praw człowieka, wycofania wojsk z Wietnamu, równouprawnienia bez względu na kolor skóry czy też pozornie błahych, ale wysoce symbolicznych spraw kultury materialnej takich, jak swoboda decyzji o noszeniu lub nienoszeniu biustonosza przez kobiety.

Piosenka Dylana, zaprezentowana początkowo przez troje wykonawców znanych jako Peter, Paul & Mary, nosiła tytuł *Blowin' in the wind.* Doczekała się również polskiej adaptacji, której jednak nie opublikowano nigdy na płycie. W wersji Maryli Rodowicz i jej gitarzystów piosenka pt. *Odpowie ci wiatr* była wykonywana od roku 1969, ale tylko w audycjach radiowych:

Przez ile dróg musi przejść każdy z nas,
By móc człowiekiem się stać?
Przez ile mórz lecieć ma biały ptak,
Nim w końcu opadnie na piach?
Przez ile lat będzie kanion trwał,
Nim w końcu rozkruszy go czas?
Odpowie ci wiatr wiejący przez świat,
Odpowie ci bracie tylko wiatr.

Przez ile lat przetrwa ten górny szczyt,
Nim deszcz go na mórz zniesie dno?
Przez ile ksiąg pisze się ludzki byt,
Nim wolność w nim wpisze ktoś?
Przez ile lat nie odważy się nikt
Zawołać, że czas zmienić świat?
Odpowie ci wiatr wiejący przez świat,
Odpowie ci bracie tylko wiatr.

Przez ile lat ludzie giąć będą kark,
Nie wiedząc, że niebo jest tuż?
Przez ile łez, ile bólu i skarg
Przejść trzeba i przeszło się już?
Jak blisko śmierć musi przejść obok nas,
By człowiek zrozumiał swój los?

Odpowie ci wiatr wiejący przez świat,
Odpowie ci bracie tylko wiatr.
Odpowie ci wiatr wiejący przez świat,
I ty swą odpowiedź rzuć na wiatr.

Mimo powierzchownego przyjęcia, które początkowo spotkało amerykańskie protest songi między innymi we Włoszech, Guccini okazał się autorem bardzo wrażliwym na tematykę i styl utworów Dylana. Pierwsza płyta, którą opublikował pod własnym nazwiskiem, nosiła bardzo znaczący tytuł *Folk Beat n. 1*. Odniesienie w tytule do gatunku piosenek znanego jako folk można odczytać jako rodzaj hołdu złożonego Dylanowi i uznanie, że przynajmniej w pewnym stopniu Guccini inspiruje się jego twórczością. Zresztą w tekście jednej z piosenek albumu — przypisanej niejakiemu Pontiackowi z powodu zamieszania w kwestii praw autorskich — sam Guccini przyznał się: „Wczoraj w nocy śniło mi się, że stałem się Bobem Dylanem"[27]. Jeszcze kilkanaście lat później ustami jednego ze swoich bohaterów Guccini opowiadał, że spędzał lata 60., „śniąc o Dylanie i provosach"[28].

Provosi to członkowie niderlandzkiego ruchu kontestacyjnego założonego 25 maja 1965 roku przez Grootvelda, van Duyna i Stolka, a rozwiązanego dwa lata później. Nazwa pochodzi z wyrazu *provokaatsie* (prowokacja), ponieważ strategia polityczna ugrupowania polegała na prowokowaniu siłowych reakcji policji za pomocą śmiesznych, nieagresywnych wybryków w celu udowodnienia, że Królestwo Niderlandów nie jest do końca państwem demokratycznym. Szczytem antyrządowej działalności provosów był protest zorganizowany w marcu 1966 roku z okazji ślubu ówczesnej księżniczki[29] Beatrix z byłym członkiem Hitlerjugend Clausem von Amsbergiem, którego provosi szyderczo utożsamiali z Sinteklaasem (św. Mikołajem).

Śmieszne i zabawne występy provosów miały swoje podłoże teoretyczne w pracach słynnego niderlandzkiego historyka mediewisty Johana Huizingi, autora *Jesieni średniowiecza* i *Homo ludens*, a w szczególności w jego koncepcji *homo ludens*, zrodzonej z zadumy nad anarchizującymi

---

[27] F. Guccini, *Talkin' Milano*, [w:] *idem*, *Folk Beat n. 1*, Milano 1967.

[28] F. Guccini, *Eskimo*, [w:] *idem*, *Amerigo*, Milano 1978.

[29] Od 1980 roku JKM Beatrycze jest królową Niderlandów.

zachowaniami średniowiecznego pospólstwa w czas zapustów. W istocie swej ludyczny ruch provosów wykazywał wyraźnie cechy anarchistyczne, które nie mogły nie przyciągać uwagi młodego Gucciniego[30].

Wracając do tytułu jego pierwszej płyty, można przypuszczać, że stawianie obok siebie określeń folk oraz beat stanowi deklarację zamiarów autora. Z uwagi na zawarte w nim treści album ma być skierowany do publiczności złożonej głównie z młodych kontestatorów, to jest „beatników", a dominantę stylistyczną miał stanowić właśnie Dylanowski folk. *De facto* jedna z piosenek na płycie naśladuje — przynajmniej w swoim tekście — Dylanowską *Blowin' in the wind.* W poniższym przekładzie wyróżniłem niektóre elementy leksykalne, które można porównać z polską wersją zacytowanego już tekstu Dylana. Piosenka Gucciniego nosi tytuł *Noi non ci saremo* (Nas już wtedy nie będzie):

A widoczna będzie już tylko ognista kula
Większa niż słońce, szersza niż świat,
Nie zabrzmi żaden o d g ł o s ...
A pokryte śniegiem łańcuchy g ó r s k i e
Będą graniczyć z lasem świerkowym,
Nad którym już nigdy nie wzniesie się ludzka ręka,
Tylko całun ciszy rozściele się,
Między n i e b e m a ziemią na tysiąc wieków co najmniej,
Ale nas już wtedy nie będzie, nas już wtedy nie będzie...
A letni, wiejący o d m o r z a w i a t r
Zanuci pieśń w niezliczonych ruinach,
Wśród gruzów miast,
Wśród domów i kamienic, które powoli r o z k r u s z a czas,
Wśród porzuconych na ulicach aut być może powstanie nowy świat,
ale nas już wtedy nie będzie, nas już wtedy nie będzie...
A z lasów i z m o r z a powróci życie
I ziemia znowu się zaludni,
Wschody i zachody słońca znowu odmierzać będą pory roku
I znowu świat p r z e c h o d z i ć będzie do wieczności
Przez tysiąc wieków co najmniej,
ale nas już wtedy nie będzie, nas już wtedy nie będzie...[31]

---

[30] Bogata dokumentacja działalności provosów znajduje się obecnie w archiwum im poświęconym (Archief Provo) w Amsterdamie.

[31] F. Guccini, *Noi non ci saremo*, [w:] *idem*, *Folk Beat n. 1...*

Porównując powyższy tekst z utworem *Odpowie ci wiatr*, można zauważyć, że w obydwu występują wyrazy: zawołanie/zawołać, (łańcuchy) górskie/górny (szczyt), niebo, wiatr, morze, rozkruszać/rozkruszyć, przechodzić/przejść. Jest ponadto jeden element retoryczny w tekście włoskim, którego brakuje w polskiej wersji piosenki Dylana. W oryginale angielskim pojawia się aż siedem razy na początku wersu słowo *yes* w funkcji wykrzyknika. Rolę tę odgrywa u Gucciniego spójnik 'a' (*e* w języku włoskim) napotykany trzy razy na początku wersu. Ma to stanowić swego rodzaju replikę — tak typowe także dla konwencji bluesa powtórzenie.

Kolejną cechą wspólną obu tekstów jest wzmacniające powtarzanie tytułu w zakończeniu strofy, odpowiednio: *Odpowie ci wiatr* lub *Nas już wtedy nie będzie.* Oba teksty niosą identyczne przesłanie, mimo że autorzy wysławiają się inaczej. W stwierdzeniu, że wiatr ma odpowiedzieć na głęboko egzystencjalne pytania, zawarta jest myśl, że jakaś odpowiedź musi być, chociaż na razie jej nie znamy. Idąc tym śladem, w tekście Gucciniego przepowiada się wprawdzie koniec świata, ale nie jest to koniec absolutny. Możliwe jest odrodzenie świata po domniemanej katastrofie nuklearnej. „Obecna" ludzkość nie zdąży tego poznać, jednak zgodnie z tekstem jakiś „nowy świat" ma powstać.

Przesłania intertekstualne obu piosenek są do siebie podobne także dlatego, że nie ma w nich żadnego nihilizmu. Wręcz przeciwnie — jest pewność, że znajdą się rozwiązania obecnych problemów ludzkości, pomimo że jeszcze nie wiadomo kiedy i jakie. W tym kontekście wzmacniające powtarzanie tytułu w zakończeniu każdej strofy służy więc dalszemu potwierdzeniu ontologicznej pewności obu autorów co do przesłań zawartych w ich tekstach.

Wróćmy do utworu *Odpowie ci wiatr.* Nie sposób nie zauważyć, że przynajmniej jeden wers został tam niedokładnie przetłumaczony. Zresztą tekst polski jest raczej adaptacją wiersza Dylana niż jego przekładem. W oryginale Dylana jednakże widnieją wersy: „Yes, and how many times must the cannonballs fly / Before they are forever banned?" (Ile razy jeszcze grzmieć będą armaty, zanim zamilkną na zawsze?), podczas gdy w tekście polskim *cannon* staje się kanionem i o potępieniu wyścigu zbrojeń ani słowa. Jednakże nie wolno zapomnieć, że metryka ma swoje prawa i tekst polski miał być śpiewany, więc wersy musiały być odpowiednio dopasowane. Zbyt oczywiste jest poza tym stwierdzenie, że w 1969 roku wolność wypowiedzi w Polsce była — powiedzmy — ograniczona. Niemniej oryginał angielski *Blowin' in the wind* zawiera wyraźną treść pacyfistyczną, której nie ma w wersji polskiej.

Pacyfizm Dylanowski dotarł tymczasem do świadomości Gucciniego. W albumie *Folk Beat n. 1* jest również piosenka, w której nie potępia się armat, lecz bezpośrednio broń nuklearną. Wprawdzie w latach 60. we Włoszech też nie było zbyt dobrej pogody dla wolności słowa. Potępienie broni dopuszczano dopóty, dopóki chodziło o broń cudzą. W tym klimacie powstała piosenka protestu *L'atomica cinese* (Chińska atomówka).

Krytyka Gucciniego nie była skierowana przeciwko Chińczykom posiadającym broń atomową, tylko ogólnie przeciw wyścigowi zbrojeń. Okazją do napisania piosenki stała się pierwsza próba nuklearna przeprowadzona przez władze Chińskiej Republiki Ludowej w 1964 roku. W tekście piosenki nawiązuje się wyraźnie do tego wydarzenia: „Podniosła się z pustyni w zachodniej Mongolii chmura śmiertelna, chmura upiorna"[32]. W treści piosenki bardzo ogólnie mówi się o przygotowaniach i ubocznych skutkach wojen dla ludności cywilnej i środowiska. Ani słowa tu o rzekomej „czerwonej zarazie" czy innych chwytach propagandowych, którymi chętnie popisywała się w tamtym okresie włoska „siła przewodnia", to jest chadecja.

„Chmura upiorna", która w piosence unosi się „nad świątynią i polem ryżowym, [...] nad stoicko przeżuwającym bawołem", zabija później ryby i ptactwo, w końcu opada w postaci trującego deszczu „na wyschnięte pola, na spragnione ludzkie szczeniaki (*cuccioli degli uomini*), na bydło, które potem będzie go pić". Tytuł piosenki wydaje się więc krytyką władz chińskich, które w latach 60. wybrały drogę zaciekłej rywalizacji ideologicznej i wojskowej ze Związkiem Radzieckim, równocześnie walcząc zbrojnie o kontrolę nad Tajwanem i niektórymi strefami na pograniczu z Indiami. To wrażenie jest jednak tylko częścio-

[32] F. Guccini, *L'atomica cinese*, [w:] *idem*, *Folk Beat n. 1...*

wo uzasadnione. Piosenka nie jest manifestem politycznym za danym państwem czy partią lub też przeciw nim. Autora interesuje raczej egzystencja prostych ludzi, uprawiających swoje poletka, wychowujących dzieci, hodujących bydło. To właśnie, przede wszystkim, oni staną się bezpośrednimi ofiarami tej demonstracji siły ze strony władz — chińskich czy jakichkolwiek innych. Przedmiotem protestu Gucciniego nie jest zatem chińska próba nuklearna, nie są też chińscy komuniści w czasie „wielkiego skoku w przyszłość". Chodzi raczej o niezależną od koloru flagi „upiorność" władzy autorytarnej.

W warstwie stylistycznej tego utworu pojawia się *in nuce* intertekstualne nawiązywanie do twórczości innego anglojęzycznego poety, który znacząco wpłynął na poetykę utworów Gucciniego. W piosence *L'atomica cinese* można bez trudu wyodrębnić trzy wierszowane obrazy:

(1) i powoli pada deszcz
(2) na obumierające drzewa
(3) deszcz trujący, który zabija powoli

Te frazy można porównać z wierszami z tomu *The Waste Land* Thomasa Stearnsa Eliota, który umarł w roku 1965, czyli tuż przed wydaniem albumu Gucciniego. Pisze Eliot:

(1) summer surprised us, coming over the Starnbergersee / With a shower of rain;
(2) And the dead tree gives no shelter, …
(3) … Fear death by water[33]

W obu tekstach występują wyrazy odnoszące się do: (1) deszczu, (2) obumarłych bądź obumierających drzew, (3) wody, która okazuje się żywiołem śmiertelnym. Niemożliwe, aby to podobieństwo w poetyce było przypadkowe. Do wierszy z *Ziemi jałowej* Guccini miał zresztą nawiązywać później w jeszcze przynajmniej dwóch swoich utworach — raz pośrednio, a raz przywołując bezpośrednio postać anglojęzycznego poety. Oto przykłady:

[33] Oryginał angielski: *Annotated Waste Land with Eliot's Contemporary Prose*, New Haven, Connecticut 2006; najnowszy przekład polski: T.S. Eliot, *Ziemia jałowa*, Kraków 2004.

(4) Ale gdzie się podziały te deszcze kwietniowe,
Które w pół godziny zmywały duszę czy ulicę?[34]
(5) ... przychodzi słodki kwiecień.
Które to tajemnice odkrył w tobie poeta, który cię mianował okrutnym?[35]

Powyższe wersy Gucciniego można porównać z początkiem dzieła Eliota: „April is the cruellest month"[36] (kwiecień jest najokrutniejszym miesiącem). Poetą, który mianował kwiecień okrutnym w przykładzie (5), jest zatem sam Eliot. Tymczasem kwietniowe przelotne deszcze w przykładzie (4) są pośrednim cytatem „shower of rain" z wersu (1), który miał miejsce właśnie w kwietniu. Biorąc zatem pod uwagę, że Guccini zawsze wysoko cenił poetę anglo-amerykańskiego i nierzadko nawiązywał do jego dorobku literackiego, można stwierdzić niemal z pewnością, że dowody tej intertekstualnej więzi znajdujemy już na pierwszej płycie.

Na tej swojej debiutanckiej płycie Guccini zaproponował publiczności także starą piosenkę, którą pierwotnie napisał dla grupy Equipe 84 w 1964 roku. Do dziś utwór należy do najbardziej lubianych przez Włochów protest songów wszech czasów. Pod jednoznacznym tytułem *Auschwitz* Guccini przedstawił tekst, który jest sumą bezwarunkowego pacyfizmu. Utwór jest także znany jako *Canzone del bambino nel vento* (Pieśń dziecka niesionego wiatrem).

Zginąłem z setką innych,
Zginąłem, gdym jeszcze był dzieckiem,
Przeleciałem przez komin,
A teraz unoszę się z wiatrem.
W Oświęcimiu leżał wtedy śnieg,
Dym wznosił się powoli
W późnym dniu zimowym,
A teraz unoszę się z wiatrem.
W łagrach wciąż pełno ludzi,
A przecież taka wielka cisza.
Może to dziwne, ale wciąż jeszcze nie mogę

[34] F. Guccini, *Le piogge d'aprile*, [w:] *idem*, *Signora Bovary...*
[35] F. Guccini, *Canzone dei 12 mesi*, [w:] *idem*, *Radici*, Milano 1972.
[36] *Annotated Waste Land...*

Uśmiechnąć się tu na wietrze.
I wciąż pytam, jak może człowiek
Zabić swojego brata,
A przecież są nas miliony
Spopielonych, niesionych wiatrem.
I wciąż jeszcze grzmią armaty,
Jeszcze nie jest syta
Krwi bestia drzemiąca w człowieku
I jeszcze długo będzie unosić nas wiatr.
Dlatego pytam, kiedy stanie się tak,
Że człowiek zdoła się nauczyć
Jak żyć bez zabijania,
Wtedy wiatr przestanie wiać[37].

Treść jest aż nadto wymowna i klarowna, a polega na stwierdzeniu, że ludzkość nie wyciągnęła wniosków z hitlerowskich zbrodni, ponieważ w dalszym ciągu „armaty grzmią" i wciąż przelewa się krew. Struktura wypowiedzi jest oparta na zwierzeniach *post mortem* żydowskiego dziecka, które „przeleciało" przez komin krematorium w obozie zagłady Auschwitz-Birkenau. Poetycki chwyt zwierzeń pośmiertnych mówiącego podmiotu mógł pojawić się u Gucciniego w rezultacie żywego odbioru we Włoszech lat 60. przekładu zbioru wierszy Edgara Lee Mastersa *Spoon River Anthology*, w Polsce znanego pod tytułem *Umarli ze Spoon River.*

Poszczególne części dzieła Mastersa opublikowano po raz pierwszy między 1914 a 1915 rokiem w amerykańskim czasopiśmie „Mirror". Jego pierwszy przekład włoski ukazał się w roku 1943 w turyńskim wydawnictwie Einaudi[38]. Popularność Mastersa miała później rosnąć nieprzerwanie we Włoszech do końca lat 70., szczególnie za sprawą adaptacji jego twórczości przez Fabrizia De Andrégo. Na płycie pt. *Non al denaro, non all'amore né al cielo* (Nie pieniądzom, nie miłości, nie także niebiosom) genueńczyk przekształcił dziewięć utworów Mastersa w piosenki[39]. Działo się to w 1971 roku. Pod koniec tej dekady niektóre z tych piosenek osiągnęły jeszcze większy sukces dzięki znanej grupie

[37] F. Guccini, *Auschwitz*, [w:] *idem*, *Folk Beat n. 1...*
[38] E.L. Masters, *Antologia di Spoon River*, przeł. F. Pivano, Torino 1943.
[39] F. De André, *Non al denaro, non all'amore né al cielo*, Milano 1971.

rockowej Premiata Forneria Marconi, która wykonywała je podczas swoich koncertów bez udziału autora, ale czasami także akompaniując samemu De Andrému.

Cechą rozpoznawczą wierszy Mastersa jest wyjściowe założenie, że zmarli spoczywający na cmentarzu w miejscowości Spoon River zabierają pośmiertnie głos i opowiadają o swoich doświadczeniach życiowych. Podobnie jak podmiot wiersza *Auschwitz* — żydowskie dziecko rozpamiętujące z przerażającą dbałością o szczegóły (śnieg, wiatr) ostatnie chwile przed swą męczeńską śmiercią. Z punktu widzenia treści tekst Gucciniego okazuje się interesujący także dlatego, że autor nie ogranicza się do wspomnień o historycznym fakcie zagłady ludności żydowskiej w hitlerowskich obozach. Świadomość ludzkiej skłonności do zła rozszerza się i obejmuje wszystkie przypadki metodycznego ludobójstwa w hitlerowskich obozach, sowieckich łagrach, we wszelkich innych obozach, a także podczas działań wojennych. Zdanie „Jeszcze nie jest syta / krwi bestia ukryta w człowieku" rozwiewa złudzenia, jakoby po klęsce nazizmu skończyły się przemoc i zabijanie. Wątek ten miał powrócić wiele lat później w innej piosence na temat obozów koncentracyjnych[40].

Utwór, który najbardziej odzwierciedla realia włoskiego życia społecznego w pierwszych dwóch dziesięcioleciach powojennych, a równocześnie utwór najbardziej oryginalny, w którym Guccini najwyraźniej odchodzi od anglosaskich pierwowzorów kulturowych, nosi pozornie tajemniczy tytuł *Il tre dicembre del '39* (Trzeci grudnia 1939 roku). Nie wiadomo do końca, skąd się wzięła ta data. Treść piosenki nie jest autobiograficzna, można więc wykluczyć, że Guccini chciał podać swoją zmienioną, o pół roku wcześniejszą, datę urodzenia.

Pewien zbieg okoliczności może wskazywać, że autor zamierzał scalić dwa ważne momenty całkowicie nieudanej kampanii Mussoliniego na Bałkanach. Rok 1939 oznaczał początek włoskiej okupacji Albanii. Inwazja zaczęła się jednak w kwietniu, nie zaś dopiero w grudniu. Minęło mniej więcej półtora roku, a imperialistyczne szaleństwo włoskich faszystów doprowadziło do próby „łamania lędźwi Grekom", jak zwykł

[40] F. Guccini, *Lager*...

mawiać sam Mussolini, który wypowiedział im wojnę 28 października 1940 roku. Działania wojenne Włochów były jednak tak mało skuteczne, że do końca listopada Grecy zajęli w rezultacie kontrofensywy prawie jedną trzecią Albanii. Właśnie 3 grudnia — nie 1939, tylko 1940 roku — Mussolini był zmuszony prosić swoich niemieckich sprzymierzeńców o wsparcie wojskowe w tym rejonie[41].

Abstrahując od zagadnienia dat, które z pewnością nie jest najważniejsze w ramach twórczości literackiej, tekst piosenki wskazuje na zjawisko historyczne „grubej kreski" w stosunku do przeszłości faszystowskiej wielu prominentnych przedstawicieli włoskiego establishmentu. Z tego właśnie powodu utwór, niezależnie od tego, że jest bardzo ironiczny i przypomina *divertissement*, należy jednak uznać za piosenkę protestu, a nie za dzieło ściśle komiczne. Protest przybiera tu postać szyderstwa z pewnych form oportunizmu i hipokryzji, które nie tylko zagwarantowały byłym faszystom bezkarność po upadku reżimu, ale również pozwoliły im zająć uprzywilejowaną pozycję społeczną w powojennej Republice Włoskiej. Oto przekład piosenki:

> Trzeciego grudnia roku '39 postanowiłem przyjść na ten świat.
> Ojciec — człowiek wierny partii — zechciał Benito na imię mi dać.
> Matka — święta kobieta pobożna — dodała Pius ku uciesze
> Wuja księdza, który wdzięczny i wzruszony chrztem mi te imiona zatwierdził.
>
> Ledwie się pojawiłem na tym świecie, zaraz wybuchła wojna, a rodzic mój
> Był wśród tych pierwszych, którzy wyruszyli, ale z Albanii nie wrócił on.
> Wtedy poszła moja matka do wuja z zapytaniem: „A Pius co będzie jadł?"
> On odpowiedział jej, żeby była cierpliwa: „Opatrzność Boża was wspomoże".
>
> Opatrzność objawiła się nam najpierw w postaci żołnierzy Wehrmachtu,
> A po ósmym, nadążając za wydarzeniem[42], przyjęliśmy do familii Wuja Sama.
> Matka — kobieta wielce pobożna — w polityce szukała dziewiczej czystości.
> Na drzwiach widniało imię „Mary", ja zapomniałem o wilczycy, na imię dostałem Jack.
>
> W czterdziestym piątym skończyła się wojna, ale na świecie wciąż niespokojnie.
> Parabelki śpiewają, świętują wyzwolenie.

---

[41] Por. J.A. Gierowski, *op. cit.*, s. 537–541.

[42] Chodzi tu o rozejm podpisany w sycylijskiej miejscowości Cassibile i ogłoszony 8 września 1943 roku.

Wtedy matka coś zwęszyła, została proletariuszką i wyszła za mąż
Za grubą rybę z CLN-u[43], a na mnie wołała Benia Stalin.

Dni przemijają, czasy się zmieniają, fronty upadają, ulica się ucisza.
Restauracja, telewizja, cud gospodarczy, fiat 600.
Matka — kobieta wielkiej miłości — żałowała w głębi serca wczorajszego błędu.
Zrobiła się pobożna, wstąpiła do chadecji i odnalazła wiarę w przemyśle wełnianym.

Teraz mam fabryczkę, głównie są z nią kłopoty, mam z tego nędzny miliardzik[44] na rok.
Jestem chadekiem, takim bardziej lewicowym, może zostanę socjaldemokratą.
Matka — kobieta w podeszłym wieku — odeszła i jest na najlepszej drodze do beatyfikacji.
Ja — kler, szlachtę i trzeci stan zawsze oszukiwałem tylko dla siebie.

Jak to dobitnie wyznaje w zakończeniu, bohater piosenki cały czas dbał tylko i wyłącznie o własną korzyść, nigdy się nie wahał i jak tylko mógł, oszukiwał „kler, szlachtę i trzeci stan". Puenta jest przeciwieństwem licznych przemilczeń i niedopowiedzeń, jakie napotykamy w całym tekście. Nie znajdujemy w nim bezpośredniego potępienia hipokryzji, tylko podejrzenia co do pobudek, które powodowały działaniami postaci.

Na przykład wuj ksiądz, dowiedziawszy się o śmierci ojca, odmawia materialnej pomocy rodzinie, ale czyni to pod pozorem pobożności, zachęcając do ufania Opatrzności. Jednakże w tekście widnieje wyraźnie tylko „duszpasterska troska". O tym, że jest pozorowana, możemy tylko się domyślać. To właśnie swoista żonglerka niedopowiedzeniami jest głównym narzędziem ironii autora.

Godna uwagi jest również okoliczność, że wujek ksiądz nalegał, żeby bohaterowi nadać drugie imię: Pius po ówczesnym papieżu Piusie XII. Para imion Benito Pius to oczywista kpina wymierzona w strategiczne przymierze faszyzmu z konserwatywnym klerykalizmem, które to przymierze powstało w rezultacie konkordatu z roku 1929 i miało trwać również po wojnie, aż do upadku skrajnie prawicowego rządu Tambroniego w 1960 roku. Guccini zresztą nie oszczędza też czołowych przedstawicieli włoskiej centrolewicy lat 60. W ostatniej strofie Benia Pius zastanawia się, czy nie przystąpić do socjaldemokratów

[43] CLN: Comitato di Liberazione Nazionale (Komitet Wyzwolenia Narodowego).
[44] W latach 60. miliard lirów miał równowartość kilku milionów dzisiejszych euro.

mimo swego pokaźnego majątku. Niedopowiedzenie polega na tym, że ówcześni socjaldemokraci rządzili w koalicji z chadecją, czyli oportunistycznie dbali przede wszystkim o posady i korzyści dla siebie i swojej partii, rezygnując z wszelkiej ideowości lewicowej.

Retoryczny majstersztyk w piosence stanowi postać matki, która dynamicznie rozwija się na tle braku konsekwencji pomiędzy jej obrazem rysującym się w relacji bohatera a konkretnymi krokami, jakie za każdym razem podejmuje. Matkę przedstawia się jako:

- Kobietę świętą,
- Kobietę wielce pobożną,
- Kobietę wielkiej miłości,
- Kobietę na najlepszej drodze do beatyfikacji.

Z kontekstu wynika natomiast, że nieszczęsna kobieta z małym synem na utrzymaniu, nie mając wsparcia ze strony wujka księdza, prostytuuje się najpierw z Niemcami, potem z Amerykanami, a w końcu wychodzi za mąż za osobnika, który — w jej mniemaniu — jest wysokiego stopnia oficerem włoskiej partyzantki komunistycznej. Jednak po upadku rządów jedności narodowej w 1948 roku komunistów przestaje się uważać za sprzymierzeńców w walce z faszystami, uznaje się ich wręcz za wrogów nowego ustroju. Matka wtedy odchodzi od męża komunisty i znajduje sobie bogobojnego małżonka w osobie przedsiębiorcy tekstylnego, jak pozwala mniemać zdanie: „Odnalazła wiarę w przemyśle wełnianym". Kluczową rolę odgrywa tu wieloznaczność słowa *fede*, które w języku włoskim oznacza zarówno wiarę, jak i obrączkę — symbol wierności. W sumie kobieta, która w opisach bohatera jest pobożna, głęboko wierząca, prawie święta, okazuje się doświadczoną prostytutką, która robi oszałamiającą karierę: od obsługiwania żołdaków do ślubu z bogatym przemysłowcem.

Rozwojowi postaci matki towarzyszy groteskowa seria imion bohatera. W zależności od osobników, których matka wybiera, żeby ją utrzymywali, synek nazywa się po kolei Benito Pius, Jack, Benia Stalin.

Ciekawe efekty może dać porównanie omówionego utworu Gucciniego z nieco późniejszą piosenką, której tytuł też stanowi data: *4 marzo 1943*. Tekst piosenki napisała Paola Pallottino, która obecnie wykłada na Akademii Sztuk Pięknych „Clementina" w Bolonii. Muzykę napisał Lucio Dalla — także nestor wśród włoskich kantautorów, którego kariera trwała ponad pół wieku i została przerwana 1 marca 2012 roku w szwajcarskiej miejscowości Montreux. Podczas trasy koncertowej Dalla umarł na zawał serca[45].

Data stanowiąca tytuł utworu jest prawdziwą datą urodzenia Dalli. To jest jednak jedyny element biograficzny w tekście. Cała fabuła jest owocem twórczej fantazji Pallottino. Oto przekład:

Powiadają, że był przystojny
I pochodził zza morza.
Mówił wprawdzie w obcym języku, ale kochać umiał.
Tego dnia moja matka
Na przepięknej łące
Zdążyła ofiarować mu godzinę prawdziwej słodyczy, zanim go zabito.

I tak została sama w pokoiku
W dzielnicy portowej,
W jednej jedynej sukienczynie
Co dzień trochę krótszej.
I choć nie wiedziała nawet jak się nazywał
Ani skąd pochodził,
Już od pierwszego miesiąca
Oczekiwała moich narodzin tak, jakbym był owocem wielkiej miłości.

A tego dnia moja matka kończyła właśnie szesnaście lat,
Jako kołysanki
Śpiewała mi pijackie przyśpiewki.
A tuląc mnie do swoich
Pachnących morzem piersi,
Wcielała się jak umiała w rolę matki,
Owijającej swoje maleństwo w pieluszki.

I może w wyniku tej gry,
A może po prostu z miłości
Zechciała mnie nazwać
Imieniem Pana Naszego,
Boć przecież najlepszym wspomnieniem
Z jej krótkiego życia
Jest właśnie to imię,

[45] http://www.repubblica.it/spettacoli-e-cultura/2012/03/01/news/e_morto_lucio_dalla-30754449/?ref=HREA-1 (dostęp: 1 marca 2012).

Które ciągle noszę.
I nawet dzisiaj mimo tego, że gram w karty i piję wino,
Ludzie z dzielnicy portowej nazywają mnie
Dzieciątko Jezus[46].

Na marginesie warto zauważyć, że tekst piosenki został ocenzurowany przez władze włoskie. Interwencje cenzury w latach 70. były jeszcze na porządku dziennym wskutek restrykcyjnej interpretacji przepisu konstytucji gwarantującego wolność wypowiedzi pod warunkiem nienaruszenia publicznej moralności i dobrych obyczajów. W ówczesnych Włoszech oczywiście o tym, na czym polega jedyna słuszna moralność, stanowiły poglądy hierarchii Kościoła katolickiego. Z tego względu tekst Pallottino został ostatecznie przekształcony. W wersji pierwotnej ostatnia strofa brzmiała następująco:

A dzisiaj, mimo że klnę jak szewc i tęgo chleję,
Kurwy portowe i złodzieje wciąż wołają za mną
Dzieciątko Jezus.

Fabuła rozwija się w sposób dokładnie odwrotny niż w utworze Gucciniego. Tam pozory moralności służą przede wszystkim do wyciągania korzyści materialnej, maskują najpodlejszy oportunizm. Tutaj tymczasem mamy do czynienia z postaciami z marginesu społecznego. Nieletnia matka mieszka w dzielnicy portowej wśród prostytutek i złodziei, nie zna nawet żadnej kołysanki, więc usypia swoje dziecko pijackimi piosenkami. Z kolei dziecko, już w życiu dorosłym, zacznie się wysławiać w ordynarnym języku i przypuszczalnie nadużywać alkoholu. Wbrew wszystkiemu jednak z tekstu przebija autentyczna, prosta i szczera miłość: matki do nieznanego ojca i poczętego z nim syna oraz tegoż syna do matki. Nikt tu nie ma żadnych złudzeń, nikt się nie spodziewa beatyfikacji, ale wszyscy poszukują tej odrobiny miłości i czułości, które nie były im wcześniej dane.

Ważnym elementem symbolicznym jest imię zwierzającego się bohatera. Podczas gdy cwaniackie postępowanie bohatera Gucciniego odzwierciedla się w cyklicznych zmianach imienia: od faszystowsko-klerykalnego poprzez amerykańskie po „radzieckie", sedno etycznej czystości bohatera Pallottino uwidacznia się w niezmienionym imie-

46 L. Dalla, *4 marzo 1943*, [w:] *idem*, *Storie di casa mia*, Roma 1971.

niu, które może dla niektórych brzmi bluźnierczo, jednak stanowi kwintesencję bezinteresownej miłości: Dzieciątko Jezus.

Uzupełnieniem piosenki *Il tre dicembre del '39* można uznać bliźniaczy utwór *Il sociale e l'antisociale* (Światowiec i aspołecznik). Jest to majstersztyk intertekstualnej polifonii, w którym widnieją obok siebie bezpośrednie napiętnowanie wad społeczeństwa włoskiego w latach 60. — w wypowiedziach bohatera występującego w roli aspołecznika — i finezyjna ironia na temat tych samych wad, wyolbrzymionych u bohatera światowca.

Tekst odnoszący się do aspołecznika jest szczególnie interesujący pod względem kompozycyjnym. Napisany jest w konwencji Joyce'owskiego strumienia świadomości[47]. Bohater określa siebie samego za pomocą absolutnych stwierdzeń, aksjomatów o tym, kim jest i czego nienawidzi. Taki chwyt kompozycyjny jest typowy również dla późniejszej twórczości Gucciniego, a osiąga swój szczyt w utworze *Cirano*, o którym będzie jeszcze tutaj mowa.

Obecność elementów strumienia świadomości potwierdza fakt, że aspołecznik wypowiada się bez metafor ani też innych chwytów retorycznych. Nazywa zjawiska w sposób bezpośredni, co w domyśle ma stanowić o żywiołowości wypowiedzi. Jednakże autor stosuje w tekście pojęcia dość złożone, których żywiołowość nie jest zawsze do końca wiarygodna. Wśród tego, czego aspołecznik nienawidzi, są:

- wojny i zbrojenia,
- teleturnieje, „karuzele"[48], TV, kino, radio, rajdy, lodówki i samochody,
- afery z udziałem polityków,
- weksle, tu symbolizujące zakupy na raty,
- przystojniacy w kabrioletach,
- prawnicy.

[47] Jednym z najciekawszych opracowań o roli strumienia świadomości w oddawaniu realiów życia społecznego w danej epoce jest: K. Reichert, *Welt-Alltag der Epoche. Essays zum Werk von James Joyce*, Frankfurt am Main, 2004.

[48] Nawiązująca do niedzisiejszych popisów sztuki jeździeckiej nazwa *carosello* określała telewizyjną audycję poświęconą krótkometrażowym filmom reklamowym, która była dla włoskiej publiczności tym, czym dla polskiej były dobranocki. Bohater nienawidzi takich audycji, dlatego że dzieci są poddane wpływom reklamy od lat najmłodszych, jest to więc swego rodzaju indoktrynacja na rzecz społeczeństwa konsumpcyjnego.

Jest to spis przedmiotów i zjawisk powszechnie zrozumiałych na tle leksyki z epoki, w której została napisana piosenka. Jednakże swego rodzaju paradygmat tego, czego można szczerze nienawidzić, obejmuje także pojęcia w miarę złożone. Są nimi na przykład:

- moralna hipokryzja,
- cud gospodarczy,
- odwieczne wartości,
- nowoczesność,
- zaangażowani inteligenci,
- dobrzy i uczciwi ojcowie.

Z tej listy tylko hipokryzję, pomimo że nie jest jednoznacznym pojęciem etycznym, można zdefiniować za pośrednictwem klasycznego warsztatu filozofa. Wszystkie pozostałe określenia wymagają historycznej i socjologicznej lokalizacji w celu ich dokładnego zrozumienia.

Przyznawanie się bohatera do nienawiści niweluje niemal do zera pozytywne uczucia, które powinny być związane z wyrazami z listy. „Cud gospodarczy" — bardzo szybkie tempo wzrostu włoskiego PKB od drugiej połowy lat 50. — był w istocie zjawiskiem bardzo kontrowersyjnym, ponieważ wtedy niektóre warstwy społeczne wzbogaciły się bezmiernie, podczas gdy warunki bytowe ludzi pracy najemnej nie tylko nie poprawiały się, ale wręcz pogorszyły. „Odwieczne wartości" zazwyczaj stanowią wspólną podstawę ideową społeczeństwa, we Włoszech jednak kojarzyły się przede wszystkim z etyką klerykalną i faszyzującą, która przetrwała klęskę militarną roku 1943 i późniejszą wojnę domową, a zakorzeniła się przynajmniej częściowo w powojennej chadecji. Również „nowoczesność" — wymarzony cel znacznej części obywateli Włoch, wtedy jeszcze mieszkających na wsi — traci swój urok po stwierdzeniu, że w modernizującej się właśnie Italii rozpadają się tradycyjne więzi społeczne wskutek masowego przesiedlenia się ludności z południowych regionów do wielkich miast przemysłowych na północnym zachodzie kraju. Natomiast tak zwani politycznie „zaangażowani inteligenci" z lat 60. należeli w większości do WPK, która wtedy była jeszcze w dużej mierze partią prosowiecką. W końcu dla „dobrego i uczciwego ojca" najważniejsze było zawsze to, ażeby bohater znalazł sobie ciepłą posadę, gdy już zaczął „chodzić" z jego córką.

Tymczasem robienie kariery było wtedy uzależnione od przynależności do chadeckiej „siły przewodniej", więc związane z koniecznością rezygnacji ze swoich poglądów wolnościowych.

„Lista nienawiści" narratora stanowi zatem swojego rodzaju spis włoskich paradoksów społecznych w latach 60. Istota tego, co się określało pozytywnymi definicjami, była przeciwieństwem wierności sobie i praworządności ideowej. Z tego właśnie powodu ten, kto nie chciał zginać karku i tych paradoksów nienawidził, był traktowany jako podejrzany typ aspołeczny.

Stanowisko przeciwne reprezentuje w tej piosence światowiec. Jest on postacią skonstruowaną na wzór Beni Piusa z utworu *Il tre dicembre del '39*. Jego wypowiedzi cechuje ironia autora, jak to wynika z następujących cytatów:

> Bardzo lubię sobie rzucić mięsem, poświntuszyć z dziewczynami, ale na Wielkanoc zawsze chodzę do spowiedzi...
>
> Czasami bywam komunistą, ale rzadko z przekonania. Walka klasowa podoba mi się tylko dlatego, że można się nią popisać na salonach...
>
> ...tak jak Boccaccio, lubię ośmieszać mnichów, ale wyrażam szacunek dla swojego wuja kardynała i chodzę na mszę, kiedy tak trzeba...

Wobec tych stwierdzeń światowca możemy sobie przypomnieć, że Benito Pius miał:

- matkę, która tuż po śmierci miała być już beatyfikowana, ale za życia prostytuowała się z żołdakami,
- dochód rzędu miliarda lirów rocznie i popierał chadecję, ale twierdził, że jest lewicowcem i chce wstąpić do socjaldemokracji,
- drugie imię Pius „ku uciesze wuja księdza".

Innymi słowy postać światowca to drugie oblicze Benita Piusa.

Ostatni z utworów na płycie *Folk Beat n. 1*, który można uznać za piosenkę protestu, nosi tytuł *Statale 17* (Droga krajowa nr 17). W przeciwieństwie do poprzednio analizowanych dzieł ta piosenka nie stanowi bezpośredniego protestu przeciw na przykład zbrojeniom nuklearnym czy zaniechaniu rozliczenia byłych faszystów z ich przeszłości. Tekst *Statale 17* jest raczej egzystencjalistyczny i stanowi protest pośredni. Nie piętnuje konkretnego zjawiska, tylko w sposób pozytywny proponuje kulturową alternatywę do tradycyjnych, konserwatywnych wzorów zachowania. Punktem odniesienia piosenki jest prawdopodobnie utwór wykonywany między innymi przez grupę Rolling Stones *Route 66*, w którym mowa o kompletnie beztroskiej podróży samochodem przez ponad 2000 mil z Chicago do Los Angeles. W wersji nagranej na żywo wraz z zespołem Nomadi Guccini ironicznie wywodził rodowód tej piosenki z powszechnej swego czasu fascynacji powieścią *On the Road* Jacka Kerouaca[49].

Podróż w kierunku zachodnim kojarzyła się jeszcze w latach 60. XX wieku w Stanach Zjednoczonych z ucieczką z cywilizowanego Wybrzeża Wschodniego do wymarzonej krainy absolutnej wolności, jaką był właśnie Dziki Zachód sprzed stulecia. W dziele Gucciniego, które jest mocno zakorzenione we włoskich realiach, nie może być odpowiednika tej bajecznej krainy. Jest za to fascynacja samą podróżą, którą ewokują obrazy: roztopionego przez słońce asfaltu, hałasu ciężarówek, potu, braku pieniędzy na podróż inną niż autostopem. Wbrew niewygodzie i wyrzeczeniom taka podróż ma jednak swój niepowtarzalny urok, ponieważ jej celem jest osoba, do której bardzo się chce dotrzeć. Potwierdza to powtarzanie — na końcu każdej strofy oprócz przedostatniej — wersu: „Kto to wie, czy kiedykolwiek dojadę do Ciebie".

Pośrednio autor pragnie także wyrazić swego rodzaju pochwałę takiego mozolnego pokonywania trudności i wyrzeczenia się wygód mieszczańskiego życia, jeśli ich rezultatem ma być romantyczne spotkanie z ukochaną osobą. Jest to przewrotna aksjologia, negacja powszechnie przyjętych wartości: awansu społecznego, konsumpcyjnego stylu życia, zakładania tradycyjnych rodzin. Jest to początek poszukiwania nieograniczonej wolności osobistej, jakie miał później utrwalić reżyser Dennis Hopper w głośnym filmowym manifeście kontestacji *Easy Rider* z 1969 roku. Nie jest to zresztą jedyny tekst, jaki Guccini napisał w tej konwencji. Znacznie później, bo w roku 1983, stworzył kolejną piosenkę o fascynacji podróżowaniem w stylu *Easy Rider*. Jest to utwór *Autogrill* (Grill bar przy autostradzie). Tam też pojawia się ekscytująca biała wstęga drogi, hałas TIR-ów, tylko tym razem w klimacie nieco egzotycznym, wywołanym amerykańskimi określeniami: *soda-fountain*, *nickel* oraz

[49] F. Guccini i Nomadi, *Statale 17*, [w:] *idem*, *Album concerto*, Milano 1979.

Seven up — marką popularnego napoju gazowanego, który kojarzy się jednoznacznie z pewnym amerykańskim koncernem[50].

Ostatni utwór, o którym warto wzmiankować, nie jest piosenką protestu, ale wszedł w poczet najpopularniejszych dzieł Gucciniego między innymi dlatego, że autor śpiewa tę piosenkę na samym początku każdego swojego występu na estradzie. Utwór jest w dużej mierze autobiograficzny. Rzecz w nim o tragicznej śmierci w wypadku samochodowym bliskiej autorowi dziewczyny, o której wspominają w tekście tylko inicjały: S.F. Znane między innymi pod nieoficjalnym tytułem *Canzone per un'amica* (Pieśń dla przyjaciółki) dzieło nosiło pierwotnie tytuł *In morte di S.F.* (O śmierci S.F.). Muzycznie jest najbardziej *country* ze wszystkich utworów na płycie, a jednocześnie najgłębszy intelektualnie ze względu na wagę przemyśleń filozoficznych i walory literackie.

Tekst jest pod pewnym względem przeciwieństwem „eposów" poszukiwaczy przygód na drogach. Wskazuje na to bardzo znaczący wers: „Na autostradzie szukałaś swojego życia, a znalazłaś na niej śmierć". Ból po stracie bliskiej osoby autor opracowuje w sposób, który przypomina Leopardiańską filozofię życiową. Najpierw zadaje pytania retoryczne, po co było żyć, kochać, cierpieć, spędzać wszystkie swoje dni, skoro odeszła, gdy była jeszcze taka młoda. Są tu echa *Śpiewu nocnego koczującego po Azji pasterza* Leopardiego, gdzie spotykamy między innymi pytanie: „Skoro życie jest nieszczęściem, dlaczego przy nim trwamy?".

Również odpowiedź Gucciniego jest wzorowana na wersach Leopardiego, szczególnie w utworze *Wspomnienia.* Guccini kończy swoją piosenkę strofą:

> Chcę jednak wspominać Cię taką, jaka byłaś,
> Myśleć, że jeszcze żyjesz,
> Chcę myśleć, że jeszcze słuchasz mnie
> I ciągle, jak wtedy, uśmiechasz się[51].

Tak jak u Leopardiego, przypominanie sobie pięknych chwil staje się u Gucciniego antidotum na ból istnienia[52].

---

[50] F. Guccini, *Autogrill*, [w:] *idem*, *Guccini*, Milano 1983.

[51] F. Guccini, *In morte di S.F.*, [w:] *idem*, *Folk Beat n. 1...*

[52] Na temat przytoczonych tu utworów Leopardiego zob. na przykład P. Salwa (red.), *Historia literatury włoskiej*, Warszawa 1998, t. 2, s. 122–123.

Próba porównania z twórczością De Andrégo

Na rozwijającej się żywiołowo — szczególnie w drugiej połowie lat 60. — scenie włoskiej piosenki autorskiej twórczość Gucciniego nie stanowi samotnej wyspy. Spotykamy na niej liczne inne osobowości artystyczne, które znacząco przyczyniły się do jej niesłychanego rozkwitu. Niektóre ich utwory są nawet bardziej znane włoskiej publiczności niż majstersztyki Gucciniego. On sam był tego świadom, kiedy w połowie lat 70. polemizował dyskretnie z trzema kolegami po fachu w utworze *Via Paolo Fabbri 43*. Zacytował pośrednio trzy wtedy bardzo popularne piosenki autorstwa Antonella Vendittiego, Francesca De Gregoriego i Fabrizia De Andrégo, porównując ich sukces ze swoimi egzystencjalistycznymi, nieco pesymistycznymi i zatem „trudnymi" utworami: *Pijak*, *Braciszek*.

„Mała nieszczęśliwa spotkała się z Alicją na konferencji o piosenkach ludowych. Marinelli nie było, ponieważ używa życia na dyskotece i ma inne sprawy na głowie"[53], tak śpiewał Guccini, nawiązując do utworów: *Lilli* Vendittiego, *Alice* De Gregoriego oraz *La canzone di Marinella* (Pieśń o Marinelli) De Andrégo. Z drugiej strony sam Guccini współpracował później z innymi kantautorami i artystami estrady, czego efektem są między innymi piosenka *Aemilia* — napisał tekst do muzyki Lucia Dalli[54], *Ho ancora la forza* (Mam jeszcze siłę) — muzykę skomponował Luciano Ligabue[55] oraz *Una casa nuova* (Nowy dom) napisana dla Patti Pravo[56].

Zjawisko artystyczne i w dużej mierze też społeczne, jakie stanowią włoscy kantautorzy, jest zbyt rozległe i uwarstwione, żeby można było choć w minimalnym zakresie dokonać wyczerpującej analizy porównawczej dorobku Gucciniego z twórczością wszystkich innych autorów. Tytułem przykładu przedstawię poniżej część tego, co zapre-

---

[53] F. Guccini, *Via Paolo Fabbri 43*, [w:] *idem*, *Via Paolo Fabbri 43*, Milano 1976.

[54] F. Guccini, *Aemilia*, [w:] *idem*, *Quello che non...*, Milano 1990.

[55] F. Guccini, *Ho ancora la forza*, [w:] *idem*, *Stagioni*, Milano 2000; inna wersja z nieco zmienionym tekstem została opublikowana w: L. Ligabue, *Secondo tempo*, Milano 2008.

[56] P. Pravo, *Una casa nuova*, [w:] *eadem*, *Notti, guai e libertà*, Milano 1998.

zentował swojej publiczności Fabrizio De André mniej więcej w tym samym okresie, w którym Guccini zachwycał swoich fanów albumem *Folk Beat n. 1*.

Paradoksalnie De André miał — także ze względu na biografię — bardzo wiele wspólnego z Gucciním, a jednak nie było między nimi żadnego, by tak rzec, kontaktu artystycznego. Urodzony 18 lutego 1940 roku w Genui Fabrizio De André był od Gucciniego starszy o zaledwie cztery miesiące. Także jego dzieciństwo przypadło na lata II wojny światowej, spędził je daleko od miasta urodzenia — w małej wsi Revignano wśród wzgórz Monferrato. Podobnie jak Guccini, ukończył studia, ale nigdy nie obronił pracy dyplomowej.

Decydująca jest tu jednak różnica klasowa. Guccini pochodził bowiem z prowincjonalnej, drobnomieszczańskiej rodziny z Modeny. De André natomiast urodził się w bogatej rodzinie genueńskiej o arystokratycznych korzeniach. Przynależność do zdecydowanie wyższej warstwy społecznej odbijała się także na pierwszych doświadczeniach jego młodości. Po skończeniu dwudziestu lat także De André dzielił swój czas pomiędzy tworzenie i wykonywanie piosenek a nauczanie, jednakże młody Fabrizio uczył w prywatnych szkołach, których właścicielem był jego ojciec.

Pod względem treści pierwsze utwory De Andrégo nie miały nic wspólnego z uśmiechniętą witalnością wczesnej twórczości Gucciniego. De André wyrażał w tekstach nieco dekadenckiego zaniepokojenia związanego z dorastaniem rozpuszczonego młodzieńca z klasy wyższej. Bohaterami jego pierwszych piosenek byli samobójcy, wisielcy, narkomani i prostytutki.

Pierwszy wielki sukces De Andrégo to *Pieśń o Marinelli*, do której miał później nawiązać polemicznie Guccini w *Via Paolo Fabbri 43*. Po raz pierwszy *Pieśń o Marinelli* została wykonana w 1965 roku przez ówczesną gwiazdę estrady Annę Marię Mazzini, bardziej znaną pod pseudonimem Mina. Sam De André nagrał później tę piosenkę we własnym wykonaniu, a zrobił to kilka razy i na kilku płytach[57]. Pierwszą zaś pły-

---

[57] Teksty i partytury cytowanych tutaj dzieł De André zostały opublikowane w: M. Luzzato Fegiz (red.), *Fabrizio De André*, Milano 1985.

tę długogrającą, zatytułowaną *Tutto Fabrizio De André*, wydał w 1966 roku.

Dziesięć lat później, w roku 1976, De André kupił posiadłość na Sardynii i zamieszkał na wyspie wraz z drugą żoną Dori Ghezzi, znaną aktorką i piosenkarką. W 1979 roku parę porwali bandyci, żądając niebotycznego okupu. Fabrizio był więziony przez przestępców cztery miesiące. Po uwolnieniu jednak jego miłość do Sardynii wcale nie wygasła. Wręcz przeciwnie — zaczął pisać teksty w języku sardyńskim[58]. Przywiązany był także cały czas do rodzimego dialektu genueńskiego, w którym również napisał bardzo wiele piosenek[59]. Zmarł 11 stycznia 1999 roku w Mediolanie. Jego grób, na którym fani zostawiają po dziś dzień papierosy, znajduje się na cmentarzu Staglieno w Genui.

Mimo dekadenckiego nastroju, który plasuje się bardzo daleko od ironii wczesnych utworów Gucciniego, w tekstach De Andrégo do końca lat 70. znaleźć można pewne cechy wspólne z twórczością Gucciniego. Wspólną ich pasją były bez wątpienia utwory Boba Dylana. W roku 1975 De André wydał wraz z rzymskim kantautorem Franceskiem De Gregorim włoską adaptację Dylanowskiego hitu *Desolation Row*. Włoski tekst jest dosyć niespójny, widnieją w nim literackie cytaty obok elementów protest songu zlokalizowanych w ówczesnych realiach europejskich. Utwór *Via della povertà* (Ulica Nędzy) przedstawia na przykład szekspirowskich bohaterów w interakcji z biblijnymi postaciami: Kainem, Ablem, miłosiernym Samarytaninem. Jest to swego rodzaju kalejdoskop, w którym nie ma ścisłej więzi logicznej[60].

Wśród licznych cytatów znajdujemy aluzję do protest songu Gucciniego *Auschwitz*:

> [...] więźniów ciągnie się
> Na tymczasową pobliską kalwarię,
> A kapral Adolf ostrzegał,

---

[58] Na przykład F. De André, M. Bubola, *Zirichitaggia*, [w:] M. Luzzato Fegiz (red.), *Fabrizio De André...*, s. 133–134.

[59] Na przykład F. De André, M. Bubola, *Creuza de mä*, [w:] M. Luzzato Fegiz (red.), *Fabrizio De André...*, s. 153–155.

[60] F. De André, F. De Gregori, *Via della povertà*, [w:] M. Luzzato Fegiz (red.), *Fabrizio De André...*, s. 4–5.

Że wszyscy przelecą przez komin,
A wiatr głośno się śmieje [...][61]

Można porównać ostatnie dwa wersy ze zwrotkami Gucciniego: „przeleciałem przez komin, a teraz unoszę się z wiatrem"[62]. Godzien uwagi jest jednak fakt, że w wierszu De Andrégo „wiatr głośno się śmieje", czyli nawet środowisko naturalne odzwierciedla głęboki cynizm zbrodniarzy popełniających największą zagładę w dziejach ludzkości.

Strofa *Via della povertà*, w której jest wzmianka o „kapralu Adolfie", rozwija się wokół jednego z ulubionych tematów De Andrégo. Jest to protest przeciwko nadużyciu władzy ze strony policji. Strofa zaczyna się następującą scenką:

Punkt dwunasta w nocy, policjanci
Wykonują swoją zwyczajną pracę:
Nakładają kajdanki na ręce tym,
Którzy są od nich mądrzejsi[63].

Wyłania się z tych wersów obraz tępych policjantów, którzy tkwią w hipokryzji i braku współodczuwania, tak że nawet nałożenie komuś kajdanek staje się „zwyczajną pracą". Podobny obraz zawierała wtedy bardzo kontrowersyjna piosenka *Bocca di rosa* (Różanousta) z 1967 roku. Piosenka wywołała skandal ze względu na jej treść sprzeczną z zakłamaną obyczajowością katolików tradycjonalistów. Główną bohaterką piosenki jest bowiem kobieta, która narusza senną rutynę życia na prowincji, ponieważ nie powstrzymuje się od stosunków seksualnych z wieloma mężczyznami, w tym i z żonatymi. Stara dewotka donosi karabinierom na Różanoustą, a stróże prawa w końcu wydalają ją ze wsi. Jednak ponętna kobieta znajduje od razu nowych amatorów w sąsiedniej wsi. Za szczególnie skandaliczną uważano ostatnią strofę:

Nawet proboszcz, który nie gardzi
Między „Zmiłuj się" a ostatnim namaszczeniem
Doczesnego świata pięknością,
Prosi, by zechciała asystować u jego boku w procesji,

---

[61] *Ibidem*.

[62] F. Guccini, *Auschwitz*...

[63] F. De André, F. De Gregori, *Via della povertà*...

W ten sposób z figurą Najświętszej Dziewicy na czele
I Różanoustą zawsze pod ręką
Prezentuje całej wsi
Miłość niebiańską i miłość ziemską[64].

Tymczasem strofa, w której De André po raz kolejny krytykuje stróżów prawa, przedstawia „czterech żandarmów" eskortujących Różanoustą do dworca kolejowego, żeby opuściła raz na zawsze wieś, której mieszkańców zgorszyła. Tak narrator komentuje całe zajście:

Zdarza się często, że gliniarze i karabinierzy
Odwalają swoją robotę, byle zbyć,
Ale nie wtedy, gdy w galowych mundurach
Doprowadzili ją na poranny pociąg[65].

Takie stwierdzenie w rządzonych przez klerykalną prawicę Włoszech końca lat 60. nie mogło nie przyciągnąć uwagi cenzorów. Przez pewien okres De Andrégo zmuszano więc do zastępowania strofy następującymi wersami:

Miękkie serce to nie zaleta,
Z której słyną karabinierzy,
Jednak do pociągu, którym miała odjechać
Doprowadzili ją bardzo niechętnie[66].

Wolno było śpiewać, że karabinierzy nie mają miękkiego serca, ponieważ to stwierdzenie pasuje do obrazu żandarmów „przywykłych do wykonywania rozkazów w milczeniu", jak głosi oficjalna dewiza tej formacji[67]. Absolutnie zakazana była natomiast wzmianka o tym, że nie spełniają rzetelnie swoich obowiązków. Perypetie pieśni De Andrégo wskazują dobitnie na chwiejność wolności wypowiedzi artystycznej w republikańskiej, bądź co bądź, Italii, jak to zresztą już mieliśmy okazję zobaczyć w przypadku tekstu napisanego przez Paolę Pallottino

[64] F. De André, *Bocca di rosa*, [w:] M. Luzzato Fegiz (red.), *Fabrizio De André...*, s. 28–29.

[65] *Ibidem*.

[66] F. De André, *Bocca di rosa*, [w:] *idem*, *Volume I*, Milano 1967.

[67] Dewiza: „Usi ad obbedir tacendo" jest cytatem z wiersza XIX-wiecznego poety Costantina Nigry pt. *La rassegna di Novara* [Musztra w Novarze] — zob. C. Nigra, *La rassegna di Novara*, Torino 1875.

do muzyki Lucia Dalli. Warto będzie sobie o tym przypomnieć, kiedy przejdziemy do analizy późniejszego utworu Gucciniego *Canzone di notte n. 2* (Nocna pieśń numer 2). W utworze autor otwarcie narzeka na to, że moraliści mają „ustawy, policję, bogów, przykazania i swoje porządki", podczas gdy „wolnościowców od zawsze poskramia albo kler, albo państwo"[68].

Swój najsłynniejszy protest song pacyfistyczny De André napisał w 1968 roku. Utwór nosi tytuł *La guerra di Piero* (Wojna Piotra). Odbiorca tego tekstu, znający dobrze treść *Czerwonych maków na Monte Cassino* Feliksa Konarskiego, spostrzeże bez trudu zdumiewające zbieżności między tymi pieśniami. Główny bohater umiera w podobnych okolicznościach jak żołnierze polegli w bitwie pod Monte Cassino. De André pisze bowiem nie tylko o „czerwonych makach", ale także o krzyżach czy „konaniu w maju". Podobieństwo nie dziwi, wziąwszy pod uwagę, że pod koniec lat 60. wiele piosenek na temat walk z nazistami podczas II wojny światowej przeżywało we Włoszech okres nadzwyczajnej popularności wtórnej. Wśród nich były również *Czerwone maki na Monte Cassino.*

Jednakże Piotr, w odróżnieniu od poległych z pieśni Konarskiego, nie chce „zabijać i mścić". Wręcz przeciwnie, życzy sobie, żeby w potoku koło jego domu pływały „srebrne szczupaki" zamiast trupów żołnierzy. Niestety, jednak musi zaciągnąć się do wojska. Jest zima, a on, maszerując na niechcianą wojnę, zmuszony jest znosić pogardę zamieci „spluwającej mu w twarz śniegiem". Pewnego „pięknego dnia wiosennego" przekracza granicę. Widzi „człowieka na dnie doliny". Człowieka w identycznym stanie ducha jak on, tyle że w innym mundurze. Piero dostaje rozkaz strzelania do niego, ale zaczyna się zastanawiać:

> Jeśli strzelę mu w głowę lub w serce,
> Umrze bardzo szybko,
> ale ja i tak będę miał mnóstwo czasu,
> by spojrzeć w oczy ginącego człowieka[69].

---

[68] F. Guccini, *Canzone di notte n. 2*, [w:] *idem*, *Via Paolo Fabbri 43...*

[69] F. De André, *La guerra di Piero*, [w:] M. Luzzato Fegiz (red.), *Fabrizio De André...*, s. 22–23.

Pod względem leksykalnym warto zauważyć, że ani razu nie pojawia się w tekście słowo „wróg" czy „nieprzyjaciel". Przeciwnik jest tu zawsze przede wszystkim „człowiekiem", którego niezależnie od okoliczności nie można lekkomyślnie zabić. A przecież człowiekiem jednak często rządzi strach. Tak jest również w wypadku jego przeciwnika. Nagle się odwraca, spostrzega Piotra, w odruchu przestrachu strzela do niego. Piotr pada na ziemię, nie wydając ani jednego jęku. Ma tylko świadomość, że życie kończy się i powrotu nie będzie. Zwraca się wtedy w umyśle do swojej dziewczyny:

Ninetto moja, by konać w maju,
Trzeba mieć dużo, strasznie dużo odwagi.
Ninetto miła, do piekła
Wolałbym trafić, jak już będzie zima.

Na zakończenie jest nieruchomy obraz. Piotr spoczywa pogrzebany wśród pszenicznych łanów. Nad jego mogiłą nie kwitnie ni róża, ni tulipan, lecz „tysiące czerwonych maków". Ciekawe jest, że wiele elementów z treści *Wojny Piotra* miał później zapożyczyć Guccini w utworze *Il caduto* (Poległy) z 1996 roku. Są to między innymi maszerowanie w śniegu, spojrzenie na innych ludzi przez celownik karabinu, pośpieszne grzebanie poległego[70].

Innym utworem pacyfistycznym De Andrégo, chociaż mniej znanym, jest *Girotondo* (Kółeczko) z 1969 roku. Partytura przypomina nuty do znanych dziecięcych zabaw typu „kółko graniaste". Tekst tymczasem nie jest wcale naiwny, lecz stanowi swego rodzaju manifest pacyfistyczny zawierający nawet zachętę, mniej więcej otwartą, do dezercji:

A jeśli będzie wojna, Marcondiron'ndera,
A jeśli będzie wojna, Marcondiron'ndà,
Na morzu i na ziemi, Marcondiron'ndera,
Na morzu i na ziemi, kto nas uratuje?
Uratuje nas żołnierz, który jej nie zechce,
Uratuje nas żołnierz, który wojnie powie — nie!

---

[70] Por. F. Guccini, *Il caduto*, [w:] *idem*, *D'amore, di morte e di altre sciocchezze*, Milano 1996.

Do twórczości De Andrégo powrócimy poniżej. Czas teraz prześledzić, jak dalej rozwijał swoją karierę artystyczną Guccini. Dwa lata po pierwszej, udanej płycie wydał kolejną. Warto przeanalizować ją szczegółowo.

Due anni dopo

Tytuł płyty *Dwa lata później* nawiązuje w sposób nie do końca uzasadniony do kontynuacji słynnej powieści Aleksandra Dumasa ojca o trzech muszkieterach *Dwadzieścia lat później*. Dowodem tego związku jest fakt, że istotnie dwadzieścia lat po pierwszej płycie Guccini wydał zbiór swoich starych przebojów pt. *...quasi come Dumas* (Niemal tak jak Dumas). Na tym krążku oryginalną piosenkę *Due anni dopo* przedstawił w wersji wykonanej na żywo, w której zwrot „dwa lata później" zastąpił właśnie wyrazem „dwadzieścia lat później"[71].

Popularność Dumasa ojca we Włoszech była ogromna w pierwszych latach powojennych. Z jednej strony trwało poszukiwanie literatury młodzieżowej, która mogłaby zastąpić mocno ideologicznie nacechowane dzieła z dwudziestoletniego okresu faszystowskiego totalitaryzmu. Każdy chłopczyk czytał więc przygody bohaterów Dumasa. Niejako z drugiej strony do tej popularności przyczyniło się radio, które nadawało w odcinkach słuchowisko pod tytułem *Czterej muszkieterowie*, sponsorowane przez popularną markę czekolady[72]. Kto nie czytał, ten słuchał w radiu o ich przygodach wzorowanych na powieściach Dumasa.

Jak o tym wspomniałem, nie jest do końca jasne, dlaczego Guccini nawiązuje do twórczości Dumasa na swojej drugiej płycie. Nie ma na niej żadnej piosenki, w której pojawiałyby się postacie podobne do muszkieterów opisanych piórem francuskiego powieściopisarza. Drugi krążek Gucciniego zdominowany jest tymczasem przez bardzo

---

[71] F. Guccini, *Due anni dopo*, [w:] *idem*, *...quasi come Dumas*, Milano 1988.

[72] Wspomina ją także Umberto Eco w najbardziej autobiograficznej ze swoich powieści, *La misteriosa fiamma della regina Loana*, Milano 2004, s. 303 — wersja polska: *Tajemniczy płomień królowej Loany*, przeł. K. Żaboklicki, Warszawa 2005, s. 307.

ponury klimat. W tekstach piosenek pojawiają się tematy związane z rozczarowaniem w życiu osobistym, topionym w coraz wyższych falach alkoholu. W tle jest również niesmak spowodowany ówczesnymi wydarzeniami w życiu społecznym i politycznym Włoch.

Płytę wydano w 1970 roku. Świeża była wtedy jeszcze pamięć o wspomnianym już pierwszym zamachu naofaszystowskich terrorystów 12 grudnia 1969 w Mediolanie. Wybuch bomby na Piazza Fontana oznaczał początek tzw. strategii napięcia. Po raz pierwszy od zakończenia II wojny światowej we włoskim społeczeństwie wróciły czasy lęku i obaw przed powrotem całkiem niedawnej przeszłości faszystowskiej. Taki ponury nastrój jeszcze długo po tym wydarzeniu przenikał także twórczość kantautorów.

Dziesięć lat po zamachu na Piazza Fontana bardzo popularną piosenką stał się utwór Francesca De Gregoriego *Viva l'Italia*, w którym autor bezpośrednio nawiązywał właśnie do tego dramatycznego wydarzenia. Bardzo znaczące pod tym względem są pierwsza i ostatnia strofa:

Niech żyją Włosi, wyzwoleni Włosi,
Włosi w walcu, Włosi na kawie,
Włosi okradzeni i ugodzeni prosto w serce,
Niech żyją Włosi, którzy nie giną.
[...]
Niech żyją Włosi, Włosi 12 grudnia,
Włosi z flagami, Włosi goli, tak jak zawsze,
Włosi z otwartymi oczyma w tej nocy smutku,
Niech żyją Włosi, którzy umieją wytrzymać i stawiać opór[73].

W tekście nie tylko wspomina się o 12 grudnia roku 1969, ale przedstawia się również obrazy reakcji Włochów na wiadomość o zamachu. Włosi w ujęciu autora zostali „ugodzeni prosto w serce", czuwają „z otwartymi oczyma w tej nocy smutku", w której wrócił lęk przed faszystami i ludobójstwem, którego faszyści dopuścili się w trakcie wojny domowej, np. w roku 1944 w miejscowości Marzabotto. Domyślne porównanie mediolańskiego zamachu z roku 1969 do wydarzeń z przeszłości staje się bardzo czytelne w kontekście wzmianki o ruchu oporu

[73] F. De Gregori, *Viva l'Italia*, [w:] *idem*, *Viva l'Italia*, Roma 1979.

partyzantów w ostatnim wersie. W tym zakresie jest również subtelna ironia w pierwszym zwrocie, gdy autor chwali Włochów „wyzwolonych" od faszyzmu, byle tylko nie zginęli później.

Guccini wprawdzie bezpośrednio nie odniósł się w żadnej ze swoich piosenek protestu do zamachu bombowego na Piazza Fontana. Niemniej w piosence *Due anni dopo* obecny jest lęk przed powrotem do strasznej przeszłości, który wyraża się między innymi w wersach:

- ...ale znajdujesz się / dwa lata później wciąż jeszcze na samym początku;
- ...znajdujesz w swej twarzy / dwa lata później ten sam wyraz przerażenia.

Dwa lata po „cudownym roku" 1968 Włosi znajdowali się „jeszcze na samym początku" ich drogi do normalności, mieli „na twarzach ten sam wyraz przerażenia". Są to smutne wersy w porównaniu z beztroską i ironicznym uśmiechem, jakimi ewokowała pierwsza płyta Gucciniego, to jest *Folk Beat n. 1*. Można powiedzieć, że sam nastrój ogólny na jego drugiej płycie odzwierciedla ciężkie czasy, jakie nastały po mediolańskiej bombie.

Mimo zmiany ogólnego nastroju — na płycie znajdują się jeszcze wiersze, w których Guccini nawiązuje jawnie do Dylana. Na przykład cytat z Dylanowskiej piosenki z 1964 roku *Mr. Tamburine Man* jest obecny w utworze *La verità* (Prawda). W nim autor przyjmuje jednak do wiadomości, że skończyły się marzenia o rewolucji obyczajowej z 1968 roku. Zerwał się wiatr, ale nie ten z tekstu Dylana. Po zamachu w Mediolanie wieje „wiatr strachu"[74].

Na tej drugiej płycie jednak nie brakuje piosenek protestu na inne tematy. Najsłynniejszym, do dziś wciąż bardzo popularnym utworem jest piosenka na temat stłumienia Praskiej Wiosny jesienią roku 1968. Warto zapoznać się z całością tekstu w polskim tłumaczeniu filologicznym:

Pamiętający czasy dawnej świetności
Szary dziś plac żył niby swoim, a jakby nowym życiem.
Niby jak co dzień, zapadał zmierzch,
Na murach Pragi wciąż te same hasła.
Ale oto nagle plac stanął jak wryty,

[74] F. Guccini, *La verità*, [w:] *idem*, *Due anni dopo*...

Zgromadzony tłum wydał się z siebie krótki jęk,
Gdy ten płomień okrutny, okropny
Stłumił swoim wybuchem każdy ludzki głos.

Czyhające czołgi są jak jastrzębie,
Lecą hasła na zaczerwienionych twarzach.
Leci ból i pali każdą ulicę,
A każdy praski mur zdaje się krzyczeć.
Kiedy plac stanął jak wryty,
Krwią pocił się tłum zranionych.
Kiedy płomień i czarny dym
Uniósł się z ziemi i powoli wznosił się ku niebiosom,
Kiedy każdy już miał czerwone ręce,
Kiedy ten dym rozproszył się w dal,
Zdało się, jakby na horyzoncie pod praskim niebem,
Znów płonął na stosie Jan Hus.

Powiedz, kim są ci z trudem poruszający się ludzie
Z zaciśniętą pięścią i nienawiścią wypisaną na twarzach.
Powiedz, kim są ci ludzie zmęczeni,
Ciągłym zginaniem karku i wiązaniem końca z końcem.
Powiedz, czyje ręce niosły potem to ciało
W asyście całego miasta,
Tej Pragi, która ciszą chciała wykrzyczeć
Swoją nadzieję w wiszące nad nią niebo[75].

Rzecz w wierszu o przeszłości, która nie chce minąć. Jest w nim jawne porównanie samobójstwa Jana Palacha 19 stycznia 1969 roku ze stosem, na którym spalono Jana Husa w 1415 roku. Domyślnym przesłaniem Gucciniego jest pesymizm co do możliwości zmiany ludzkiej natury w taki sposób, by przeszłe zbrodnie nie powtarzały się już w przyszłości. Na początku XV wieku palono żywcem osoby, które nie akceptowały katolickich dogmatów, a ponad pięć wieków później paliła się żywcem osoba, która nie akceptowała dogmatów komunistycznych. Istota tych zjawisk jest wciąż taka sama, sugeruje Guccini. Jest nią ponury, czarny dym wznoszący się ku niebiosom, „krzyczący" płomień, który wycisza każdy ludzki głos. W końcu nadzieja trwa, ale tylko „po cichu". Ludzie uczą się, że nie sposób przeciwstawiać się otwarcie tym,

[75] F. Guccini, *Primavera di Praga*...

którzy zawsze mają rację dzięki temu, że nie wahają się stosować przemocy.

Wartość literacka tekstu wynika między innymi z tego, że Guccini przedstawia jeden po drugim obrazy tak wyraźne, że bezpośrednich komentarzy autora nie trzeba. Bardzo trafna jest metafora w trzecim wersie. W nim zmierzch zapada, jak to się dzieje co dzień, czyli przenośnie powracają ciemności autorytaryzmu, jak to się zawsze dzieje po każdym zrywie wolnościowym.

Niemal kadrem filmowym wydaje się opis zaczajonych jak jastrzębie radzieckich czołgów. Przypomina on fragmenty westernu Johna Forda z 1939 roku *Stagecoach*, w którym Indianie czyhają na wzgórzach na dyliżans. Guccini zresztą nieraz przypominał, że duże wpływy na jego twórczość miały właśnie amerykańskie filmy o Dzikim Zachodzie. Świadczy o tym także jego własna zapowiedź poprzedzająca wykonanie piosenki *Piccola città* (Małe miasteczko) na jednym z koncertów. Wtedy Guccini wspominał, jak w młodości wyobrażał sobie Dziki Zachód, który znał z „dziesięciu tysięcy filmów"[76].

Takie filmowe reminiscencje częste są u Gucciniego. Również podobna do filmowego scenariusza jest przedostatnia strofa, w której autor przedstawia obraz nienawiści najeźdźców obok obrazu zmęczonych Czechów, którzy zginają kark i dalej wiążą koniec z końcem. Sekwencja przypomina fragment filmu *Pancernik Potiomkin* Siergieja Michajłowicza Eisensteina z 1925 roku. W nim kadry zmieniają się błyskawicznie, przedstawiając raz okrutne mordy ciemiężycieli, raz nędzę gnębionego ludu[77].

Primavera di Praga jest utworem popularnym do dziś wśród wielbicieli Gucciniego. Jednakże to nie piosenki protestu stanowią o sile oddziaływania płyty *Due anni dopo*. Pod względem rekonstrukcji historycznej twórczości Gucciniego większe znaczenie ma fakt, że po raz pierwszy pojawiają się na tej płycie wątki literackie zaczerpnięte z twórczości słynnych autorów tekstów innych niż teksty piosenek. Na niej też znajduje się, już wcześniej wspomniane, odwołanie do dzieł

[76] F. Guccini, *Fra la Via Emilia e il West*, Milano 1984.

[77] Por. S.M. Ejzenštejn, *Forma e contenuto: pratica*, [w:] *idem*, *Forma e tecnica del film e lezioni di regia*, Torino 1964, s. 321–361.

Dylana w piosence *La verità*, ale oprócz amerykańskiego barda jawnym źródłem inspiracji dla Gucciniego okazuje się anglojęzyczny poeta Edgar Lee Masters.

Nie ma wprawdzie na płycie bezpośrednich cytatów z dzieł Mastersa, ale jedna cała piosenka utrzymuje się w konwencji wierszy ze zbioru *Umarli ze Spoon River*[78]. Jest to utwór *L'albero ed io* (Drzewo i ja) napisany pierwotnie w kwietniu 1968 roku.

Kiedy nadejdzie mój ostatni dzień,
Po moim ostatnim spojrzeniu na świat
Nie chcę, by kamień wznosił się nad tym moim ciałem,
Bo strasznym wydaje mi się ciężarem.
Szukajcie drzewa młodego i mocnego,
Tam będzie miejsce moje.
Chcę powracać i po swojej śmierci
Pod to niebo, o którym powiada się, że boskie.

A podczas zim długich i sennych,
Tam wśród jego korzeni leżąc, będę śnił,
że przebudzę się któregoś ranka.
A wiosną wśród tysięcy wezwań
Znowu będziemy oboje żyli
I będę wznosił swoje palce drewniane
Ku tym niebiosom tak tajemniczym.

A w lecie, gdy wiatr przyjmuje
Zaproszenia od każdego pączka,
Będą łopotać nasze liście, jak flagi,
Zabrzmią nasze piosenki o życiu
I tak będziemy żyli wiecznie
Tu na tej ziemi drzewo i ja,
Cały czas trwając, zimą i latem
Pod tym niebem, o którym powiada się, że boskie[79].

Godne uwagi w tym wierszu są obrazy „drzewa młodego i mocnego", liści łopocących jak flagi. Podobne obrazy znajdują się właśnie

[78] Wszystkie następujące cytaty ze zbioru pochodzą z: E.L. Masters, *Spoon River Anthology*, New York 1992.

[79] F. Guccini, *L'albero ed io*, [w:] *idem*, *Due anni dopo...*

w Mastersowskich utworach. Widnieje często w nich dąb jako antonomazja potężnego drzewa (w wierszach *Many Soldiers* oraz *Hamlet Micure*), raz jest określenie „rosnące drzewo" (*Many Soldiers*), jeszcze częściej pojawiają się flagi (*Harry Williams*, *John Wasson*, *Many Soldiers*, *Godwin James*). Ponadto obraz „wznoszonych palców drewnianych", który symbolizuje dążenie do pozaziemskiego życia, można porównać z Mastersowskim wierszem *Marie Bateson*, w którym autor proponuje czytelnikowi następujący opis: „You observe the carven hand / With the index finger pointing heavenward" (Obserwujesz rzeźbioną rękę, której palec wskazujący kieruje się ku niebiosom). Można w końcu zanotować, że w wierszu *Samuel Gardner* widnieją obok siebie rzeczowniki *leaves*, *breeze*, *life* (liście, bryza, życie) oraz forma czasownika „śpiewać", to jest *sang*. W ostatniej strofie Gucciniego też pojawiają się wiatr, liście, piosenki o życiu. Świadczy to po raz kolejny o tym, że zbiór *Spoon River Anthology* Mastersa był bezpośrednim źródłem inspiracji dla Gucciniego w trakcie pisania tekstu *L'albero ed io*.

Również w piosence *Ophelia* uwidaczniają się wpływy anglojęzycznej literatury. Bohaterka utworu Gucciniego jest wzorowana na postaci z Szekspirowskiego *Hamleta*. Odniesienia do tragedii są w sumie nieliczne. Tekst nawiązuje do dzieła Szekspira w sposób bardzo swobodny. Pojawia się na przykład w nim tajemniczy, bliżej nieokreślony „głos z murów zamkowych", który można kojarzyć ze zjawą ojca Hamleta, ale mógłby być również głosem jednego z wartowników. W tekście rozstrzygnięcie tego zagadnienia ma zresztą drugorzędne znaczenie. O wiele ważniejsza jest „słodka wariacja" Ofelii, która nie występuje w bezpośrednim związku z zachowaniem Hamleta, lecz stanowi poetycki obraz oddalenia się ludzkiego umysłu od zmartwień życia codziennego, aby móc postrzegać romantyzm w obrazie wyskakującego ponad wodę pstrąga czy w locie sokoła[80].

Wymiar psychologiczny postaci w Szekspirowskiej tragedii to temat, któremu poświęcono już mnóstwo opracowań[81]. W kontekście twórczości Gucciniego z początku lat 70. XX wieku „słodka wariacja"

[80] F. Guccini, *Ophelia*, [w:] *idem*, *Due anni dopo...*

[81] Zob. na przykład A. Green, *Hamlet et Hamlet. Un interprétation psychoanalytique de la représentation*, Paris 2003, *passim*.

Ofelii zdaje się jednak przedstawiać skutki działania „impulsów niepokojących naszą fantazję, [...] wyobrażonych sposobów bycia, które rozżarzają słowo poetyckie, a także czegoś wszechogarniającego i najpotężniejszego, co nam zagraża, gdy czujemy się odrzuceni"[82]. Poczucie odrzucenia mogłoby być oczywiście skutkiem niepowodzenia w życiu uczuciowym autora Gucciniego, które odzwierciedla się w tekście piosenki. Nie mamy jednak na to dowodów. Intelektualne spekulacje na ten temat byłyby zresztą dosyć jałowe. Tymczasem z ogólnej atmosfery płyty wynika dość klarownie, że Gucciniego boli korozja ideałów pacyfistycznych i wolnościowych, jakie popiera. Tak jak zobaczyliśmy w analizie utworu *La verità*, we Włoszech ogarniętych „strategią napięcia" zanikła pamięć o Dylanowskim „doboszu". Mocno natomiast wieje „wiatr strachu". Ucieczka od rzeczywistości, którą symbolizuje choroba umysłowa Ofelii, może być więc spowodowana głębokim rozczarowaniem wywołanym przez to, co dzieje się w życiu włoskiego społeczeństwa, a nie domniemywanymi niepowodzeniami w życiu osobistym autora.

Ostatni utwór na płycie trudno uznać za pieśń protestu, chociaż później bardzo często będzie on występować w takiej roli. Tekst napisano w dialekcie Emilii. Jest to trudna odmiana włoskiego, ledwo zrozumiała nawet dla Włochów pochodzących z pobliskich regionów. Piosenka nosi tytuł *Al trist* (Smutas). Mowa w niej o biedaku, którego narzeczona poszła sobie z innym chłopakiem, bo on nie ma pieniędzy i nie może nawet pozwolić sobie na nowy garnitur, w którym mógłby wychodzić z nią na spacery w dzień świąteczny. Fabuła nie zawiera protestu społecznego, wydaje się nawet nieco banalna. Jednakże w późniejszych wykonaniach koncertowych piosenka nabrała cech protestu przeciw bezkrytycznej amerykanizacji kultury we Włoszech. Guccini, przedstawiając song, który miał niebawem zaśpiewać, stwierdził:

> Jeśli ktoś nie zrozumie [tekstu], trudno. Znaczy, że ma pecha. I tak w radiu słuchacie 90% muzyki amerykańskiej i niczego nie kumacie. Tego wieczoru możecie posłuchać dialektu z Modeny z takim samym skutkiem[83].

---

[82] P. Ricoeur, *Język, tekst, interpretacja*, Warszawa 1989, s. 147.

[83] F. Guccini, *Al trest*, [w:] *idem*, *...quasi come Dumas...*

Stosowanie wyrazów potocznych miało podkreślić polemiczne nastawienie Gucciniego, ale nie tyle wobec wytworów kultury Stanów Zjednoczonych jako takiej, ile raczej wobec jej powierzchownego, bezkrytycznego przyjęcia przez włoską publiczność. Protest polega tu na dumnym zaakcentowaniu swojej tożsamości kulturowej, przynależności do „ludu". Za pośrednictwem dialektu i wyrazów kolokwialnych toczy się walka z globalizacją w wersji Wuja Sama, czyli z unicestwieniem wszystkich różnic kulturowych, żeby międzynarodowe korporacje miały jeszcze większe zyski ze sprzedaży swoich towarów na ujednoliconych rynkach całego świata. Ciekawe jest przy tym spostrzeżenie, że stylem muzycznym piosenki jest dość wyrafinowany blues zgodnie z najlepszą tradycją właśnie Stanów Zjednoczonych. Warto poza tym pamiętać o związkach bluesa z muzyką czarnych Amerykanów i z tzw. *work songs.*

L'isola non trovata

Tajemniczy tytuł płyty nawiązuje do wiersza Guida Gozzana *La più bella* (Najpiękniejsza). Jest to utwór opublikowany po raz pierwszy w roku 1913 w czasopiśmie literackim „La lettura" (Czytanie) i poświęcony „najpiękniejszej wyspie", to jest wyspie, której nigdy nie odkryto. Stąd właśnie tytuł Gucciniowskiej piosenki i całego albumu. *L'isola non trovata* znaczy bowiem „wyspa nieznaleziona".

Piosenka pt. *L'isola non trovata*, z której bierze swój tytuł cały album, zaczyna się i kończy recytatywem. Na początku cytat z Gozzana jest niemal dosłowny:

> Ale najpiękniejsza ze wszystkich jest wyspa nie znaleziona,
> Ta, którą Król Hiszpanii dostał od swojego kuzyna,
> Króla Portugalii z podpisem, pieczęcią
> I papieską bullą w pisanej gotyką łacinie[84].

Tekst piosenki jest tymczasem adaptacją wiersza piemonckiego poety z początków XX wieku, o czym świadczy obecność wielu zwrotów

---

[84] F. Guccini, *L'isola non trovata*, [w:] *idem*, *L'isola non trovata*, Milano 1971.

bardzo podobnych do oryginału. Wyniki porównania przedstawiam w tabelce:

Guido Gozzano, *La più bella*	Francesco Guccini, *L'isola non trovata*
Infant rozkazał postawić żagle i ruszyć w rejs do bajecznego królestwa [...] w poszukiwaniu tej wyspy... Ale wyspy nie było.	Król Hiszpanii rozkazał postawić żagle i ruszyć Na poszukiwanie zaczarowanej wyspy, Ale tej wyspy nie było, Nikt nigdy jej nie znalazł.
Widnieje tylko na starych mapach korsarzy. [...] Jest to wyspa zaczarowana dryfująca po morzach. Czasami żeglarzom udaje się zobaczyć ją z bliska...	Stare mapy korsarzy Noszą tajemniczy znak, Mówią o tym po cichutku marynarze, Których paraliżuje zabobonny strach.
Uwodzi zapachem, jak kurtyzana...	[...] czasami wiatr przynosi jej zapach...

Końcowy recytatyw Gucciniego jest też peryfrazą ostatniej strofy dzieła Gozzana. Oto tekst pióra Gucciniego:

Pojawia się czasami, zamglona, magiczna i przepiękna, ale kiedy sternik dąży ku niej na tajemniczych morzach, znika mu z oczu, ginąc w błękicie, kolorze bezkresu[85].

Gozzano natomiast napisał:

[...] ale kiedy sternik dąży ku niej,
szybko znika, jak bezcielesna zjawa,
ginie w błękitnym kolorze bezkresu...

Inne odniesienia do literatury i filozofii znajdują się w utworze *Il frate* (Braciszek). Jest to piosenka o byłym zakonniku, który przepił swój habit mnisi. Konfabulując w karczmie pod wpływem trunków, człowiek wciąż jeszcze zwany Braciszkiem ze względu na jego klasztorną przeszłość, mimo że teraz cechuje go „stracona wiara, skończone powołanie", rozprawia o Bogu i Schopenhauerze, opowiada o swoich kochankach niezdolnych do zrozumienia poezji Horacego[86].

---

[85] *Ibidem.*

[86] F. Guccini, *Il frate*, [w:] *idem*, *L'isola non trovata...*

Guccini nawiązuje w tekście tylko do postaci niemieckiego filozofa i łacińskiego poety, nie cytując żadnego z ich utworów. Rozważań filozoficznych samego Gucciniego jednak w nim nie brakuje. Tekst kończy pytanie o sens istnienia. Bohater opowiada o tym, jak w karczmie słuchał Braciszka „zarozumiale, jak przystało niedokształconemu mądrali". Teraz jednak, wspominając „te, pachnące winem, letnie wieczory spędzane na uczonych dyskusjach", dochodzi do wniosku, że:

> Mimo całego mojego zakłamanego wykształcenia wciąż nie mogłem pojąć,
> Który z nas dwóch rozumiał wtedy życie, a który wciąż jeszcze nic nie rozumiał[87].

Tekst może mieć autobiograficzne tło. Jako młody student faktycznie Guccini bywał często w bolońskich karczmach, gdzie spotykała się śmietanka ówczesnej bohemy: poeci, kantautorzy i aktorzy. Postaci byłego aktora, nałogowego pijaka, jest poświęcona jedna z wczesnych piosenek *L'ubriaco* (Pijak)[88]. Młody żak słuchał więc starych alkoholików z poczuciem wyższości, przecież przyjęto go na studia na najstarszej uczelni na świecie. Po latach jednak, rozczarowany „zakłamanym wykształceniem", jakie zdobył w trakcie studiów, zastanawia się, czy przypadkiem to nie właśnie ci pijacy mieli rację, porzucając karierę aktorską bądź habit, żeby być po prostu sobą. Warto przy tym pamiętać, że Guccini na znak protestu nigdy nie obronił pracy magisterskiej, pomimo że uzyskał absolutorium, zdając wszystkie egzaminy *summa cum laude*. Nie chciał stać się magistrem tylko po to, ażeby ten przedrostek przed nazwiskiem uwarunkował mu życie. Z tego punktu widzenia oczytany, choć ciągle pijany, Braciszek był mądrzejszy od pysznego żaka.

Postacie Pijaka i Braciszka miały wrócić w późniejszym utworze Gucciniego, mianowicie *Via Paolo Fabbri 43*. Pisze w nim autor:

> Ale moi pijacy nie zmieniają się,
> Chyba że teraz piją jeszcze więcej,
> A Braciszek na pewno nie przestanie chlać,
> Bo tylko tak można zostać gadającą głową z telewizji[89].

---

[87] *Ibidem.*

[88] F. Guccini, *L'ubriaco*, [w:] *idem*, *Due anni dopo...*

[89] F. Guccini, *Via Paolo Fabbri 43...*

Jeszcze raz o twórczości De Andrégo

„Filozoficzny" album Gucciniego *L'isola non trovata* ukazał się w roku 1971. Rok wcześniej opublikowano natomiast płytę De Andrégo *La buona novella* [Dobra nowina]. Jeżeli ktoś uznałby za zbyt kontrowersyjną piosenkę Gucciniego o byłym zakonniku, który zrzuciwszy habit, nadużywa alkoholu, to taki ktoś musiałby określić krążek De Andrégo mianem bluźnierczego.

Być może najważniejsza różnica między poetyką De Andrégo a spojrzeniem na świat Gucciniego dotyczy właśnie chrześcijaństwa. Guccini do problematyki religijnej podchodzi najczęściej ironicznie, satyrycznie, ale zdarza mu się też otwarcie, wręcz bezkompromisowo, przechodzić na pozycje antyklerykalne. Innymi słowy, nie wdaje się w dyskusje ze zwolennikami aksjologii chrześcijańskiej, zwłaszcza katolickiej. De André natomiast w *Dobrej nowinie* zaproponował własną, alternatywną teologię. We współpracy z Robertem Dané zaprezentował na tej płycie dziesięć utworów, których teksty mają swoje źródła w apokryfach Nowego Testamentu[90]. Charakteryzują się więc tonem zdecydowanie antydogmatycznym, czasami wręcz obrazoburczym, który jakby zmusza katolików do zajęcia wobec nich stanowiska. Na przykład tak zwracają się do Maryi matki obu ukrzyżowanych wraz z Jezusem łotrów:

Zbyt wiele łez ronisz, Maryjo,
Jak na tę pozorną agonię,
Bo wiesz, że trzeciego dnia
Do życia powróci twój syn.
Pozwól, żebyśmy i my mogły opłakać nieco mocniej
Tych, którzy nie zmartwychwstaną[91].

Cierpienie Bogarodzicy zostaje tu skonfrontowane z pozbawionym wszelkiej nadziei cierpieniem dwóch innych matek, których synowie z pewnością nie zmartwychwstaną jak jej Syn. Okazuje się, że — w prze-

---

[90] Zob. wywiad z Robertem Dané w: R. Bertoncelli, *Belìn, sei sicuro? Storia e canzoni di Fabrizio De André*, Firenze 2003.

[91] F. De André, *Tre madri*, [w:] M. Luzzato Fegiz (red.), *Fabrizio De André...*, s. 57–58.

ciwieństwie do Gucciniego — De André nie jest antyklerykałem, jego krytycyzm nie kieruje się bowiem tylko przeciw kościelnej hierarchii, ale przede wszystkim przeciw podstawowym prawdom wiary katolickiej. W tej krytyce De André osiągnął najwyższy poziom artystyczny i zarazem — rzec można — teologiczny, pisząc jedyny w swoim rodzaju komentarz do Dekalogu, przedstawiony przez jednego z ukrzyżowanych łotrów.

Pierwsze przykazanie *Nie będziesz miał bogów cudzych przede Mną* wywołuje w nim wspomnienie spotkania z ludźmi ze Wschodu, którzy wierzyli w innego Boga, ale go nie skrzywdzili, tymczasem jego rzekomo pobożni rodacy pozwolili, żeby go ukrzyżowano.

Przykazanie drugie *Nie będziesz brał imienia Pana Boga twego nadaremno* przypomina mu, że kiedyś zraniono go nożem. Krzyknął z bólu i wezwał imię Pańskie. Bóg jednak był albo zmęczony, albo zbyt zajęty i wcale mu nie pomógł, więc naprawdę wziął Jego imię daremnie.

Rozważając trzecie przykazanie *Pamiętaj, abyś dzień święty święcił*, przypomina, że przestępcom wstęp do świątyni, gdzie modlą się niewolnicy ze swoimi panami, jest zabroniony. Gdyby tam weszli, zostaliby zgładzeni na ołtarzach zamiast zwierząt ofiarnych.

Do czwartego przykazania *Czcij ojca twego i matkę twoją* dodaje, „Czcij także ich kij", bo przypomina sobie, jak ojciec złamał mu nos tylko dlatego, że prosił o jedzenie.

Komentując piąte przykazanie *Nie kradnij*, zauważa z gorzką ironią, że jest to bodaj jedyne przykazanie, którego nie złamał. Opróżniał bowiem kieszenie tym, którzy już wcześniej okradli innych. Różnica polega na tym, że on kradł we własnym imieniu, tamci natomiast — w imieniu Boga.

Nie cudzołóż. Zgodnie z tym przykazaniem akt seksualny służy tylko prokreacji. Kontynuując ten swoisty rachunek sumienia, łotr zauważa, że w rzeczywistości pożądanie szybko przemija, dzieci natomiast zostają. Wiele z nich umiera potem z głodu. Przyznaje, że dzieci nie spłodził, uganiając się za przyjemnością, nie zaś za prawdziwą miłością, to przecież jednak nie powiększył też rozmiarów ludzkiej nędzy.

Nie zabijaj. Spójrzcie, powiada łotr, dzisiaj to boskie przykazanie zostało po trzykroć złamane i przygwożdżone do drewnianych belek.

Nie mów fałszywego świadectwa. Mówiąc prawdę, można pomóc sędziom skazać kogoś na śmierć, ponieważ znają boskie prawo na pamięć, ale jakoś nie mogą pamiętać o wybaczeniu. Prawdą jest, że łotr łamał przysięgi na Boga i honor, ale w ogóle tego nie żałuje.

Nie pożądaj żony bliźniego twego ani żadnej rzeczy, która jego jest. To trzeba kazać nielicznym, którzy mają żonę i majątek, puentuje łotr.

Bluźnierczy komentarz urywa się niespodziewanie, kiedy łotr zwierza się matce: „Żal mi tego człowieka, który umiera tuż obok. Patrząc na jego miłosierdzie i brak gniewu, zrozumiałem w końcu, co to jest miłość"[92].

Tekst trudno byłoby uznać za zgodny z ortodoksją, aczkolwiek w jego treści zawiera się pewna teologia, którą można uznać bez cienia wątpliwości za chrześcijańską, mimo że jest sprzeczna z naukami Kościoła rzymskokatolickiego. Przestępca przyznaje się do łamania wszystkich przykazań. Mówi także otwarcie, że tego nie żałuje. Przyznaje się jednak również do tego, że osobisty przykład Jezusa zrobił nań takie wrażenie, że w końcu zrozumiał, co to jest miłość. Miłość boska w ujęciu De Andrégo nie polega więc na przestrzeganiu bezsensownych przykazań, tylko na umiejętności wybaczania, miłosierdziu, braku gniewu i mściwości.

Podobna teologia widnieje także w utworze nieobecnym na *Dobrej nowinie*, który jednak stał się bardzo popularny z powodu prostej partytury pozwalającej nawet początkującym gitarzystom na jego łatwe wykonanie. Treść tyczy się rybaka, być może jednego z uczniów Jezusa, który spotyka mordercę i zachowuje się wobec niego w sposób niespodziewanie miłosierny. Nowotestamentowy kontekst podkreśla zwrotka „nalał wino i złamał chleb", która kojarzy się dość klarownie z Wieczerzą Pańską.

Rybak zasnął o zmierzchu na brzegu morza. Wygląda, jakby się uśmiechał podczas snu. Podchodzi do niego mężczyzna, prosi o chleb i wino, zdradzając, że jest mordercą. Rybak otwiera oczy i nie traci czasu. Karmi przechodnia tylko dlatego, że zwierzył mu się, że jest głodny

---

92 F. De André, *Il testamento di Tito*, [w:] M. Luzzato Fegiz (red.), *Fabrizio De André...*, s. 59–60.

i spragniony. Przez krótką chwilę morderca odczuwa ciepło ludzkiej solidarności, ale musi uciekać dalej. Zostawia za sobą rybaka i zaczyna się zastanawiać, żałuje, że swoim czynem zepsuł sobie całe życie. Wkrótce do rybaka podjeżdża dwóch żandarmów. Pytają, czy widział mordercę. Rybak nie odpowiada. Udaje, że śpi, ale cały czas ma na twarzy enigmatyczny uśmiech[93].

W tym prostym, dyskursywnym tekście zawarte są najważniejsze myśli, które pojawiły się w poprzednio zanalizowanych utworach. Jest przede wszystkim niechęć do stróżów prawa, którym zawsze wolno kłamać, ponieważ są uosobieniem zbiorowej mściwości. Wraca ponadto idea, że grzesznicy nie nawracają się wskutek nakazów i zakazów, lecz dopiero po ujrzeniu prawdziwego zwiastuna miłości boskiej, który swoim przykładem udowadnia, że można żyć bez małostkowości, nie oceniając i nie potępiając innych.

Na podsumowanie postaci i twórczości De Andrégo warto sięgać po słowa krytyka Riccarda Bertoncellego, który we wstępie do książki poświęconej pośmiertnie genueńskiemu kantautorowi napisał: „Brał kawałki życia, wierszy, nuty, sugestie, pomysły, porady i malował nimi wielki fresk"[94].

Radici

Jak na to wskazuje sam tytuł tej płyty Gucciniego, *Radici* (Korzenie) jest próbą odzyskania swoich korzeni przez autora. Uwidacznia się przy tym niekonwencjonalny proces utożsamiania się autora z miejscami, w których spędzał dzieciństwo i młodość. Chce w ten sposób „zrozumieć, jaką ma duszę"[95]. Niekonwencjonalność polega w tym przypadku na braku choćby odrobiny nostalgii. Guccini usiłuje natomiast zracjonalizować negatywne uczucia związane z niedzisiejszymi okolicznościami, z miejscami, w których wtedy przebywał. Poszukiwanie swoich korzeni nie stanowi więc retorycznego chwytu *laudatoris*

[93] F. De André, *Il pescatore*, [w:] M. Luzzato Fegiz (red.), *Fabrizio De André...*, s. 42–43.

[94] R. Bertoncelli, *op. cit.*

[95] F. Guccini, *Radici*, [w:] *idem*, *Radici...*

temporis actis. Wręcz przeciwnie, Guccini przez swoje teksty stwierdza, że tamte czasy słusznie minęły. Nie wolno jednak o nich zapomnieć choćby dlatego, że właśnie w wydarzeniach tamtego czasu szukać należy wyjaśnienia dzisiejszego niepokoju.

Na płycie Guccini opisuje po raz pierwszy brzydotę miasteczka, w którym i się urodził, i spędził większą część swojego dzieciństwa: Modeny. Jest to „małe miasteczko, podłe miejsce [...] pomiędzy *Via Emilia* a »Dzikim Zachodem«"[96]. Temat życia na prowincji, zaściankowego środowiska, z którego wyniosło się wiele kompleksów i uprzedzeń, miał stać się później głównym wątkiem zarówno nagranej w 1984 roku na żywo płyty *Fra la Via Emilia e il West*, a także powieści *Vacca d'un cane* (Psia krowa) z 1993 roku.

Ze względu na krytyczne nastawienie autora do opisanej, w znacznej części autobiograficznie, rzeczywistości można stwierdzić, że cała płyta stanowi protest. W niej autor surowo ocenia „stare, czarne zakonnice"[97], które wpoiły mu nakazy i zakazy przezeń nie do akceptowania. Krytykuje również „pusty mit amerykański z trzeciej ręki"[98], powstały za sprawą prezydenta Roosevelta, sprowadzony do Włoch na czołgach w roku 1943, w końcu narzucony w okresie powojennym w ramach ideologicznego wychowania w nowym, jedynie słusznym ustroju. Swoje dzieciństwo w takim otoczeniu autor określa zatem jako „czarny koszmar, okres ciemnoty, czas stracony"[99].

Obok tekstów o sobie i swoich korzeniach Guccini umieścił także na płycie dwie piosenki, które miały się stać klasykami dwóch różnych nurtów protestu społecznego — może i wbrew zamiarom autora. Pierwsza z nich podejmuje temat zanieczyszczenia środowiska. Na początku lat 70. XX wieku kwestia ekologiczna stawała się coraz bardziej paląca za względu na masowe przesiedlanie się ludności wiejskiej do wielkich aglomeracji miejskich wskutek, między innymi, rozwoju przemysłu zapoczątkowanemu w poprzedniej dekadzie.

---

[96] F. Guccini, *Piccola città*, [w:] *idem*, *Radici...*

[97] *Ibidem.*

[98] *Ibidem.*

[99] *Ibidem.*

Temat został już wcześniej podjęty we włoskiej prozie narracyjnej, zwłaszcza przez Itala Calvina w jego utworach z 1963 roku. Wydano wtedy zbiór opowiadań liguryjskiego pisarza pt. *Marcovaldo*. Jednym z najważniejszych wątków dzieła jest kontrast pomiędzy kulturą materialną, jaką bohater wyniósł ze swojej rodzinnej wsi, a obcym środowiskiem miejskim, w którym przyszło mu żyć z całą rodziną.

Przygody Marcovalda polegają w dużej mierze na ciągłym poszukiwaniu przyrody, której w mieście nie ma. Bohater wymyśla więc przyrodę w sposób czasami śmieszny, na przykład zbiera opał w „lesie na autostradzie", czyli rąbie drewniane stelaże reklamowe zamiast prawdziwych drzew, zbiera w samym środku miasta rzekomo smaczne grzyby, które później okazują się trujące, w końcu odkrywa miejsce, gdzie rzeka jest naprawdę niebieska, ale tylko z powodu barwników ściekających z pobliskiej fabryki. Tymczasem — wbrew tęsknocie ojca za środowiskiem naturalnym — dzieci są już przyzwyczajone do miejskiego otoczenia i życie w nim nie przeszkadza im wcale. Wręcz przeciwnie, jego syn Michelino głęboko i szczerze nienawidzi trybu życia pasterzy[100].

W piosence *Il vecchio e il bambino* (Staruszek i chłopczyk) znajdujemy ten sam wątek. Na początku Guccini przedstawia obraz zachodu słońca. Światło jednak jest „nieprawdziwe" ze względu na „czerwony kurz", to jest chmury pyłu odbijające promienie wiszącego tuż nad horyzontem słońca. Obraz zachodu słońca też traci swą romantyczną aurę, ponieważ został oprawiony w „ponure ramy dymiących wież", czyli kominów hal fabrycznych.

Staruszek chodzi z chłopczykiem, trzymając go za rękę. Opowiada mu, jak wyglądała kiedyś ta strefa, gdy „na tej nizinie aż tam, dokąd sięga oko, rosły drzewa i wszędzie była zieleń". Oczarowane dziecko słucha, ale w końcu puentuje w sposób niespodziewany. Prosi staruszka, żeby opowiedział mu jeszcze jedną taką bajkę, bo właśnie jak bajka brzmiała dlań ta opowieść o krajobrazie sprzed lat[101].

---

[100] I. Calvino, *Marcovaldo*, Milano 1993.

[101] F. Guccini, *Il vecchio e il bambino*, [w:] *idem*, *Radici*...

Temat ochrony środowiska w piosence jest bardzo widoczny, mimo że ogólny nastrój tekstu jest introspektywny. Właśnie z tego powodu utwór nabrał cech piosenki protestu dla ekologów.

Tekst drugiej piosenki protestu należy do takiego samego nurtu literatury włoskiej, w którym można umieścić też dzieła mistrzów kalibru Carducciego. Tekst Gucciniego utrzymuje się w konwencji biografii włoskiego kolejarza z początków XX wieku. Utwór stał się jednak protest songiem, ponieważ w taki sposób zechciała go odczytać publiczność.

W utworze *La locomotiva* (Lokomotywa) pojawia się leksyka filologicznie dokładna między innymi dlatego, że autor czerpał obficie z wycinków prasowych i innych archiwaliów w celu dopracowania tekstu. Bohater wysławia się zgodnie z retoryką tamtych czasów, więc na przykład wykrzykuje, mijając pochylonych nad ciężką pracą wieśniaków: „Niech zwycięży sprawiedliwość proletariacka!". Doprowadziło to do tego, że znaczna część publiczności przyjęła ten tekst jako swego rodzaju manifest przekonań marksistowskich, tym samym czyniąc z niego piosenkę protestu. Podejście to jest jednak tylko częściowo uzasadnione. Z rzetelnej analizy tekstu wynika natomiast, że nie ma w nim w ogóle stwierdzeń o ideologicznym podłożu, może z wyjątkiem hasła: „Ludzie są wszyscy równi"[102]. Pod tym hasłem mogliby jednak podpisać się zarówno Diderot, jak i Jezus Chrystus.

Fabuła rozwija się tutaj podobnie jak w *Praskiej wiośnie*, to jest w sposób podobny do filmowego scenariusza. Jest kilka rzeczowych opisów przypominających obrazy wyświetlane w dynamicznej kolejności prowadzącej do dramatycznego zakończenia. Sednem tekstu są jednak rozważania psychologiczne o przyczynach popełnienia czynu przez bohatera: porwał lokomotywę i próbował spowodować zderzenie z luksusowym pociągiem „pełnym bogaczy". Jest również w tekście próba oddania realiów politycznych tamtych czasów, mianowicie okresu, w którym terroryzm anarchistów doprowadził do zabójstwa króla Umberta I w 1900 roku. Na tym tle autor próbuje naszkicować obraz stosunków społecznych i gospodarczych w erze Giolittiego: bogacenie

---

[102] F. Guccini, *La locomotiva*, [w:] *idem*, *Radici*…

się mieszczaństwa, gdy w tym samym czasie na obszarach wiejskich jeszcze obowiązywała *de facto* pańszczyzna.

Celem bohatera nie jest jednak rewolucja, tylko walka ze swoim lękiem, między innymi przed śmiercią. W końcu bohater zaakceptuje fakt, że śmierci nie da się uniknąć, i nazywa ją „wielką pocieszycielką". *Lokomotywa* nie zawiera więc ani propagandy, ani usprawiedliwienia przemocy na tle ideologicznym. Jest to przede wszystkim tekst o ludzkich lękach, więc ostatecznie — kolejna próba penetracji psychologii człowieka. Zdaje się potwierdzać tę okoliczność sam fakt, że do dzisiaj chętnie podśpiewują *Lokomotywę* Włosi o poglądach zarówno lewicowych, jak i prawicowych[103].

Inspiracją dla Gucciniego było prawdziwe wydarzenie, choć tekst piosenki przedstawia je w nieco innym świetle ze względu na konieczność jego poetyckiego przetworzenia. Autor pisze, że nie wiadomo, jak bohater miał na imię, znany jest natomiast czas wydarzeń: pierwsze lata XX wieku oraz jego zawód: kolejarz. Na podstawie mikrofilmu gazety z tamtego okresu można tymczasem ustalić, że zamach z wykorzystaniem lokomotywy zdarzył się naprawdę w 1893 roku. Można też ustalić tożsamość sprawcy i dowiedzieć się, że w przeciwieństwie do fabuły piosenki zamachowiec nie zginął w zderzeniu. Oto fragment z prasy:

> Wczoraj, krótko po godzinie siedemnastej, dworcowy Urząd Telegraficzny dostał ze stacji Poggio Renatico pilną depeszę (wysłaną o godzinie 16.45) z wiadomością, że lokomotywa składu towarowego 1343 uciekła w kierunku Bolonii. Depesze tej samej treści wysłano do wszystkich stacji na linii w celu podjęcia odpowiednich kroków i skierowania uciekającej lokomotywy na wolne tory, by zapobiec w ten sposób możliwym zderzeniom i nieszczęśliwym wypadkom.
>
> [...] Zawiadowca stacji, inżynierowie i dyżurni ruchu byli zaskoczeni. Ktoś wydawał rozkazy, ktoś ruszył wzdłuż linii w kierunku rozjazdu na spotkanie z nadjeżdżającą lokomotywą. Jeszcze nie było wiadomo, czy uciekający parowóz jest pod nadzorem jakiegoś kolejarza. Dopiero po otrzymaniu kolejnych telegramów o błyskawicznym przejeździe lokomotywy przez stacje San Pietro in Casale oraz Castelmaggiore można było stwierdzić, że na pokładzie był maszynista i palacz. Jazda jednak trwała i niepokój kolejarzy rósł.

103 A. Longo, *Guccini bipartisan*, „La Repubblica" 30 listopada 2007.

[…] O godzinie 17.10 wjechała na feralny rozjazd. Gwizdała straszliwie i przejechała przez przystanek z prędkością ponad 50 km. W parowozie był człowiek, który zamiast hamować czy też próbować zatrzymać rozpędzoną maszynę innym sposobem, jeszcze dosypywał węgla.

[…] Był to człowiek, który świadomie zmierzał ku swojej śmierci! Kolejarze wzdłuż linii machali rękoma, krzyczeli, kazali zatrzymać się, hamować. Ktoś krzyknął, żeby wyskoczył, ale on niestrudzenie trwał w lokomotywie.

[…] W chwili zderzenia był na przedniej części parowozu i świadkowie widzieli ze zdumieniem, jak przejeżdża obok nich. Stwierdzają, że w chwili zderzenia wychylał głowę ku wagonowi, w który miała uderzyć lokomotywa. Wskutek uderzenia zniszczeniu uległy parowóz i wagony, w pożałowania godnej sytuacji znalazł się także sprawca katastrofy. Został zakleszczony między parowozem a wagonem 1 klasy. Na miejsce zdarzenia przybyli wkrótce kolejarze, funkcjonariusze policji i straży, konduktorzy i robotnicy. Sprawca został wkrótce zidentyfikowany. Nazywa się Pietro Rigosi, ma 28 lat i mieszka w Bolonii, od wielu lat pracował nienagannie jako palacz.

[…] Na stacji Poggio Renatico maszynista Rimondini Carlo oddalił się na chwilę. Rigosi odłączył wtedy lokomotywę od składu towarowego i ruszył nią z maksymalną prędkością. […] Na trasie mógłby odstąpić od swojego zamiaru i zahamować (hamulce były jeszcze sprawne po zderzeniu), ale nie chciał. Prawdopodobnie nagły atak choroby psychicznej wywołał ten gwałtowny wybuch autoagresji. Nawet wyjątkowe spiętrzenie kłopotów rodzinnych nie może uzasadnić próby samobójstwa narażającej wielu innych na utratę życia i zdrowia[104].

W jakiej mierze fabuła tekstu Gucciniego oddaje rzeczywisty przebieg wydarzeń, wydaje się mało istotne. Z przyjętego tu punktu widzenia za zdecydowanie ważniejsze należy uznać podobieństwo, jakie zachodzi między tekstem Gucciniego a twórczością Carducciego z okresu, w którym poeta był cenzurowany i szykanowany przez władze sabaudzkie. Przypominamy, że z powodu jego przekonań wolnościowych Carducciemu nawet zakazano w młodości wykonywania zawodu nauczyciela.

Wiersz, który w pewnej mierze zainspirował Gucciniego, Carducci napisał w 1863 roku. Został jednak opublikowany dopiero dwa lata później. Był to trudny okres dla powstałego na nowo Królestwa Włoch. Z jednej strony terytorium Włoch nie obejmowało jeszcze Wenecji ani

---

[104] *Il disastro di ieri alla ferrovia. L'aberrazione di un macchinista*, „Il Resto del Carlino" 21 lipca 1893.

Rzymu, co ciągle groziło zrywami rewolucyjnymi zwolenników Garibaldiego, z drugiej strony stabilność nowego tworu państwowego pozostawała cały czas pod znakiem zapytania ze względu na republikańskie przekonania wielu patriotów, którym nie odpowiadała do końca jedność narodowa pod panowaniem królewskiej dynastii z Turynu. Wyjaśnia to, dlaczego cenzurze podlegała nie tylko publicystyka demokratów, ale również poezja.

Utwór Carducciego nosi tytuł, który sam w sobie jest prowokacją: *Inno a Satana* (Hymn do Szatana). Z pewnością na jasny, niemal oświeceniowy umysł poety nigdy nie wpływał okultyzm lub podobne pseudonauki. Tytuł utworu uznać trzeba za próbę dyskusji z hierarchią Kościoła rzymskokatolickiego, i to z przynajmniej w dwóch kwestiach. Po pierwsze ówczesny papież trzymał się mocno zdobyczy terytorialnych tzw. Państwa Kościelnego. Oznaczało to jawne naruszenie zasady integralności terytorialnej Włoch i konieczność tymczasowej rezygnacji z zamiaru przeniesienia stolicy do Rzymu. Ponadto zgodnie z ustawą zasadniczą z 1848 roku Statutu Karola Alberta wyznanie rzymskokatolickie było w dalszym ciągu religią państwową, co z kolei stanowiło jawne naruszenie umiłowanej przez demokratów zasady neutralności światopoglądowej państwa. Carducciego *Hymn do Szatana* jest więc pieśnią ku czci ludzkiej racjonalności, nie zaś — jak domniemywano — apologią nadprzyrodzonej mocy ciemności. Okoliczność ta wyłania się pod koniec wiersza w sposób klarowny. Carducci pisze: „Cześć Ci, Szatanie, któryś jest bunt, mściwa moc racjonalności!".

Symbolem zwycięstwa Szatana, czyli ludzkiego umysłu nad zabobonami rzymskiej religii, są według Carducciego m.in.: Jan Hus, Savonarola, Luter. Warto tu zanotować, że wszyscy byli znani ze swojej pobożności i trudno nie uznać ich za chrześcijan. To są jednak postacie historyczne. Teraz — pisze dalej Carducci — rolę symboliczną przejął „potwór przepiękny i straszliwy", to jest parowóz. Cześć oddana „ognistemu wehikułowi" Szatana — lokomotywie w utworze Carducciego — stała się dla Gucciniego prawdziwym pierwowzorem literackim. Wystarczy porównać wiersze:

Giosuè Carducci, *Hymn do Szatana*	Francesco Guccini, *Lokomotywa*
Bóg zbrodniczych papieży, okrutnych królów	Przeciw królom i tyranom
świętą pochodnią świątynie twe spalił	powietrze rozświetlała pochodnia anarchistów
wznawia się wiek	pierwsze lata naszego wieku
Ruszy potwór przepiękny i straszliwy	potwór już począł pożerać nizinę
na nizinie pożera trasę	*jak wyżej*
błyszczący i dymiący, jak wulkan	parowóz wybuchł ogniem i lawą

Lokomotywy Gucciniego nie można uznać za utwór nacechowany określoną ideologią, ponieważ nie stanowi apologii „sprawiedliwości proletariackiej". Znajdujemy ją wprawdzie w jednym wersie, jednakże autor stosuje „lewackie" słownictwo tylko i wyłącznie w celu dokładniejszego oddania tonów ideologicznego dyskursu przełomu wieków XIX i XX. Niemniej *Lokomotywa* jest piosenką protestu. Autor bowiem nawiązuje do XIX-wiecznej spuścizny wolnościowej, znajdując ją między innymi we wczesnych dziełach Carducciego.

Odniesienia do wcześniejszej poezji włoskiej są obecne również w *Canzone dei 12 mesi* (Pieśń o 12 miesiącach). Była tu już o mowa o tym, że w utworze znajduje się cytat z *Ziemi jałowej* Eliota — „poety, który nazwał kwiecień miesiącem okrutnym". Jeszcze ciekawszy jest fragment poświęcony majowi:

Niech przyjdzie maj i przyjazna chorągiew,
Niech przyjdzie wiosna.
Niech nowa miłość porzuci starą
W wieczornym zmroku.
Niech przyjdzie maj, a z nim róża,
Która jest kwiatem poetów[105].

Warto porównać tekst Gucciniego ze słynnym utworem Poliziana, w którym obecne są dokładnie te same wątki:

Niech przyjdzie maj
I dzika chorągiew!

---

[105] F. Guccini, *Canzone dei 12 mesi*...

Niech przyjdzie wiosna! Niech się zakocha mąż
I wy, niewiasty, w jednym szeregu
Ze swymi kochankami! Które różami i innym kwieciem
Ozdabiacie się w maju[106].

Nierozstrzygniętą zagadką jest użycie przez Gucciniego przymiotnika „przyjazna" w odniesieniu do chorągwi, gdy Poliziano pisze natomiast: „dzika". Nie można wykluczyć, że Guccini nawiązuje do paryskiego maja 1968 roku. W takim wypadku „chorągiew" wskazywałaby na sztandary związków zawodowych i organizacji robotniczych, jakie widniały obok studenckich transparentów w czasie protestacyjnych pochodów we francuskiej stolicy.

Francuskie protesty 1968 roku rozpętały falę kontestacyjną, która miała wkrótce objąć całą Europę Zachodnią. Przede wszystkim jednak stanowiły „spotkanie" zgodnie z definicją Narota[107]. Doszło wtedy do nawiązywania kontaktów, przyjacielskich stosunków między osobami, które bez tych protestów nigdy nie spotkałyby się ze względu na różnice pozycji społecznych, wykształcenia, wykonywanych zawodów. Pomimo że były pozornie przypadkowe, takie spotkania udowadniały, że izolacja poszczególnych ludzi i grup wskutek atomizacji społeczeństwa nie jest wcale nieunikniona. Pod czerwonymi sztandarami paryskiej majówki 1968 roku ludzie zaprzyjaźniali się wbrew różnicom społecznym i kulturowym. Z tego właśnie względu w ujęciu Gucciniego te sztandary, ta „chorągiew" jest znakiem przyjaźni.

Stanze di vita quotidiana

Na płycie *Stanze di vita quotidiana* (Stance o codziennym życiu) Guccini ujawnia — chyba po raz pierwszy tak dobitnie — swoje nastawienie kontestacyjne nie tylko wobec ludzkiej hipokryzji, ale ogólnie w stosunku do pewnego porządku świata. W utworze *Canzone delle situazioni differenti* (Pieśń o różnych sytuacjach) tak określa swoją twórczość:

---

[106] A. Poliziano, *Stanze, Orfeo, Rime*, red. D. Puccini, Milano 1992, s. 59–60.

[107] J.-F. Narot, *Mai 68 raconté aux enfants. Contribution à la critique de l'inintelligence organisée*, „Le Débat" 51, wrzesień–listopad 1988.

Dyskretnymi objawami melancholii, jakich nie umiem zachować w tajemnicy,
Są moje bezpretensjonalne historyjki,
Do których nigdy bym nie przypiął metki z napisem: poezja![108]

Autor odmawia określenia swoich tekstów mianem poezji i tym samym — siebie jako poety. Odrzuca więc z góry przynależność społeczną do inteligencji, której zasady są dla niego nie do przyjęcia. Społeczeństwo, w którym tworzy nienawidzona przez Gucciniego inteligencja, autor przedstawia obrazowo na początku piosenki. Jest nim tam społeczeństwo Stanów Zjednoczonych, ale przenośnie mogłoby być każde społeczeństwo, w którym panują stosunki podobne do amerykańskich. Pisze więc:

Łaziliśmy popołudniami, próbując zgrać się ze sobą.
Odkrywałem USA i rzadkie komiksy.
Śmiałaś się, widząc, iż ja — wielkolud — czytam historyjki obrazkowe.
Ja też się uśmiechałem, choć byłem coraz mniej zadowolony[109].

Symbolizm w tej scence wskazuje na nienawiść narratora wobec wszystkich mieszczańskich konwencji, które niepotrzebnie ograniczają wolność człowieka. Historyjki obrazkowe stają się znakiem buntu. Chociaż ich czytanie jest zupełnie niegroźne dla społeczeństwa, tradycjonaliści i konformiści je potępiają. W obliczu tych nieznośnych dlań konwencji burżuazyjnych Guccini wybucha w drugiej strofie rozpaczliwym krzykiem:

Wieczorze, zapadnij szybko! Niech przyjdzie nowy świat!
Zmień coś, Rewolucjo!
Wymaż stary śmiech z twarzy tej zużytej,
Wyczerpanej cywilizacji, która ledwo jeszcze czołga się[110].

Bunt narratora jest jednak krótkotrwały. Przyznaje się: „Czasami wykrzykuję swój gniew, ale zaraz zapominam i gubię się w światach widzianych oczyma moich kotów”[111]. Kotom przypada tu rola kry-

---

[108] F. Guccini, *Canzone delle situazioni differenti*, [w:] *idem*, *Stanze di vita quotidiana...*

[109] *Ibidem*.

[110] *Ibidem*.

[111] *Ibidem*.

tycznej świadomości zbiorowej. Z kociego punktu widzenia wszystkie typowo ludzkie zjawiska są po prostu bezsensowne, zatem przyjmując tę perspektywę, można zdawać sobie sprawę z absurdalności konwencji, konformizmu. Ponad 20 lat później Guccini miał wrócić do tematu w piosence *Lettera* (List). Napisał w niej, że telewizory mogą grzmieć, ale koty i tak pozostają obojętne i robią swoje[112]. Właściciele stacji telewizyjnych mogą się starać rządzić opiniami widzów, wpoić im swoje skrajnie konserwatywne poglądy, jednak nic z tego nie dociera do mądrzejszych — w mniemaniu autora — przedstawicieli gatunku *Felis.*

Rozczarowanie Ameryką i kulturą amerykańską nie było we Włoszech wyłącznie modą z lat 70. Na pewno nie było też osobistym poglądem Gucciniego. Podobne podejście do tematu znajdujemy znacznie później u innych kantautorów. Przykładem jest piosenka *Dolce Italia* (Słodka Italia) autorstwa Eugenia Finardiego. Piosenka z 1990 roku zaczyna się opisem Bostonu — miasta urodzenia matki, do którego autor uciekł pod koniec lat 80. ze względu na szereg niepowodzeń życiowych we Włoszech. Zdaniem Finardiego w pokrytym śniegiem Bostonie „z nudów można umrzeć", są tylko „smutne krzyki mew nad zatoką". We Włoszech tymczasem jest już wiosna.

Jednak po powrocie do Mediolanu okazuje się, że

> [...] wszyscy wyglądają na Amerykanów,
> Żyją nieswoim życiem, są ślepi wobec swoich problemów.
> Chciałbym wsadzić ich na pokład odrzutowca,
> Pokazać im tę pozbawioną radości Amerykę,
> Cały czas na sprzedaż, jak nierządnica[113].

Taka jest więc według Finardiego istota amerykańskiego trybu życia. Jeszcze gorsze jest to, że mediolańczycy idą śladem „ślepych" mieszkańców USA.

Wracając do roku 1974 — roku wydania *Stanc* Gucciniego, warto podkreślić, że dyskurs publiczny obracał się wokół kolejnych zamachów neofaszystów. Jedno miasto zostało w tym roku szczególnie dotknięte: Brescia. W sercu jej starówki, na Piazza della Loggia, wybuchła

---

[112] F. Guccini, *Lettera,* [w:] *idem, D'amore, di morte e di altre sciocchezze...*

[113] E. Finardi, *Dolce Italia,* [w:] *idem, La forza dell'amore*, Milano 1990.

bomba podłożona przez prawicowych ekstremistów. Jeszcze w tym roku i znowu w rezultacie neofaszystowskiego zamachu bombowego doszło do katastrofy kolejowej ekspresu *Italicus*. W sumie zginęło 20 osób, były setki rannych. Nie tylko nie spełniały się marzenia z roku 1968 o pokoju na świecie i powstaniu bardziej sprawiedliwego ustroju społecznego, ale sytuacja — przynajmniej na Półwyspie — wręcz pogarszała się.

Rozczarowanie szło w parze z porzuceniem młodzieńczych ideałów całego pokolenia. Wielu przestało po prostu zajmować się szeroko pojętą polityką, zaczęło natomiast podążać za konformizmem, tradycyjnymi wartościami: założeniem rodziny, karierą zawodową, akceptacją staroświeckiego ładu. Niesmak Gucciniego w obliczu takiej zbiorowej rezygnacji odzwierciedla się w tekście jednej z jego najbardziej wyrafinowanych treściowo piosenek: *Canzone delle osterie di fuori porta* (Pieśń o szynkach podmiejskich). Najbardziej znaczące są następujące strofy:

Wciąż, jak dawniej, szynki podmiejskie są otwarte,
Tyle że ludzie, którzy do nich chodzili się napić,
Wewnątrz albo na podwórku jakby pomarli.
Ktoś tam naprawdę ze starości,
Inny znów, bo skończył studia,
Dąży do dojrzałości, ożenił się,
Robi karierę i to jest śmierć
Taka bardziej parszywa.
[...]
Bo ja wciąż wstaję późno, bo ja kładę
Się późno. Cała noc przegrana w karty,
Potem dworcowa kawa, aby zneutralizować wino.
Lecz nie mam w rękawie usprawiedliwień,
Nie powtarzam wciąż: jestem poetą,
Nie chcę realizować żadnych utopii.
Mój jedyny cel: odnaleźć się w łóżku
Na drugi dzień.
[...]
Jednak ulice są przepełnione gniewem,
Ten gniew jest coraz głośniejszy.
Zwiędły kwiaty, stały się tylko symbolami śmierci.
Powiedz, czy zasługuję na ukamienowanie

Tylko dlatego, że ukrywam się.
Jednak każdy ma kamień pod ręką,
A sama — nie zaprzeczaj! — byś
Rzuciła jako pierwsza[114].

Wraca tu wątek poezji i zaprzeczenia bycia poetą — jak w *Pieśni o różnych sytuacjach*. Jeszcze bardziej wyraźnie bohater przyznaje, że sam szuka schronienia w życiu prywatnym, „ukrywa się" z powodu rozczarowania i może także dlatego, że „krzyczący gniew" przybrał kształty krwawego terroryzmu. Innymi słowy kwiaty, to jest symbole *beat generation* z lat 60., zostały zastąpione symbolami śmierci. Były nimi bomby neofaszystów oraz P38 — model pistoletu, z którego zazwyczaj strzelali zabójcy z Czerwonych Brygad.

Niemniej rezygnację ze swoich ideałów Guccini napiętnuje mianem parszywej śmierci. „Pomarli" w ten sposób ci, którzy grzecznie skończyli studia, założyli tradycyjną rodzinę i robią karierę, zaniedbując tym samym wspólne popijawy w szynku, które mają tu wymiar symboliczny. Ten rodzaj biesiadowania jest u Gucciniego przede wszystkim okazją do wymiany poglądów, idealnym miejscem, w którym wszyscy są równi i czynnie tworzą dyskurs społeczny, zamiast wchłaniać — biernie — gotowe opinie ze środków masowego przekazu.

W latach 70. rzeczywiście zniknął we Włoszech pewien świat. Był to świat ludowy z pierwszych lat powojennych, oparty na pielęgnowaniu więzi społecznych za pośrednictwem pozornie mało znaczących czynności, jakimi były na przykład rozmowy przy winie w szynkach podmiejskich. Zniknęły również nadzieje związane z odbudową kraju, a przede wszystkim optymizm na lepsze jutro. Guccini może naprawdę nie był poetą, ale z pewnością umiał zinterpretować zbiorowe uczucia w tym zakresie. Dał im wyraz w literacko wyrafinowanym tekście *Pieśni o różnych sytuacjach*.

W *Stancach* jest także piosenka, której tekst w roku szkolnym 2003–2004 został wybrany przez włoskie Ministerstwo Oświaty jako jeden z tematów wypracowania maturalnego z języka włoskiego[115]. Utwór

---

[114] F. Guccini, *Canzone delle osterie di fuori porta...*

[115] http://www.edscuola.it/archivio/esami/mat_04.html (dostęp: 9 stycznia 2012).

nosi tytuł *Canzone per Piero* (Pieśń dla Piera). W tekście nie ma bezpośrednich cytatów, ale pojawiają się nazwiska dwóch, znaczących dla autora, poetów: Giacoma Leopardiego i Edgara Lee Mastersa:

> Mój Leopardi, Twoje teologie:
> „Czy Bóg istnieje?", najbardziej szalony śmiech,
> Niesłychane chlanie, moje fantazje,
> Moje przygody na mieście z dziewczętami.
> Wreszcie ta miłość, w końcu prawdziwa
> Na tle modnych piosenek i tańców.
> „Jest dzielna, wiesz o tym? Czyta Edgara Lee Mastersa…
> Powiedziała mi »nie«, nigdy nie powinienem był myśleć"[116].

Głównym motywem tekstu jest, inaczej mówiąc, tęsknota za okresem w życiu, w którym beztroska była normą i wydawało się, że lato trwa wiecznie i nigdy nie powróci jesień. Beztroska ta miała oblicze łacińskiego *otium* — niepróżnującego próżnowania, z którego wynika możliwość swobodnego zajmowania się kulturą ze względu na brak obowiązków związanych z pracą fizyczną. Był więc to okres jak najbardziej owocny, w porównaniu z którym obecne „chodzenie wśród luster we śnie" — to jest życie dorosłych mężczyzn — powoduje tylko rozpacz, bo jest puste i bezsensowne. Jedynym środkiem zaradczym, pisze Guccini, jest sen. Ostatecznie jednak spanie też nie pomoże, jak wynika z ostatniej strofy:

> Bo potem codziennie budzę się
> I nie mogę w to uwierzyć, nie chce mi się wstać,
> Ale jeszcze żyję i czekają na mnie
> Moje pytania, moja nicość, mój ból[117].

Jest tu wyraźny wątek Leopardiański. Tak jak u Leopardiego bowiem „chwila odzyskania obrazów pamięci w ich sielankowej harmonii […] ustępuje realności oddalenia, ostatecznej utraty, »słodkie myśli« — doznawanemu cierpieniu"[118]. Jeszcze ciekawszy jest wybór słowa „ból" (wł. *male*) na zakończenie tekstu. Nawiązuje to otwarcie do „bólu życia" — *male di vivere*, kluczowego pojęcia w twórczości przedsta-

---

[116] F. Guccini, *Canzone per Piero*, [w:] *idem*, *Stanze di vita quotidiana...*

[117] *Ibidem*.

[118] J. Ugniewska, *Giacomo Leopardi*, [w:] *Historia literatury włoskiej...*, t. 2, s. 122.

wiciela hermetyzmu Eugenia Montalego. Ból życia w utworach Montalego „to fatalny łańcuch nakazów i zakazów, do którego przykuty jest człowiek; to niemożność samookreślenia, znalezienia własnego miejsca w świecie; to poczucie osamotnienia, niepewność i zagrożenie"[119]. Na pewno odrzucenie konformistycznych nakazów i zakazów jest jednym z głównych motywów w poetyce Gucciniego. W latach 70. pojawia się ponadto w jego twórczości właśnie poczucie osamotnienia wskutek powrotu jego byłych kolegów do konserwatywnego, opartego na tradycyjnych wartościach trybu życia. Pojawia się również poczucie zagrożenia ze względu na szalejący terroryzm. Inaczej mówiąc, zamiłowanie Gucciniego do poezji Montalego, jakie wyłania się z tego końcowego „bólu", nie jest ani przypadkowe, ani koniunkturalne, lecz wynika z podobieństwa przekazanych przez obu autorów treści.

Wobec powyższych rozważań można zrozumieć, jak mogło dojść do wyboru *Pieśni dla Piera* na temat wypracowania maturalnego. Są w niej wątki pozwalające na przedstawienie najważniejszych nurtów poezji włoskiej XIX i XX wieku.

Via Paolo Fabbri 43

Na tytuł tej płyty z 1976 roku Guccini wybrał adres swojego mieszkania w Bolonii. Zdaje się, że taki wybór wskazuje jeszcze dobitniej na powrót do życia prywatnego i eksploracji własnej jaźni, który cechował *Korzenie*. Paradoksalnie tymczasem *Via Paolo Fabbri 43* jest dziełem, w którym nie tylko wracają wszystkie poprzednie wątki protestacyjne, ale też pojawiają się nowe.

Pierwszym powracającym wątkiem jest nawiązywanie do protest songów Dylana. Utwór, który stał się tutaj inspiracją dla Gucciniego, to piosenka z 1964 roku *The times they are a-changin'*. W niej Dylan stosuje tradycyjny dla gatunku folk chwyt retoryczny, czyli powtarzanie tytułu piosenki na zakończenie każdej strofy w celu podkreślenia, że tematyczne zagadnienie wraca w nieskończoność. Kolejną cechą stylistyczną Dylanowskiego tekstu jest bezpośrednie zwracanie się

[119] H. Kralowa, *Poezja: wielki sezon hermetyczny*, [w:] *Historia literatury włoskiej...*, t. 2, s. 302.

„mówiącego" podmiotu do rozmówców wcale nie abstrakcyjnych, lecz wyraźnie określonych. Są nimi pisarze, krytycy, politycy, rodzice tradycjonaliści itd.

Przykładem adaptowania tych środków stylistycznych przez Gucciniego jest swoiste przemówienie do „moralistów" w utworze *Canzone di notte n. 2* (Nocna pieśń numer 2)[120]. Zwracając się do nich *per* „wy", podmiot utworu przeprowadza dogłębną analizę ówczesnych realiów i przepowiada konsekwencje w przyszłości.

Na realia z połowy lat 70. składały się między innymi nadzwyczajne uprawnienia policyjne, których oficjalnym celem była walka z terroryzmem, ale wskutek ich nadużywania doszło wkrótce we Włoszech do rzeczywistego, choć oficjalnie nieogłoszonego, stanu wojennego. Temu klimatowi represji towarzyszył brak instytucjonalnej opozycji, ponieważ WPK zawarła wówczas porozumienie z chadecją w ramach tak zwanego historycznego kompromisu. Z jednej strony „historyczny kompromis" pozwolił na bezwzględną walkę z przestępczością na tle politycznym, z drugiej zaś powstała w jego wyniku ponaddziewięćdziesięcioprocentowa większość w parlamencie, czyli *de facto* zabrakło głosów opozycyjnych. Dwie największe partie włoskie — jedna jeszcze w pewnej mierze pielęgnująca radziecką spuściznę, druga gromadząca w swoich szeregach wielu byłych faszystów — postanowiły nie rywalizować ze sobą i ograniczyć swobody obywatelskie, wypychając równocześnie społeczną dialektykę poza parlament.

„Moraliści", do których przemawia bohater Gucciniego, to właśnie zwolennicy stosowania twardej ręki wobec całego społeczeństwa pod pretekstem walki z garstką prawdziwych terrorystów. Pisze Guccini:

Ale teraz to wy macie władzę,
Teraz to wy jesteście górą,
Macie ustawy, policję,
Bogów, przykazania i swoje porządki.
Niestety — nie wiem, dlaczego — jest was dużo,
A wielu tu przede mną
Nie zna tej nieszczerej udręki,

[120] Pierwszą *Nocną pieśń* Guccini napisał w 1971 roku i opublikował w: *L'isola non trovata...*

Co się określa mianem myśli.
Nie martwcie się jednak,
My jesteśmy ludźmi, którzy zawsze źle kończą:
W szpitalu albo w więzieniu.
Anarchistom od zawsze przykłada się kijem,
A wolnościowców od zawsze poskramia
Albo kler albo państwo.
Wśród umundurowanych nie przeżyje ten,
Kto chodzi w mundurze uśmiechu[121].

Wracają tu, jak widać, wątki z *Pieśni o różnych sytuacjach*, a w szczególności bezwzględna krytyka burżuazyjnego konformizmu symbolizowanego przez „umundurowanych". Są to ludzie, którzy bardziej dbają o formy niż o treści. Pod względem stylistycznym warto zauważyć swoisty monologiczny dialog między „my" a „wy", tak jak w Dylanowskiej *The times they are a-changin'*. Jednakże u Gucciniego nie ma ściśle określonych kategorii społecznych, jak to jest w tekście Dylana. Guccini zwraca się ogólnie do „moralistów", nie wyjaśniając dokładnie, kto w jego ujęciu jest moralistą.

Stylistyka, wykorzystująca konwencję zwrotu do zbiorowego adresata utworu, osiąga maksimum widoczności w drastycznie autotematycznym utworze *L'avvelenata* (Jadowita), który uważa się do dzisiaj za antonomazję protest songów na temat wolności wypowiedzi artystycznej, roli literatów we współczesnym świecie, funkcji społecznej kantautorów[122].

Jadowita

Ale gdybym przewidział to wszystko, obecne wnioski będące przyczyną i okazją,
Czy sądzicie, że za te marne grosze, za tę gównianą sławę zacząłbym pisać piosenki?
Dobra, przyznaję się, popełniłem błąd. Poddaję się ukrzyżowaniu, amen.
Proszę o przerwę, w mojej rodzinie — jak wielka by nie była —
Jestem pierwszym wykształconym.

Ojciec w końcu miał rację, gdy mówił, że emerytura jest naprawdę ważna.
Matka też się nie myliła, gdy mówiła, że magister jest ważniejszy od śpiewaka.
Młody i naiwny zagubiłem się, może przez książki, może ze swojej zaściankowości.

---

121 F. Guccini, *Canzone di notte n. 2...*

122 P. Jachia, *Francesco Guccini*, Roma 2002, s. 112.

W dupie mam zarzuty, że jestem karierowiczem, podejrzenia, że jestem cwaniakiem,
To wszystko, co mi pozostaje.

Was krytyków, was, osądzających mnie surowo, bezlitosnych aktywistów, was Jaśniepanów przepraszam,
Ale nigdy nie twierdziłem, że piosenkami robi się rewolucję czy uprawia poezję.
Sam śpiewam, kiedy mogę i tak, jak umiem, gdy mam ochotę i nie dla braw bądź gwizdów.
Czy się sprzeda, czy nie, to nie moja sprawa. Nie kupujcie moich płyt
I plujcie mi w twarz.

Według was, co mnie obchodzi obowiązek siedzenia tutaj i śpiewania?
O wiele chętniej mógłbym upić się, walić konia albo — w skrajnym przypadku — pieprzyć.
Kiedy mam zły humor, piszę, rewidując naszą niedolę,
Ale zazwyczaj mam ważniejsze rzeczy do załatwienia: budować na gruzach
Lub przeżyć mimo wszystko.

Ja wszystko, ja nic, ja drań, ja pijak, ja poeta, ja błazen, ja anarchista, ja faszysta,
Ja bogacz, ja bez grosza, ja antyklerykał, ja obcy, a ja taki sam, murzyn, żyd, komunista,
Ja pedał, ja śpiewam i podrywam laski, ja fałszywy, ja prawdziwy, ja geniusz, ja palant,
Ja — sam tutaj o czwartej nad ranem, mój lęk i trochę wina,
Za chwilę już przeklinam.

Według was, po co musiałbym słuchać każdego wkurwionego?
Lekarz mówi, że mam deprechę, proszę bardzo! Nawet w kiblu nie mam chwili dla siebie!
A ja zawsze mówiłem, że to zabawa, czy się stosuje pewną metrykę, czy też nie.
Towarzysze, zabawa stała się uciążliwa i smutna. Kupcie se mój tyłek,
Tanio sprzedam.

Koledzy kantautorowie, grono uprzywilejowanych sprzedających się za parę milionów[123],
Wy to umiecie i słusznie macie pełną kabzę, nie tylko tak zwane zawracanie gitary.
Co mogę wam powiedzieć? Idźcie, róbcie swoje, bo i tak zawsze się znajdzie — wiecie o tym dobrze —

---

[123] Zgodnie z zestawieniem włoskiego urzędu statystycznego (Istituto Nazionale di Statistica) milion lirów włoskich miał w roku 1976 siłę nabywczą porównywalną z dzisiejszą kwotą 4842,82 euro. Zob. http://rivaluta.istat.it/Rivaluta (dostęp: 9 stycznia 2012).

Jakiś grajek nieudacznik, jakiś pobożny facet, jakiś teoretyk, jakiś Bertoncelli, jakiś ksiądz,
Który plecie bzdury.

Ale gdybym przewidział to wszystko, podawszy przyczynę i okazję, może zrobiłbym tak samo.
Lubię pisać piosenki i chlać wino, lubię narobić bałaganu oraz jestem urodzonym frajerem.
Zatem idę swoją drogą i nie zrzucę ubrania, w którym zwykłem chodzić.
Mam jeszcze sporo do powiedzenia tym, którzy chcą słuchać, a cała reszta
Niech spierdala[124].

Charakterystyczną cechą tekstu jest szerokie stosowanie pełnego wulgaryzmów języka w celu podkreślenia, że narrator jest oburzony z powodu wszystkich bezpodstawnych krytyk do niego adresowanych. Wręcz finezyjny okazuje się szereg orzeczeń imiennych stanowiących echo niektórych cudzych wypowiedzi na temat autora. Bezsensowność tych wypowiedzi uwidacznia przedstawienie obok siebie określeń ze sobą sprzecznych, np. „anarchista" — „faszysta" albo „geniusz" — „palant". Rzeczywistość pojawia się dopiero na końcu tej swoistej tyrady, gdy okazuje się, że istotą życia kantautora jest siedzenie do późna przy winie w celu rozładowania napięcia po koncercie. Lęk artysty jest tak ogromny, że zaraz musi wybuchnąć agresją przekleństw.

Nie sposób nie przypomnieć tutaj postaci urodzonego tuż po II wojnie światowej (Warszawa 1947) ekscentryka — Jacka Kleyffa. Do jego dorobku zaliczamy zarówno teksty piosenek, w większości napisanych dla Orkiestry Na Zdrowie, jak i przedstawienia kabaretowe w Salonie Niezależnych, a pamiętać też trzeba o jego zdolnościach plastycznych.

Kleyff napisał między innymi tekst bardzo podobny do *Jadowitej*. Szerokiej publiczności piosenka jest znana pt. *Źródło*. Język Kleyffa — naszpikowany w tym utworze wulgaryzmami — ma wyrazić autorskie oburzenie wobec nieuzasadnionych krytyk. Wybór stylistyczny jest też zaskakująco podobny do tego, co uwidacznia się w *Jadowitej*. Kleyff pisze:

Gdy usłyszeli to, co śpiewam,
Dwaj patrioci zawodowi

---

124 F. Guccini, *L'avvelenata*, [w:] *idem*, *Via Paolo Fabbri 43...*

Zaraz pytają jezuitów o mój kręgosłup ideowy.
A tamci, że ja sodomita,
Pół-Żyd, półzłodziej i artysta.
Na nazwy i na znaki sram[125].

Sens tekstu *Jadowitej* wyjaśnia sam Guccini w notatce załączonej do płyty:

Jestem kantautorem, [...] opowiadam swoje historie o tym, co robię i postrzegam. Nie trzeba mówić na mnie „poeta" ani niczego podobnego. Mówię o tym w *Jadowitej* [...] w sposób osobliwy, ironiczny (mam nadzieję) i groteskowy. Mam również nadzieję, że kolega, o którym wzmiankuję, nie obrazi się, mimo że podałem jego nazwisko. Spędziliśmy całe popołudnie na pogawędkach i wzajemnych wyjaśnieniach, mam nadzieję, że teraz nasza przyjaźń jest wystarczająco mocna, że mogę ironizować także na jego temat. Poza tym piosenkę już napisałem, kiedy się poznaliśmy. Słyszał ją i nie wydaje mi się, żeby się zdenerwował[126].

„Kolega", o którym tu mowa, to krytyk muzyczny Riccardo Bertoncelli. W tekście figuruje jako jeden z tych, którzy „plotą bzdury". W latach 70. Bertoncelli publikował recenzje w czasopismach specjalistycznych: „Muzak" oraz „Gong", i faktycznie wypowiadał się niezbyt przychylnie o produkcjach Gucciniego. Właśnie jego surowe recenzje stały się „przyczyną i okazją" do napisania *Jadowitej*.

Pod względem stylistycznym w *Jadowitej* uwidacznia się struktura pierścieniowa polegająca na umieszczeniu tego samego zdania na początku zarówno pierwszej, jak i ostatniej strofy utworu. Nie jest to cecha typowa tylko dla tej piosenki. Na płycie znajdują się jeszcze przynajmniej dwa utwory o podobnych walorach. Pierwszy to *Nocna pieśń numer 2*, w której narrator powtarza stwierdzenie: „Jeszcze raz zapadła noc i gram, sam nie wiem, z jakiego powodu, może po prostu dlatego, że żyję"[127]. Druga piosenka to *Podła historyjka*, której pierwsza i ostatnia strofa zaczynają się właśnie słowami: „Ale co za podłą historyjkę..."[128]

[125] http://www.kleyff.pl/?id=5a&nr=83 (dostęp: 9 stycznia 2012).
[126] F. Guccini, *Via Paolo Fabbri 43...*
[127] F. Guccini, *Canzone di notte n. 2...*
[128] F. Guccini, *Piccola storia ignobile*, [w:] *idem*, *Via Paolo Fabbri 43...*

Struktura pierścieniowa nie jest bynajmniej wymysłem Gucciniego. Obecna jest już w klasycznej poezji greckiej, ale do świadomości artystycznej autora dotarła najprawdopodobniej za pośrednictwem Horacego (Quintus Horatius Flaccus, 65–8 p.n.e.), którego dorobek poetycki jest dobrze znany Gucciniemu.

Ponadto można zaobserwować, że miara wierszowa *Jadowitej* naśladuje *versus Archilochius*, czyli składa się z czterech daktyli i trzech trochei. Strofę archilochejską spotyka się właśnie w *Pieśniach* Horacego, szczególnie pierwszej księgi. Nie wolno poza tym zapomnieć o *Epodach*, których nierzadko zaczepny charakter jest rezultatem naśladowania twórczości Archilocha.

Podobna do *Jadowitej* jest piosenka, której tytuł jest też tytułem całej płyty: *Via Paolo Fabbri 43*. Podobieństwo w treści tyczy się przede wszystkim polemiki na temat roli piosenek i piosenkarzy w kulturze współczesnej, a również podejścia do nich ze strony krytyków muzycznych. W tekście pojawiają się najrozmaitsze postacie kultury wyższej, np. René Descartes, Jorge Luís Borges, a nawet średniowieczny bard islamski Omar Chajjam[129]. Celem przywołania tych nazwisk jest podkreślenie absurdalności stosowania złożonego warsztatu krytyki literackiej do analizy tekstów prostych piosenek. Guccini sprowadza zagadnienie do absurdu, uciekając się do chwytu spotkań niemożliwych właśnie z Kartezjuszem, Borgesem i Chajjamem.

Godzien uwagi jest także ciekawy zamiar, jaki narrator wygłasza pod koniec utworu: „Jeśli mam wyemigrować do Ameryki, zrobię tak jak dziadek: wsiądę do tramwaju”[130]. Może to wyglądać na prosty paradoks, którego celem jest wzmocnienie groteski w utworze. Tymczasem to jest antycypacja głównego wątku następnej płyty pod znaczącym tytułem *Amerigo*. Płyta ta jest poświęcona stosunkom Włochów do Ameryki, począwszy właśnie od Ameriga Vespucciego, a skończywszy na emigrantach na przełomie XIX i XX wieku, którzy swoją niemal niewolniczą pracą przyczynili się znacznie do zbudowania potęgi USA.

---

[129] O. Chajjam, *Rubajaty*, przekł. z pers. i kaligrafia Medhy Gholamy, pol. układ wierszy J. Krzyżowski, Warszawa 2002, *passim*.

[130] F. Guccini, *Via Paolo Fabbri 43*...

Oprócz polemik z krytykami muzycznymi cechą charakterystyczną całej płyty *Via Paolo Fabbri 43* jest nastrój pesymistycznej obojętności wobec realiów życia codziennego. Teoretycznym punktem odniesienia dla Gucciniego jest w tym zakresie francuski egzystencjalizm[131]. Jednak w tekstach znajdują się też echa włoskiego hermetyzmu ze szczególnym uwzględnieniem twórczości Montalego.

Przykładem jest *Canzone quasi d'amore* (Pieśń prawie miłosna), której puenta jest niemal apodyktyczna:

[...] udaję, że zrozumiałem, iż życie to spotkania,
Potrzeba snu, poczucie głodu, płodzenie dzieci, żarcie,
Picie, czytanie, kochanie kogoś, drapanie się.

Kluczową rolę gra w tym kontekście czasownik *fingere* (udawać), który konotatywnie wskazuje na dostosowanie się narratora do konwencji społecznych, mimo że są dla niego absurdalne i wcale nie jest przekonany, że należy ich przestrzegać. Absurdalność codziennego życia podkreśla absolutnie przypadkowy spis czynności, na których życie miałoby polegać według konformistycznych zasad, którymi kieruje się społeczeństwo. Znajdujemy zatem całkiem podstawowe, chce się rzec, plebejskie stany życiowe, takie jak potrzeba snu i poczucie głodu obok rzekomo chwalebnych czynów, np. płodzenia dzieci. Podtekst jest dosyć klarowny i polega na sugestii, że wszystko jest w końcu bezsensowne i nie może stanowić wzniosłego celu życiowego. Samo wychowanie potomstwa jest w myśli autora zwierzęcą czynnością porównywalną z pospolitym piciem i żarciem. Aż na samym końcu spisu znajdujemy to „drapanie się", co kojarzy się z ulubionym zajęciem małp w ogrodzie zoologicznym. Istota przekazu jest więc taka, jakoby człowiek wbrew swojemu iluzorycznemu poczuciu wolności był tylko małpą, której dozorca zoo pozwala zaledwie na czyny mające na celu utrzymywanie się przy życiu i rozmnażanie.

Warto porównać takie założenia Gucciniego z twórczością Montalego, szczególnie w zbiorze poetyckim *Ossi di seppia* (Szkielet mątwy)

[131] O ustosunkowaniu Jean-Paula Sartre'a do współczesnej rzeczywistości społecznej i politycznej por. A. Guigot, *L'ontologie politique de J.P. Sartre*, Villeneuve d'Ascq 2002, *passim*.

z 1925 roku. W nim poeta staje się piewcą „boskiej obojętności", czyli braku zaangażowania w czynności życia codziennego. Jego symbolem jest kamienny posąg albo chmura i sokół, które szybują wysoko w niebie bez żadnego kontaktu bezpośredniego z ziemską rzeczywistością[132].

Montale uzasadnia swoją pochwałę obojętności tym, że życie jest samo w sobie kruche i nietrwałe, więc niewarte większego zaangażowania ze strony człowieka. Symbolizują to obrazy żółtego, zwiniętego w kłębek liścia czy padłego konia. Wątek tymczasowości, nietrwałości życia podejmuje również Guccini w utworze *Il pensionato* (Emeryt), którego ostatnia strofa przedstawia z niemal okrutnym nadmiarem szczegółów przyszłą śmierć starego człowieka:

Może kiedyś będziemy mówili: „A przecież ostatnio tak świetnie się czuł!"
Będzie miał marmurowy grób z aniołem rozrywającym łańcuchy
Dzięki pieniądzom, jakie oszczędzał na czarną godzinę,
Z przyzwyczajenia, bo kłopotów nigdy dosyć.
Wówczas zobaczymy nieznane twarze ze zgaszonym uśmiechem:
„Bardzo mi miło", „Również", „Witam", „Czy Państwo z rodziny?"
Potem powoli będzie znikać z naszej przeładowanej pamięci,
Pozostanie w niej wrażeniem, które przypominamy sobie z trudem[133].

Nietrwałość życia symbolizuje tutaj redukcja zmarłego do prostego „wrażenia", które po pewnym czasie zaczyna się zacierać w pamięci. Bezsensowność zaś podkreślają puste, stereotypowe zwroty grzecznościowe na pogrzebie. Rozważania Gucciniego o nietrwałości życia nie zasłaniają jednak bardziej konkretnego protestu. Ostrej ocenie autora podlega wyraźne pogorszenie warunków bytowych osób starszych, jakie miało miejsce po rozpadzie tradycyjnej rodziny patriarchalnej opartej na systemie wzajemnej opieki między pokoleniami. Światopoglądowo Guccini nie jest na pewno konserwatystą. Wcale nie tęskni za dawnymi czasami. Jego akt oskarżenia wywodzi się raczej ze świadomości braku solidnej opieki publicznej nad osobami w podeszłym wie-

[132] Literatura krytyczna o twórczości Montalego jest ogromna. Wśród najnowszych opracowań uwidaczniają się: T. Arvigo, *Guida alla lettura di Montale. Ossi di seppia*, Roma 2001; A. Ferraris, *Montale e gli »Ossi di seppia«. Una lettura*, Roma 2000; M. Villoresi, *Come leggere »Ossi di seppia« di Eugenio Montale*, Milano 1997.

[133] F. Guccini, *Il pensionato*, [w:] *idem*, *Via Paolo Fabbri 43...*

ku. Z wyjątkiem wypłacania im niewystarczających świadczeń, państwo zostawia emerytów na pastwę losu. W tekście protest wyraża się spisem bardzo konkretnych szczegółów niedostatku. Należą do nich „zapach ubogiego obiadu", „słaba, 30-watowa żarówka", „zupy odgrzewane na piecyku".

Protest społeczny Gucciniego za pośrednictwem tekstów piosenek z płyty *Via Paolo Fabbri 43* nie ogranicza się do przypominania o ubóstwie emerytów. Płytę wydano w roku 1976, to jest w trakcie tzw. historycznego kompromisu między chadecją a WPK. Założenie wyjściowe dla obu partii stanowiło stwierdzenie, że w obliczu zagrożeń terrorystycznych miało dojść we Włoszech do rządów jedności narodowej, zrzeszających zarówno katolickich konserwatystów, jak i lewicę. Jednym ze skutków takiego niesłychanego od czasów II wojny światowej przymierza była uległość lewicy wobec stanowiska zajmowanego przez klerykałów w zakresie obyczajowości. Uwidaczniała się przy tym rezygnacja czołowych działaczy lewicy z samego pryncypium neutralności światopoglądowej państwa.

Palącą kwestią stało się prawo kobiet do dobrowolnego usunięcia niechcianej ciąży. W dalszym ciągu obowiązywała we Włoszech faszystowska ustawa zakazująca aborcji w każdym przypadku. Tymczasem kwitło aborcyjne podziemie. Liczba ofiar nielegalnych, często prowadzonych w fatalnych warunkach higienicznych zabiegów rosła z dnia na dzień. Wśród ofiar były przede wszystkim nastolatki. Jednak z powodu „historycznego kompromisu" ich tragedia była całkowicie przemilczana, prawa kobiet znajdowały się w dalszym ciągu poza kręgiem zainteresowań władz publicznych.

Guccini podjął wtedy chyba najbardziej odważną decyzję w całej swojej karierze artystycznej. Napisał i opublikował piosenkę *Podła historyjka*, w której nie tylko wyraża bezpardonową krytykę elit politycznych, które rzekomo „mają ważniejsze rzeczy do załatwienia", ale również poddaje dyskusji całą kulturę demonizowania człowieczej seksualności, podkreślając, że odpowiedzialność za tragiczną sytuację ponosi sama instytucja tradycyjnej, pobożnej rodziny.

Schemat narracyjny stanowi pozorne zbesztanie nastolatki, która właśnie przeżyła nielegalną aborcję i opowiadała o tym narratorowi.

Ten skarży się, że dziewczę przyszło opowiedzieć tę „podłą historyjkę", i sam nie wie, co może z nią zrobić, bo nie jest to materiał na piosenkarski hit ani nawet na „dwie kolumny w gazecie". Daremne byłyby również stereotypowe zdania pocieszenia. Innymi słowy narrator jest pozornie zdenerwowany i nawet powtarza w pierwszej i ostatniej strofie: „Sama jesteś sobie winna, czego teraz chcesz?"[134].

Faktycznie jednak słowa narratora nie wyrażają pogardy dla dziewczyny. Jest w nich natomiast subtelna ironia skierowana przeciw hipokryzji przede wszystkim rodziców. W trzeciej strofie wyłania się sylwetka ojca — wychowawcy. Wybrał dla córki „dobre szkoły", starał się wpoić cnoty rodzinne i religijne: posłuszeństwo, czystość, grzeczność. Dziwi się więc, że córka zrobiła coś, o czym nigdy w rodzinie się nie rozmawiało. Ironia autora uwidacznia się za pomocą trzykrotnie powtórzonego zdania: „O pewnych rzeczach nigdy się nie rozmawiało". Właśnie brak edukacji seksualnej doprowadza do niechcianych ciąż nastolatek, ale ojciec konserwatysta nie jest nawet w stanie tego zrozumieć.

Postać matki cechuje też brak zdolności do zrozumienia córki. Nie może zdać sobie sprawy z tego, że nikt córki nie zgwałcił, wręcz przeciwnie, przeżyła coś pięknego. Toteż na końcu strofy znajdujemy trzykrotne powtórzenie zdania. Matka nie może zrozumieć córki, dlatego że jest tak zwaną przyzwoitą kobietą i seks nie wynikał u niej z potrzeby miłości, tylko z poczucia obowiązku. Guccini znowu więc obnaża główny paradoks tkwiący w stosunkach rodzinnych opartych na tak zwanych tradycyjnych wartościach. Matka nie mogła przekazać córce rozsądnego podejścia do spraw płciowych po prostu dlatego, że sama jest ofiarą własnych kompleksów i uważa, że przyzwoitość wyklucza z życia kobiet udany seks.

W sumie pozorna troska rodzicielska okazuje się tylko przywiązaniem do sztywnej moralności, której tragiczne skutki autor przedstawia w przedostatniej strofie. Jeszcze raz wypowiedź jest w formie przemówienia narratora do dziewczyny:

I tak znalazłaś się na marmurowym stole, niemal życząc sobie śmierci.
Zarzynana jak zwierzę w rzeźni, krzyczałaś, ale krzyk nie chciał się z ciebie wyrwać.

---

[134] F. Guccini, *Piccola storia ignobile*...

I tak znalazłaś się — przestraszona i pełna wyrzutów — naprawdę sama w obcych rękach. O czym myślałaś, czując, jakby ciało twoje gryźli ojciec, matka, a nawet On?[135]

Mocne słownictwo nawiązujące do uboju bydła odwraca metaforę „rzezi niewiniątek", zwykle stosowaną przez antyaborcyjnych ekstremistów. Prawdziwym niewiniątkiem, zmasakrowanym przez obłudę rodziców i fałszywą moralność polityków, jest w tym tekście dziewczyna usuwająca ciążę w nieludzkich warunkach. Stylistyka polegająca na proponowaniu publiczności alternatywnych punktów widzenia w celu podkreślenia zasadniczej hipokryzji konserwatywnych konwencji społecznych jest typowa dla autora wierszy z *Via Paolo Fabbri 43*. Ten wybór stylistyczny miał zresztą stać się coraz powszechniejszy w późniejszej twórczości Gucciniego.

Sugo Finardiego a „sens moralny całej powieści"

Rok 1976 był także rokiem wydania albumu, dzięki któremu stał się bardzo popularny, wspomniany tu wcześniej, dwudziestoparoletni mediolańczyk Eugenio Finardi. Płyta nosiła tytuł *Sugo*, co w języku włoskim ma wiele znaczeń. Może to być na przykład sok dojrzałego owocu albo sos do makaronu. Znaczenie dosłowne jest jednak w tym kontekście mało istotne. Słowo kojarzy się bowiem każdemu Włochowi przede wszystkim z zakończeniem powieści stanowiącej do dzisiaj obowiązkową lekturę w każdej szkole średniej na Półwyspie: *Narzeczeni* Aleksandra Manzoniego.

Il sugo di tutta la storia — tak brzmi zdanie w języku włoskim — tłumaczy się często na polski: „Sens moralny całej powieści"[136], co oczywiście nie oddaje w ogóle zabarwienia tego wyrazu w języku wyjściowym. Zamiarem Manzoniego było między innymi przekazanie za

[135] *Ibidem*.

[136] Historia przekładów powieści Manzoniego na język polski jest długa i bardzo bogata. Ostateczną wersję włoską z 1842 roku przetłumaczono po raz pierwszy na polski już w roku 1848. Było to pięciotomowe wydanie pt. *Oblubieńcy mediolańscy.* Do przekładów do dziś najbardziej cenionych zaliczamy dzieła Maryi z Siemiradzkich Obrąpalskiej (Warszawa 1882) i Barbary Sieroszewskiej (Wrocław 1994).

pośrednictwem swojej powieści pewnej aksjologii, którą sam określił właśnie mianem „soku", czyli najsmaczniejszej części całego dzieła. Typowa dla Manzoniego była zaś „wizja historii jako terenu objawiania się Opatrzności"[137]. Taka historiozofia o wyraźnym zabarwieniu wyznaniowym stała się we Włoszech — przez sam charakter obowiązkowy lektury szkolnej — elementem ideologii, w której wychowana jest młodzież. Wyraz *sugo* kojarzy się więc Włochom z tą obowiązującą ideologią. Wybór tego słowa na tytuł płyty Finardiego ma zatem wymiar w pewnej mierze polemiczny, jakby autor chciał zaproponować swoimi tekstami alternatywę konserwatywnego, zmurszałego systemu rzymskokatolickich wartości, dotychczas wpajanego Włochom już w wieku szkolnym.

Finardi należy do tego pokolenia kantautorów, którzy doświadczyli obyczajowej rewolucji 1968 roku jako nastolatki, a właśnie w drugiej połowie lat 70. dali się zarazić „chorobą" ruchu kontestacyjnego i z nim związanymi muzycznymi trendami, wśród których najważniejszy był chyba brytyjski punk. Finardi urodził się 16 lipca 1952 roku w Mediolanie w rodzinie zupełnie oddanej muzyce. Ojciec był akustykiem, urodzona w Bostonie matka śpiewaczką operową. W takim rodzinnym środowisku Eugenio bardzo szybko rozwinął swój talent muzyczny. Debiutował na estradzie już w wieku 16 lat. Przed ukończeniem dwudziestego roku życia występował już regularnie na całej północy Włoch wraz z Albertem Camerinim i Walterem Callonim z repertuarem zasadniczo rockowym. Pierwszy singiel po angielsku nagrał już w 1973 roku. W połowie lat 70. występował także na estradzie u boku De Andrégo.

Wcześniejszą twórczość Finardiego cechuje wyraźna skłonność do protestu. W swoim pierwszym albumie przedstawił rockową adaptację starej pieśni protestu kobiet pracujących na polach ryżowych w Piemoncie i Lombardii[138]. Inne protest songi na płycie oddają klimat politycznego niepokoju w połowie lat 70. i bezwzględnej czasem re-

[137] J. Ugniewska, *Alessandro Manzoni*, [w:] *Historia literatury włoskiej...*, t. 2, s. 117.

[138] E. Finardi, *Saluteremo il signor padrone*, [w:] *idem*, *Non gettate alcun oggetto dai finestrini*, Milano 1975.

presji ze strony policji. Na przykład utwór *Caramba* (Gliniarz) zaczyna się bezpośrednim pytaniem zadanym ideałowi włoskiego młodzieńca na służbie w formacji karabinierów: skoro jest w tym samym wieku co przypuszczalnie nieuporządkowany politycznie narrator, dlaczego zgadza się, żeby władza wykorzystywała go w celu pacyfikowania innych młodych ludzi?[139]

Na następnych płytach Finardi współpracował z muzykami, którzy później będą występowali także u boku Gucciniego. Jednym z nich był basista Ares Tavolazzi. Wykonywał z Finardim utwory, które znalazły się właśnie na płycie *Sugo* z 1976 roku, a kilkanaście lat później znajdziemy jego nazwisko wśród wykonawców na nagranej na żywo przez Gucciniego płycie *...quasi come Dumas* z 1988 roku.

Zarówno z Finardim, jak i z Guccinim współpracował też Lucio Dalla. Był współautorem jednej z piosenek Finardiego z 1981 roku[140]. Napisał też muzykę do wspomnianego utworu *Aemilia* pióra Gucciniego[141]. Brał udział z Finardim później jeszcze, w 1998 roku, w nagraniu albumu *Accadueo* [H_2O][142]. Warto w końcu odnotować, że w 1990 roku Finardi zaśpiewał piosenkę w duecie z Lucianem Ligabue[143]. Ligabue zaś po latach, w 2000 roku, napisał muzykę do piosenki Gucciniego *Mam jeszcze siłę*[144].

Mieliśmy już okazję przyjrzeć się paradoksowi intertekstualnemu cechującemu płytę Gucciniego *Via Paolo Fabbri 43*. Wybór adresu własnego mieszkania przez autora zdaje się wskazywać na jego chęć powrotu do życia prywatnego i eksploracji własnej jaźni, tymczasem w songach na płycie nie tylko wracają wszystkie poprzednie wątki protestacyjne, ale też pojawiają się nowe. Temat ponownego zaangażowania się artysty w kwestie społeczne, po chwilowym wycofaniu się w sferę prywatności, jest także głównym wątkiem najpopularniejszej

---

139 E. Finardi, *Caramba*, [w:] *idem*, *Non gettate alcun oggetto dai finestrini...*

140 E. Finardi, *Valeria come stai*, [w:] *idem*, *Finardi*, Torino 1981.

141 F. Guccini, *Aemilia...*

142 E. Finardi, *Il negozio dei giorni usati*, [w:] *idem*, *Accadueo*, Milano 1998.

143 E. Finardi *et al.*, *Soweto*, [w:] *idem*, *La forza dell'amore...*

144 F. Guccini, *Ho ancora la forza...*

piosenki w albumie *Sugo*, a może jednej z najpopularniejszych piosenek Finardiego w ogóle: *Extraterrestre* (Obcy)[145].

Fabuła sama w sobie zdaje się plasować tekst w dziedzinie pseudonaukowej fantastyki. Konstrukcja świata przedstawionego jest dosyć swobodna i nawiązuje do rzeczywistości w dużej mierze odmiennej od tej, którą znamy z życia. „Facet jakiś"[146] mieszka na poddaszu, bo chce mieć cały czas niebo blisko siebie. Chce „przelatywać nad życiem jak samolot", ponieważ w ogóle nie interesuje go to, co robią inni ludzie. Ma tylko jedno pragnienie, mianowicie skontaktowanie się z pozaziemską istotą dzięki swoim umiejętnościom parapsychologicznym. Celem kontaktu jest opuszczenie Ziemi i znalezienia gwiazdy do całkowicie własnej dyspozycji.

Pewnej nocy jego marzenie zostaje spełnione. Bliżej nieokreślony Obcy dokonuje transferu na nieznaną planetę, na której niebo jest fioletowe, słońce trochę bardziej grzeje i powietrze „dobrze smakuje". Początkowo bohater jest zadowolony, ale z biegiem czasu zdaje sobie sprawę, że stale w nim obecne poczucie pustki wcale go nie opuściło. W dalszym ciągu czuje lęk, który samotność jeszcze nasiliła. Znowu więc usiłuje skontaktować się z Obcym, aby wrócić na Ziemię i zacząć życie na nowo.

Metafora powrotu do politycznego i społecznego zaangażowania artystów po latach spędzonych w egocentrycznym skupieniu na sobie, jak to się działo w pierwszej połowie lat 70., jest tu bardzo widoczna. Bardzo widoczna jest także zupełnie nowa poetyka Finardiego, który nie waha się korzystać z języka potocznego i pozornie niepoetyckiego w trakcie pisania swoich tekstów. Jeszcze raz więc kwestia języka zaznacza przełom w twórczości kantautorów. Jak Tenco i De André w latach 60. przeprowadzili rewolucję w sferze poetyki dominującej w dotychczas pisanych piosenkach, wykluczając zwroty zbyt romantyczne i zmieniając rejestr językowy na bardziej konkretny, odzwierciedlający realia życia codziennego, tak Finardi i całe „drugie pokolenie" kantautorów zaczyna gustować w zwrotach potocznych, bliższych rze-

---

[145] E. Finardi, *Extraterrestre*, [w:] *idem*, *Sugo*, Milano 1976.

[146] W oryginale autor stosował dość potoczny wyraz: *un tipo*.

czywistemu sposobowi wyrażania się młodych ludzi, którzy przeżyli obyczajową rewolucję „cudownego roku"[147] 1968 jako nastolatki.

Tematyka ucieczki z rzeczywistości, do której dostosowanie się jest niemożliwe, powraca w niektórych następnych utworach Finardiego. Jest też związana z jego biografią. Punktem przełomowym w jego karierze artystycznej było bowiem wielkie niepowodzenie na festiwalu w Sanremo w 1985 roku.

Zdegustowany płaską powierzchownością ówczesnej włoskojęzycznej panoramy muzycznej mediolański kantautor postanowił wyemigrować na stałe, wsiadł w samolot i poleciał do rodzinnego miasta matki — Bostonu. Wrócił jednak po zaledwie pół roku. Sądząc z tekstu piosenki *Dolce Italia* (Słodka Italia), Stany Zjednoczone rozczarowały go jeszcze bardziej niż Włochy. Pisze:

> W Bostonie leży śnieg, z nudów można umrzeć,
> Smutne krzyki mew nad zatoką,
> Ludzie o szarawej cerze patrzą na mnie bez radości,
> Wszyscy chłodni i milczący, zamknięci w sobie,
> Ale w Italii, słodkiej Italii, tu w Italii już mamy wiosnę,
> Ale w Italii, słodkiej Italii, ludzie są bardziej szczerzy,
> Życie jest prawdziwsze[148].

Idealizacja Włoch jest tylko pozorna. Narrator tęskni podczas pobytu w Bostonie, ale po powrocie do kraju jest znowu rozczarowany, widząc, że mediolańczycy się zachowują tak, jakby byli Amerykanami. Chciałby — o czym była już mowa — wsadzić ich w samolot i „pokazać im tę pozbawioną radości Amerykę, cały czas na sprzedaż, jak nierządnica"[149].

Niezależnie od tego, że amerykańskie doświadczenie było w dużej mierze negatywne, Finardi wykorzystał swój pobyt w Bostonie. Nawią-

[147] Stosowanie określenia *annus mirabilis* w odniesieniu do 1968 roku pochodzi z tytułu wiersza, w którym angielski poeta Philip Larkin celebruje nastanie nowej moralności w sferze człowieczej seksualności w Wielkiej Brytanii pod koniec lat 60. XX wieku. Zob. Ph. Larkin, *High Windows*, London 1974; por. też wersję polską, Ph. Larkin, *Wysokie okna*, [w:] *idem*, *Zebrane*, przeł. J. Dehnel, przedmowa J. Jarniewicz, Wrocław 2008.

[148] E. Finardi, *Dolce Italia*...

[149] *Ibidem*.

zanie kontaktów z tamtejszymi muzykami skutkowało artystycznym dojrzewaniem autora, ale również pozwoliło mu później na współpracę z niektórymi z nich, czego owocem była nagrana w Nowym Jorku płyta *Occhi* (Oczy), którą wkrótce wydano także we Włoszech[150].

Obecnie Finardi tworzy dalej zarówno jako solista, jak i współpracując z innymi autorami, np. ze śpiewakiem fado Franceskiem Di Giacomo. W roku 2000 uczestniczył wraz z wieloma innymi kantautorami i wykonawcami w nagraniu albumu poświęconego zmarłemu De Andrému[151]. Zaśpiewał utwór *Verranno a chiederti del nostro amore* (Przyjdą cię zapytać o naszą miłość), który genueński bard przedstawił pierwotnie w 1973 roku na płycie *Storia di un impiegato* (Historia urzędnika)[152]. Obecnie Finardi jest także zaangażowany w działalność charytatywną, wspiera na przykład organizacje zajmujące się opieką nad osobami niepełnosprawnymi.

Generalnie rzecz ujmując, teksty Finardiego są napisane w języku prostszym i bardziej bezpośrednim niż piosenki Gucciniego. Jednakże niektóre podejmowane przez obu artystów tematy wykazują znaczące podobieństwa. W młodzieńczej twórczości Finardiego, na którą miał poważny wpływ jego kolega Alberto Camerini, uwidacznia się antyklerykalizm bardzo przypominający teksty wczesnego Gucciniego.

I tak na przykład w roku 1975 Finardi tymi słowy zwracał się, jak wolno mniemać, do duchownych rzymskokatolickich:

> Ty nie słuchasz, chyba że sam mówisz,
> Ty nie przemawiasz, chyba że daje się na tym zarobić.
> Zapach kadzidła nie może zwalczyć smrodu...[153]

Palenie kadzidła w kościele według Finardiego nie zdoła odświeżyć powietrza wokół skorumpowanego kleru, którego przedstawiciele byli wmieszani w połowie lat 70. w afery międzynarodowe i liczne

---

[150] E. Finardi, *Occhi*, Milano 1996.

[151] *Faber amico fragile. Tributo a Fabrizio De André*, Milano 2000.

[152] F. De André, G. Bentivoglio, *Verranno a chiederti del nostro amore*, [w:] *idem*, *Storia di un impiegato*, Milano 1973.

[153] E. Finardi, *Afghanistan*, [w:] *idem*, *Non gettate alcun oggetto dai finestrini...*

nadużycia finansowe[154]. W tym samym okresie Guccini napisał swoją *Jadowitą*, w której stwierdził, że „i tak zawsze się znajdzie [...] jakiś ksiądz, który plecie bzdury"[155]. Rozczarowanie rezygnacją parlamentarnej lewicy z dążenia do laicyzacji państwa, wskutek ówczesnego „historycznego kompromisu" z chadecją, było ogromne wśród wszystkich Włochów o świeckim światopoglądzie. Odzwierciedlało się między innymi w twórczości kantautorów zarówno starszego, jak i młodszego pokolenia.

Inny temat wspólny obu autorom stanowi krytyka kultury akademickiej i sposobów jej przekazywania w ramach publicznej oświaty. Najsłynniejsza, już niemal przysłowiowa zwrotka Gucciniego brzmi w dowolnym tłumaczeniu: „Zapłacisz co do grosza inflacyjną cenę tego, co nazywają dojrzałością"[156]. Te gorzkie słowa skierowane są do świeżo upieczonych maturzystów. Narrator podpowiada, że „dojrzałość" to wyraz bez znaczenia, za pomocą którego określa się zazwyczaj maturę, faktycznie bowiem tzw. egzamin dojrzałości to tylko pokaz wiedzy podręcznikowej, mało przydatnej w życiu realnym. W innym utworze tę samą wiedzę podręcznikową Guccini uznaje za „bezużyteczny bagaż"[157].

W 1977 roku Finardi poświęcił szkole całą piosenkę:

Wmawiali nam, nalegali, byśmy pilnie się uczyli,
Żebyśmy jako dorośli mogli wykorzystać
To, o czym się teraz w szkole dowiadujemy,
Przecież pracować lada dzień będziemy musieli.

Niektórzy — zdali, niektórzy — oblali,
Niektórym się znudziło i opuścili tę grę,
A przecież ci, którzy się uczyli i po długich latach nauki
Zostali magistrami, dzisiaj i tak nie mają roboty.

W rzeczy samej pamiętam, wydawało mi się dziwne
Ślęczenie godzinami nad podręcznikami łaciny.

---

154 Por. R. Cornwell, *God's Banker*, New York 1983; L. Gurwin, *The Calvi Affair*, London 1984.

155 F. Guccini, *L'avvelenata...*

156 F. Guccini, *Eskimo...*

157 F. Guccini, *Un altro giorno è andato*, [w:] *idem*, *L'isola non trovata...*

Rzekomo usprawnia umysł, uczy myśli perspektywicznej,
Pewnie dlatego dziś nie umiem obliczyć VAT-u.

Chciałem też poznać prawdziwą historię ludzkości,
Dowiedzieć się, jak żyć, czemu to naprawdę służy.
Jedyne, co w szkole powinno się przerobić,
To nauka o tym, jak należy się uczyć.

Całe szczęście, że wszystko miałem w nosie,
Zadań nie rozwiązywałem, lekcji nie odrabiałem,
Lecz słuchałem muzyki, byłem zawsze na bieżąco,
Starałem się zrozumieć, a dzisiaj daję sobie radę.

Chodź więc do szkoły, żeby awantur już nie było,
Ucz się matmy, ale też kup sobie skrzypce,
Ucz się obróbki drewna, naprawiania zepsutych rzeczy,
Bo nigdy nie wiadomo, w życiu zręczność się przydaje[158].

Wybory leksykalne i konstrukcje składniowe są znacznie mniej wyrafinowane niż u Gucciniego. Finardi preferuje zdania współrzędne, gdy w tekstach Gucciniego składnia złożona jest na porządku dziennym. Największe różnice stylistyczne tkwią tymczasem w stosowanym słownictwie. Finardi wtrąca swobodnie wyrazy bardzo prozaiczne, nawiązujące do trywialnych czynności życia codziennego, np. obliczania VAT-u. Guccini też czasami wykorzystuje wulgaryzmy. Strukturalnie ten wybór służy jednak do podkreślenia oburzenia wobec zjawisk nie do zaakceptowania przez autora. U Finardiego natomiast wyrazy potoczne są stosowane powszechnie, stają się elementami wypowiedzi bez szczególnego zabarwienia emocjonalnego. Tym samym autor zamierza nadać zasobom leksykalnym klas niższych z północy Włoch godność języka literackiego. Nie ma u niego swego rodzaju językowego elitaryzmu, który tak często znajdujemy w tekstach nienagannie wykształconego filologicznie Gucciniego.

Kolejną wspólną cechę twórczości obu autorów stanowi pełne poparcie ruchów wolnościowych w Europie Środkowo-Wschodniej przed upadkiem muru berlińskiego. Różnica wiekowa jest tu jednak rozstrzygająca. Guccini stał się bardem Praskiej Wiosny 1968 roku.

---

[158] E. Finardi, *Scuola,* [w:] *idem*, *Diesel*, Milano 1977.

Młodszy Finardi potępił wprowadzenie 13 grudnia 1981 roku stanu wojennego w Polsce.

Utwór Finardiego *Warsaw* nie cieszy się wszakże we Włoszech tak wielką popularnością jak *Praska Wiosna* Gucciniego. Zapewne nie bez znaczenia jest tu fakt, że to utwór napisany po angielsku. Swoją moc tekst zawdzięcza strukturze podobnej do dziennikarskiego reportażu. Składa się z poszczególnych obrazów z życia w Warszawie podczas stanu wojennego. W zakończeniu pierwszych dwóch strof powtarza się pośrednie pytanie, ilu zostało złapanych po wybiciu godziny policyjnej. Na końcu ostatniej strofy atmosfera grozy rośnie, ponieważ pytanie staje się swego rodzaju przepowiednią: „And they'll fix it so you are caught after the curfew" (Załatwią sprawę w ten sposób, że złapią cię, gdy tylko wbije godzina policyjna)[159].

Warto zanotować na marginesie, że po przemianach ustrojowych 1989 roku sympatia, którą wcześniej darzono Polaków we Włoszech, znacznie osłabła. Przykładem nowego nastawienia jest tekst piosenki De Andrégo *La domenica delle salme* (Trupia niedziela)[160]. W utworze autor przedstawia pesymistyczną wizję świata po upadku muru berlińskiego. Zaczyna obowiązywać wszystkich jedynie słuszna ideologia kapitalistyczna, wskutek czego powstaje bliżej nieokreślona „Czwarta Rzesza" symbolizowana przez zachodnich „sprzedawców mydełek", którzy zalewają byłe kraje socjalistyczne w wyścigu za zyskiem. Polakom, którzy „i tym razem jeszcze nie zginęli", nie jest wcale lepiej niż w dawnych czasach. Zmuszeni są do mycia samochodowych szyb na skrzyżowaniach, czyli — według zastosowanej przez autora metafory — „poprawiania makijażu reżimowych dziwek". Wraz z innymi narodami Europy Wschodniej ulegli pokusie zachodnich polityków i biznesmenów, ale zamiast osiągnąć wymarzoną wolność, znaleźli się w okolicznościach podobnych do sytuacji niewolników, którzy zbudowali „piramidę Cheopsa"[161].

[159] E. Finardi, *Warsaw*, [w:] *idem*, *Secret Streets*, Torino 1982.

[160] W języku włoskim tytuł ten przez dźwiękowe podobieństwo stanowi aluzję do Niedzieli Palmowej (domenica delle palme).

[161] F. De André, *La domenica delle salme*, [w:] *idem*, *Nuvole*, Milano 1990.

Amerigo

Wracając do twórczości Gucciniego z drugiej połowy lat 70., warto poświęcić kilka słów płycie *Amerigo*. Album wydano w 1978 roku. Pierwszym utworem jest jednak piosenka protestu nawiązująca do wydarzenia sprzed dwóch lat, które stanowiło punkt zwrotny w świadomości Włochów na temat ochrony środowiska.

O godzinie 12.37 dnia 10 lipca 1976 roku doszło do awarii w zakładach chemicznych Icmesa w miejscowości Meda nieopodal Mediolanu. Uwolniła się wtedy chmura toksycznych oparów dioksyny (TCDD). Wiatr rozproszył chmurę, a śmiertelne opary objęły całkowicie Medę i pobliską miejscowość Seveso. Miejscową ludność zawiadomiono po upływie pięciu dni, czyli 15 lipca. Pierwsze wiadomości prasowe pojawiły się dopiero 17 lipca[162].

Oprócz katastrofy środowiskowej i utraty zdrowia przez wielu mieszkańców awaria w Icmesie spowodowała również zniknięcie długoletniego mitu. Był to mit o doskonałej organizacji pracy i sprawnej administracji na obszarze północnej Lombardii. Po katastrofie okazało się, że lombardzką wydajność pracy osiąga się kosztem zdrowia obywateli, tymczasem administracja publiczna nie jest nawet w stanie poinformować miejscowej ludności o powstałym zagrożeniu w odpowiednim czasie.

Pierwszą piosenkę protestu na temat katastrofy w Medzie napisał rzymski kantautor Antonello Venditti. Właśnie w lipcu 1976 roku znajdował się w okolicach dotkniętych katastrofą. Napisał natychmiast utwór *Canzone per Seveso*, w którym potępiał brak skrupułów ze strony kierownictwa zakładów Icmesa oraz nieudolność władz samorządowych w organizowaniu pomocy dla zatrutych mieszkańców[163].

---

[162] Szczegółowe informacje o wydarzeniu były dostępne na witrynie internetowej Urzędu Miejskiego w Seveso, ale zostały usunięte: http://www.comune.seveso.mi.it/comune/storia/storia02.shtm (dostęp: grudzień 2006), skrócone sprawozdanie z wypadku można znaleźć na stronie Centralnego Instytutu Ochrony Pracy — Państwowy Instytut Badawczy http://www.ciop.pl/18388.html (dostęp: 9 stycznia 2012).

[163] A. Venditti, *Canzone per Seveso*, [w:] *idem*, *Ullallà*, Roma 1976.

W piosence Gucciniego z 1978 roku wydarzenie z Seveso i Medy nie przekłada się na okazjonalny protest, staje się natomiast punktem wyjściowym do bardziej ambitnego przesłania. Napisany w konwencji modlitwy błagalnej utwór *Libera nos Domine* nawiązuje także formalnie do średniowiecznego toku litanijnego. Sam tytuł łaciński kojarzy się bezpośrednio i jednoznacznie z zaśpiewem suplikacji: *Od powietrza, głodu, ognia i wojny wybaw nas Panie.* Suplikacja jest powszechna w Kościele rzymskokatolickim już od VI wieku[164]. Należy jednak podkreślić, że do pierwotnej wersji łacińskiej dodany został „ogień", podczas gdy słowo „powietrze" znaczy tu „morowe powietrze" — powietrze niosące pomór, czyli śmierć, to jest zarazę. Suplikacja brzmiała bowiem: *A fame, peste et bello* (od głodu, zarazy i wojny) *libera nos Domine.*

W pierwszej strofie „litanii" Gucciniego pojawia się właśnie dioksyna zamiast morowego powietrza, od którego Pan ma nas wybawić. Bardzo jednoznaczna jest również wzmianka o „śmierci przemysłowej". Oto pierwsza strofa:

Od śmierci czarnej i suchej, od śmierci nienaturalnej,
Od śmierci przedwczesnej, od śmierci przemysłowej,
Z ręki policjanta, wariata bądź generała,
Przez dioksynę lub barwniki, w wypadku drogowym,
Od zabłąkanych kul każdego typu i wszelkiej ideologii,
Od wszystkich razem wziętych
Oraz od każdego innego nieszczęścia
Wybaw, wybaw, wybaw, wybaw nas Panie.

Aby nie było wątpliwości, że autor nie ma zamiaru tworzyć prawdziwej pieśni religijnej, a forma suplikacji to tylko wybór stylistyczny, Guccini nie zapomina dodać samego Boga do listy nieszczęść. Pojawia się w ostatniej strofie:

Od Ciebie, od Twych obrazów i od Twojej bojaźni,
Od kapłanów wszelkich wyznań, od każdego ich kłamstwa,
Od piekieł i rajów, od wszelkiej formy życia wiecznego,
Od utopii, których celem jest łagodzenie śmierci,
Od krzyżowców i krucjat, od każdego pisma świętego,

164 *Enciclopedia cattolica*, t. 10, red. G. Pizzardo *et al.*, Roma 1953, s. 1084–1086.

Od wierzących opętanych wszelkiej maści i rodzaju wszelkiego
Wybaw, wybaw, wybaw, wybaw nas Panie[165].

Ostatnia strofa uwidacznia wielką wrażliwość Gucciniego na wydarzenia z tamtego okresu. Znajdujemy tu hasła, które można kojarzyć dosyć jednoznacznie z okolicznościami z lat 1976–1978. Przykładem jest odniesienie do „krzyżowców i krucjat", które wydaje się związane z masakrą w obozie w Tal al-Zataar (Liban).

W czerwcu 1976 roku Libańczycy — bojówkarze chrześcijańskiej prawicy — w asyście oddziałów syryjskiej armii w ciągu 53 dni zabili tysiące palestyńskich uciekinierów. Największa zagłada miała miejsce właśnie w Tal al-Zataar. Ogromne wrażenie robiły na Zachodzie telewizyjne obrazy chrześcijan, którzy strzelali do cywilów z karabinów z widocznym na nich znakiem krzyża. Nie tylko Guccini wzmiankował o tym wydarzeniu w swojej twórczości. Także Finardi wspomniał masakrę w jednej ze swoich piosenek[166].

Protest Gucciniego jest mniej koniunkturalny niż protest Finardiego. Guccini nie ogranicza się do samych „krzyżowców", ale błaga też o wybawienie od każdego pisma świętego i od wierzących opętanych wszelkiej maści. Inaczej mówiąc, nie zapomina o tym, że również syryjscy muzułmanie wzięli udział w ludobójstwie. Protest Gucciniego nie jest więc skierowany tylko przeciw libańskiej prawicy, dąży natomiast do potępienia wszelkich przejawów przemocy uzasadnionej walką religijną — niezależnie od tego, czy sprawcy powołują się na Biblię czy Koran. Innymi słowy, protest nie piętnuje Libańczyków ani chrześcijan, ale raczej obłudę wszystkich zabójców, którzy szukają usprawiedliwienia swoich zbrodni w „wartościach" jakiegokolwiek wyznania.

Również wzmianki o śmierci „z ręki policjanta" i o „zabłąkanych kulach" odnoszą się do konkretnego wydarzenia z tamtego okresu. Studentka Giorgiana Masi 12 maja 1977 roku brała udział w pokojowej manifestacji w Rzymie. Została trafiona kulą i zginęła na miejscu. Oficjalna wersja włoskiego MSW głosi, że to jeden z towarzyszy Giorgiany oddał zabójczy strzał. Sprawcy jednak nigdy nie wykryto. Ci z uczest-

[165] F. Guccini, *Libera nos Domine*, [w:] *idem*, *Amerigo...*
[166] E. Finardi, *Giai Phong*, [w:] *idem*, *Diesel...*

ników manifestacji, którzy odważyli się świadczyć, mówili natomiast, że strzał oddał jeden z funkcjonariuszy państwowych organów bezpieczeństwa wezwanych w celu rozproszenia protestacyjnego pochodu.

W tekście Guccini nie ogranicza się do protestu przeciwko stosowaniu ostrej amunicji przez policję. Wyraża wprawdzie podejrzenia, że była to śmierć „z ręki policjanta", ale „modlitwa" o wybawienie dotyczy kul „każdego typu i wszelkiej ideologii". Kwestia odpowiedzialności za konkretny czyn staje się w literackim opracowaniu drugorzędna, sama śmierć dziewczyny w takich okolicznościach urasta tymczasem do rangi epokowego nieszczęścia porównywalnego z głodem czy zarazą. Dla autora nie jest ważne, czyja to jest wina. Ważna jest natomiast sama utrata życia przez osobę młodą ze względu na to, że taki zgon jest zupełnie pozbawiony sensu. Podobne rozważania pojawiają się w twórczości Gucciniego do dzisiaj. Prawie 30 lat po wydaniu *Amerigo* Guccini napisał utwór ku czci Carla Giulianiego — dwudziestoletniego chłopaka, który zginął „z ręki policjanta" 20 lipca 2001 roku w Genui. Do szczegółowej analizy tego tekstu jeszcze tu powrócimy.

Swego rodzaju protestem jest również tekst piosenki *Amerigo*. Protest jest skierowany przeciw mitologizacji Stanów Zjednoczonych we włoskiej panoramie kulturowej. Efekt sprowadzenia procesu mitotwórczego do absurdu osiąga się za pomocą przeciwstawienia dziecięcym snom i marzeniom narratora na temat Ameryki — bardzo surowej rzeczywistości życia emigrantów.

Przeciwstawienie odbywa się na płaszczyźnie leksykalnej za pośrednictwem szeregu orzeczeń imiennych. W dzieciństwie dla narratora:

- Ameryką byli wtedy żołnierze Piątej Armii Roosevelta
- Ameryką było *Life*, uśmiechy i białe zęby w kolorowych czasopismach
- Ameryką był świat marzeń i tajemnic Kaczora Donalda
- i Gunga Din i Ringo, bohaterowie *Casablanki* i *Fort Apache*[167].

Wyłania się tutaj mocno wyidealizowany, bohaterski obraz Ameryki przywieziony do Włoch na gąsienicach czołgów w 1943 roku. Rzeczywistość życia emigrantów wynika natomiast z doświadczeń krewniaka bohatera piosenki, który najpierw wyemigrował do Ameryki, a w po-

167 F. Guccini, *Amerigo*, [w:] *idem*, *Amerigo*...

deszłym wieku wrócił do Włoch. Tytułowym Amerigo jest właśnie ten stryjek bądź dziadek, który całe swoje emigracyjne życie ciężko przepracował w kopalni, a mieszkał w nader skromnych warunkach. Opowiada o tym narrator:

> Język angielski to były te dziwne dźwięki raniące jego serce jak nóż.
> Była praca i krew, ciągle ta sama harówka od świtu do wieczora
> Przez lata katorgi, piwa i dziwek, przez okropne dni
> Wśród Murzynów i Irlandczyków, Polaków i Włochów w kopalni[168].

Warto wspominać, że właśnie w 1978 roku weszła na ekrany włoskich kin *Gorączka sobotniej nocy*, w której kreujący postać Tony'ego Manery aktor John Travolta proponował zasadniczo dyskotekowy model zachowania młodzieży. Był to powrót mitu Ameryki — raju na ziemi, gdzie nie ma innych trosk, tylko *disco music*. Z wielką odwagą Guccini przeciwstawia temu mitowi obraz surowy i zdecydowanie bardziej realistyczny wykorzystywania ciężkiej pracy imigrantów.

Treściowo piosenka *Amerigo* nawiązuje do szczególnego nurtu literatury włoskiej z ostatnich lat XIX wieku. W okresie 1876–1918 liczba włoskich emigrantów w Stanach Zjednoczonych przekroczyła 14 milionów. Ich doświadczenia odzwierciedlały niektóre dzieła literackie na temat biedy i konieczności emigracji zarobkowej. Przykładem jest twórczość Berta Barbaraniego, który w 1897 roku opublikował w dialekcie z Werony zbiór poetycki *I pitochi* (Biedacy). W ostatniej strofie jednego z wierszy można przeczytać:

> Pewnej niedzieli, siedząc w knajpie,
> Uderzają mocno pięścią w stół:
> „Do diabła z Italią — przeklinają — spadajmy stąd!"[169]

Jest to opis zdesperowanych osób, które dodają sobie odwagi wypitą w knajpie szklanką wina, a potem nie tylko postanawiają wyjechać, ale przeklinają też ojczyznę. Echo tego opisu znajdujemy u Gucciniego:

> Ojcu niegrzeczne słowa, a za sobą przyzwyczajenie do głodu i ucieczek
> I fatalistyczny stosunek do pracy, męczącej i zabójczej.

---

[168] *Ibidem*.

[169] B. Barbarani, *Due canzonieri*, Milano 1954.

Tego poranka jednak miał nowe uczucia wobec domu i matki,
A jako odtrutkę na te myśli wypił sobie młode wino prosto z piwnicy[170].

Oprócz tematów zaczerpniętych z literatury emigracyjnej pojawia się tu także wątek problematycznego przywiązania do rodziny i rodzimych miejsc. Jest to swego rodzaju kontynuacja poetyki cechującej całą płytę *Radici*.

Tęsknota do korzeni widoczna jest także w utworze *Eskimo*, w którym szczególny rodzaj kurtki zimowej staje się symbolem trudnych, ale podniecających lat 60. Tego typu kurtki miały we włoskich realiach lat 60. wymiar symboliczny, związany z przynależnością do pewnej warstwy społecznej. Często kupowali je z drugiej ręki młodzi ludzie, których nie było stać na droższą, bardziej elegancką odzież zimową. Z tego punktu widzenia tym kurtkom przeciwstawiane są wełniane płaszcze, których wzorem był francuski *paletot*.

Kurtka typu *eskimo* pełni więc w piosence Gucciniego rolę antonomazji, przedmiotu symbolizującego okres w życiu, w którym dwudziestoparoletni chłopak dojrzewa i tworzy podstawy swojej tożsamości dorosłego mężczyzny. Jest to okres trudny, w którym mieszają się brak pieniędzy i szczere do kresu naiwności przekonania polityczne i filozoficzne. Tekst ma niektóre cechy stylistyczne, które warto dokładnie przeanalizować.

Widoczna jest, tutaj też, struktura pierścieniowa. Na początku pierwszej i ostatniej strofy pojawia się „wrześniowa niedziela", z którą zaczyna się przepływ wspomnień. Rama czasowa nie jest wcale przypadkowa, wchodzi natomiast w skład określonej symboliki. Niedziela to dzień wolny. Brak obowiązków pozwala wówczas na swobodne wędrówki myśli. Uwalniają się wspomnienia i wznawiają pytania o sens życia. Wrzesień tymczasem oznacza początek jesieni — pory roku, która nie tylko Gucciniemu kojarzy się z tęsknotą.

Tekst ma formę monologu skierowanego do kobiety, z którą przed kilkunastoma laty narrator był w związku uczuciowym właściwie niemożliwym, ponieważ jego ówczesna dziewczyna pochodziła z bogatej rodziny. Symbolizował to zewnętrznie jej wytworny płaszcz i fakt,

---

170 F. Guccini, *Amerigo*...

że to ona fundowała bohaterowi bilety do kina, na które nie było go stać. Oprócz różnic w statusie społecznym były też różnice kulturowe, na które wskazują „rodzinne fotografie", jakie mu pokazywała, gdy on tymczasem buntował się przeciw instytucji tradycyjnej rodziny. „Nigdy nie zrozumiem, dlaczego mnie kochałaś", dziwi się nieustannie narrator.

Wątek różnic klasowych i epokowego starcia między kulturą tradycyjną i kulturą wolnościową idzie w parze w tekście z wątkiem osobistych doświadczeń uczuciowych młodego mężczyzny, co symbolizuje przeciwstawienie dwóch metafor. Z jednej strony jest komunistyczna gazeta „l'Unità", którą tylko „bardzo odważnym" mogła wystawać z kieszeni, ponieważ w zdominowanym przez chadecję społeczeństwie przekonania lewicowe mogły mieć bardzo przykre konsekwencje. Z drugiej strony jest „nieodpowiedzialność krocza", nawiązująca do nadmiaru energii seksualnej u chłopaka, który dopiero co wchodził w dorosłe życie.

Fala wspomnień kończy się niespodziewanym stwierdzeniem narratora, że jeszcze chodzi w kurtce podobnej do tamtej sprzed kilkunastu lat. Metaforę rozwija rozważaniem, że chyba nie za młodym wiekiem wypada tęsknić, tylko za ówczesną umiejętnością bycia po prostu sobą. Nie starszy wiek, lecz rezygnacja ze swoich przekonań i szeroko pojęta sytość stanowią o tym, że obecna sytuacja — zarówno narratora, jak i rozmówczyni — jest „żałosna" i kolejna wrześniowa niedziela wkrótce minie wraz z bezowocną próbą zrozumienia siebie i podjęcia jakiejkolwiek inicjatywy[171].

Metropolis

Jak na to wskazuje sam tytuł, płyta *Metropolis* z 1981 roku jest poświęcona miastu — idealnemu miejscu natężonej interakcji międzyludzkiej, gdzie jednak ludzie paradoksalnie tracą swoje człowieczeństwo. Utraciwszy sens stosunków i powiązań w tradycyjnym środowisku wiejskim, nie udaje im się dostosować własnego systemu wartości

171 F. Guccini, *Eskimo...*

do reguł bardziej przystosowanej do życia miejskiego aksjologii. Mimo tematycznego podobieństwa nie można jednak porównać *Metropolis* Gucciniego z arcydziełem współczesnej literatury włoskiej, jakim są *Niewidzialne miasta* Itala Calvina[172].

Dzieło urodzonego na Kubie włoskiego pisarza zostało opublikowane po raz pierwszy w 1972 roku. Zarówno Guccini, tak i Calvino usiłują opisać w sposób zrozumiały to, czego zrozumieć do końca nie można, mianowicie chaos współczesnych aglomeracji miejskich[173]. Fabuła w utworze jest oparta na jawnie fikcyjnych sprawozdaniach, jakie Marco Polo składa Chanowi. Dzieło odbiega tym samym od struktury narracyjnej Gucciniego. W każdej piosence albumu *Metropolis* można bowiem rozpoznać konkretne miasto, może z wyjątkiem *Black-out*, w której autor rozprawia ogólnie o wesołej destabilizacji w mieście wskutek przerwy w dostawie prądu.

Oprócz tej piosenki znajdujemy na płycie *Bizancjum*, której inspiracja stała się konkretna podróż autora nad Bosfor, Padwę reprezentowaną przez jej mitycznego założyciela *Antenora*, Bolonię, Mediolan przedstawiony z punktu widzenia mieszkających w nim „biednych dzieci", a w końcu *Lager*. Obóz koncentracyjny też w mniemaniu autora można uznać za swego rodzaju miasto z zastrzeżeniem, że to specyficznie (nie)ludzki wynalazek naszej współczesności.

Właśnie w utworze *Lager* rozwija się tematykę z *Pieśni o dziecku na wietrze*, którą Guccini napisał już w 1964 roku. W ówczesnym dziele realia obozu zagłady przedstawiało *post mortem* żydowskie dziecko. W *Lagrze* natomiast dochodzi do głosu zwiedzający muzeum obozu koncentracyjnego dzisiaj.

Tekst jest obszerny, jednakże warto zapoznać się z przynajmniej jednym jego fragmentem:

Co to jest obóz koncentracyjny?
To są setki tysięcy pustych oczodołów,
To są chude ręce chwytające się kolczastych drutów,
To są baraki, biura, wiszące rozkłady, pieczęcie, koła,
To są rutynowe czyny, szydercze twarze za karabinem,

---

172 I. Calvino, *Niewidzialne miasta*, przeł. A. Kreisberg, Kraków 2005.

173 Słowo wstępne autora w: I. Calvino, *Le città invisibili*, Milano 1993, s. V–XI.

To strach, jedyne tu uczucie,
To jest wieloletni lęk, gdy wszystko jest nicością,
To jest szaleństwo i halucynacje takie,
Że nasze kłopoty są beknięcia warte[174].

Regularne powtarzanie orzeczenia imiennego na początku każdej zwrotki stanowi o obiektywności opisu, podpowiada, że podmiot utworu zbadał bezpośrednio rzeczywistość, jaka się wyłania z obserwacji pozostałości dawnego obozu. Stwierdzeniu faktów towarzyszy jednak w tekście drugi głos, który wygłasza abstrakcyjne rozważania z pogranicza ideologii. Oto niektóre przykłady z monologu jego adwersarza:

Co to jest obóz koncentracyjny?
To jest coś w rodzaju pomnika,
Ale pamięć zgasła wraz z upływem lat.
Nigdy obozów nie było, tylko w tamtym okresie,
W końcu ludzie są dobrzy oprócz podłych nazistów!
[...]
Zjawisko było realne, ale skończyło się.
Czcijmy ich pamięć, a reszta to tylko mit!
Dostałem potwierdzenie wczoraj od partii:
Kto zaprzecza, ten jest kontrrewolucyjnym psem.
Co to jest obóz koncentracyjny?
To jest coś brudnego, coś od kapitalistów,
To jest hańba pewnych narodów,
My natomiast zabijamy w imię słusznej sprawy.
Na ile słusznej? To my oceniamy, bo to nasza sprawa[175].

Z kontekstu łatwo wnioskować, w czyim imieniu przemawia drugi mówca. Wybór słownictwa obejmuje takie wyrazy, jak „partia", „kapitaliści" itp. Należą one w sposób oczywisty do propagandowej narzędziowni w radzieckim stylu. Z tego względu stwierdzenie, że obozy koncentracyjne skończyły się raz na zawsze z odejściem Hitlera, nabiera cechy ironicznej polemiki.

Warto umieścić piosenkę Gucciniego w chronologii tamtego okresu. Płytę wydano w 1981 roku. Sierpień roku 1980 ledwo minął. Wy-

---

174 F. Guccini, *Lager...*
175 *Ibidem.*

darzenia w Stoczni Gdańskiej miały poważne echa we włoskich mediach. Najciekawszy aspekt recepcji Solidarności we Włoszech polegał na tym, że polski ruch robotniczy popierały zwłaszcza włoskie organizacje lewicowe, począwszy od marksistowskich związków zawodowych zrzeszonych w Powszechnej Konfederacji Pracy (CGIL), a skończywszy na samej WPK. W lewicowych gazetach, np. „l'Unità", „la Repubblica", „Paese Sera", „il manifesto", ukazywały się artykuły ostro krytykujące brak wolności w PRL i ogólnie w ustrojach naśladujących model radziecki. Decydującą rolę odegrał pewnie w tym list otwarty napisany w 1976 roku — jeszcze za czasów KOR — przez Jacka Kuronia do genseka WPK Enrica Berlinguera, który z kolei wyraził wtedy swoje jednoznaczne wsparcie prześladowanym przez ówczesne władze robotnikom polskim.

Mając to na uwadze, można lepiej zrozumieć wiersz Gucciniego. Autor nie relatywizuje w nim nazistowskich zbrodni przeciw ludzkości, tylko potępia hipokryzję tych, którzy określają się mianem antyfaszystów, stosując jednak równocześnie metody walki politycznej, które nierzadko okazują się podobne do metod hitlerowców.

Można porównać przesłanie Gucciniego z tym, co w 1945 roku napisał Jean-Paul Sartre tytułem przedstawienia pierwszego numeru czasopisma „Les Temps modernes". Paryski intelektualista stwierdził, że redakcja czasopisma będzie się cały czas ustosunkować do wydarzeń, chociaż nie w sposób polityczny, czyli nie będzie wspierała żadnej partii. Usiłuje natomiast rzucić światło na ludzką kondycję[176]. To jest właśnie zamiar Gucciniego zarówno w *Lagrze*, jak i w większości pozostałych utworów: rzucić światło na ludzką kondycję i nie służyć żadnej partii.

Sierpień 1980 roku był tragicznym okresem dla Włochów. Drugiego dnia tego miesiąca dokonano najkrwawszego zamachu neofaszystowskiego w dziejach Republiki. Na dworcu kolejowym w Bolonii zginęło 85 osób, prawie 200 zostało rannych. Także ze względu na swoje powiązania biograficzne ze stolicą Emilii Guccini nie mógł pozostać obojętny wobec zbrodni. Usiłował jednak nadać protestowi wymiar transcenden-

[176] J.-P. Sartre, *Présentation*, „Les Temps modernes" I, 1, 1 października 1945.

talny. Owocem jego pracy twórczej była piosenka, w której daremnie szukać czystej kroniki wydarzenia. W utworze *Bologna* jest tymczasem uwiecznienie miasta poprzez porównanie z silną kobietą, którą można uderzyć mocno, ale ona i tak będzie stać prosto i nie straci swojego pragmatycznego, rozsądnego podejścia do spraw życia i śmierci.

Bolonia to kobieta z Emilii o ostrych rysach twarzy.
Bolonia zdolna kochać, zdolna zabić.
Wie, co się liczy, co jest ile warte.
Wie, gdzie leży istota rzeczy.
Tak prowadzi swoje obrachunki z życiem,
Aby nigdy nie upaść po ciosie[177].

Antropomorfizacja miasta ma na celu między innymi przywłaszczenie sobie tragedii. Metafora kobiety z Emilii, której siłę można rozpoznać już po ostrych rysach twarzy, sprawia, że miasto urasta w tekście do rozmiarów matriarchalnej bogini. Właśnie ta siła nadprzyrodzona kocha albo zabija. Terroryści mają tu drugorzędną rolę, odmawia się im możliwości przestraszania. Śmierć w Bolonii zależy wyłącznie od woli bogini Bolonii, której żadna siła nie zdoła zwalić z nóg. Terroryści to tylko statyści w dramacie, w którym o przebiegu zdarzeń decyduje wszechmogąca, mądra, wieczna bogini Bolonia.

Stylistyka polegająca na poszukiwaniu transcedentalnego wymiaru w opisywaniu miast i jego dziejów cechuje całą płytę *Metropolis*. Kolejny przykład znajdujemy w tekście poświęconym Bizancjum — „niezgłębionemu symbolowi"[178] przetrwania rzymskiej cywilizacji przez tysiąclecie po upadku Cesarstwa Zachodniego. Okazją do napisania piosenki była rzeczywista podróż autora do Stambułu, który — podobnie jak Barcelona — wywarł na Guccinim ogromne wrażenie, sądząc z faktu, że oba miasta powracają kilka razy w różnych wierszach. Wzmiankę o Barcelonie spotykamy już na przykład w jednym z utworów na płycie *Amerigo*[179], tęsknotę za obydwoma miastami znajdujemy też w późniejszym dziele[180].

[177] F. Guccini, *Bologna*, [w:] *idem*, *Metropolis...*
[178] F. Guccini, *Bisanzio*, [w:] *idem*, *Metropolis...*
[179] F. Guccini, *100, Pennsylvania Ave*, [w:] *idem*, *Amerigo...*
[180] F. Guccini, *Vorrei*, [w:] *idem*, *D'amore, di morte e di altre sciocchezze...*

W *Bisanzio* Guccini nie opisuje jednak obecnego Stambułu, tylko rekonstruuje dekadencki klimat w metropolii nad Bosforem — mieście „zawieszonym między dwoma światami i dwiema epokami"[181]. Bizancjum Gucciniego jest zatem obrazem stanu duchowego — przejścia z jednej do następnej fazy życia człowieka, któremu towarzyszy zagubienie i nieudolność przekształcenia starej skali wartości na nową.

Dekadencki klimat Bizancjum w ujęciu Gucciniego wywodzi się mędzy innymi z dyskretnego nawiązywania autora do kultury klasycznej. Narratorem jest niejaki Filemazio, przedstawiający się jako „protomedyk, matematyk, astronom, może i mędrzec"[182]. Wybór tajemniczego imienia można wyjaśnić na podstawie pozornie przypadkowego przeciwstawienia dwóch kategorii zawodowych w przedostatniej strofie: „Miasto absurdalne, miasto przedziwne [...] filozofów i heter"[183].

Filozofowie i hetery obok siebie. Nasuwa się w tym punkcie skojarzenie: Filematium to jedna z kurtyzan w *Dialogach* Lukiana z Samosaty. Jest to postać podwójnie podła. Nie tylko uprawia najstarszy zawód świata, ale także zdradza swoją lesbijską kochankę Charmidę, która później z rozpaczy szuka daremnie pocieszenia w objęciach koleżanki po fachu Tryfeny. Lukian umiejętnie przekłada brak moralności Filematium z płaszczyzny wewnętrznej na płaszczyznę zewnętrzną fizycznego wyglądu. Robi z niej obleśną staruchę usiłującą ukryć rozpad swojego ciała pod grubą warstwą kosmetyków.

Kimże więc jest Filemazio Gucciniego? Z kontekstu wynika, że to mniejszy filozof, który wprawdzie zdaje sobie sprawę, że nadchodzą poważne zmiany, ale nie potrafi wyciągnąć pośledniejszych wniosków. Imię wskazuje na to, że — podobnie jak prostytutka Lukiana — Filemazio jest wcieleniem amoralnej postawy osób, które nie wahają się zdradzić nawet życiowych towarzyszy i tylko kamuflują swoją podłość, nie umiejąc się jej pozbyć. Pod tym względem ta postać stanowi symbol hipokryzji, kompromisu, jednym słowem: starego toku myślenia, na podstawie którego nie można przewidywać przyszłych wydarzeń.

---

[181] F. Guccini, *Bisanzio...*

[182] *Ibidem.*

[183] *Ibidem.*

Nadciągający nowy świat reprezentują w tekście „barbarzyńcy, którzy chyba znają już prawdę”[184].

W motywy rodem z literatury klasycznej obfituje również utwór poświęcony mitycznemu założycielowi Padwy — Antenorowi, którego spotykamy w *Iliadzie*, w *Eneidzie*, w *Komedii* Dantego i w końcu także w *Odprawie posłów greckich* Jana Kochanowskiego. Antenor Gucciniego to jest jednak postać zupełnie oryginalna, niewiele mająca wspólnego z pierwowzorem homeryckim, z bohaterem Wergiliusza i z każdym poprzednim jego literackim wcieleniem.

W tekście Gucciniego widnieje przynajmniej jedna kalka: „lasso” (hiszp. *lazo*) i jedno zapożyczenie: „pampa”. Należą do słownictwa hodowców bydła z Argentyny albo ogólnie z Ameryki Południowej. Także kontekst stosowania pewnych wyrazów brzmiących podobnie po włosku i po hiszpańsku skłania do odczytania ich właśnie w znaczeniu kastylijskim. Przykładem jest słowo *cantina*, które po włosku oznaczą po prostu „piwnicę”, ale w tekście wskazuje raczej na „knajpę”, jak to jest po hiszpańsku.

Antenor Gucciniego nie jest więc wcale bohaterem z mitologii klasycznej. Przypomina za to *gaucho* drugiego czy trzeciego pokolenia, czyli potomka imigrantów, niemającego już najmniejszego pojęcia o miejscu pochodzenia swoich przodków[185].

Różnica w stosunku do Antenora Wergiliusza, o którym opowiadają mity o założeniu Padwy, jest ogromna. W *Eneidzie* Antenor ucieka z Troi, wędruje po morzach, nareszcie ląduje przy ujściu rzeki Timavus, zakłada Padwę i po śmierci jest pochowany właśnie w tym mieście[186]. Na fabule Wergiliusza bazuje legenda, która krążyła w Padwie od 1242 roku. Wówczas odnaleziono starożytny grób, który natychmiast uznano za miejsce pochówku założyciela miasta. Jednakże mit nie wytrzymał konfrontacji ze współczesną analizą spektralną. W 1985 roku fragment kości z rzekomego szkieletu Antenora przekazano ośrodkowi

[184] *Ibidem.*

[185] F. Guccini, *Antenòr*, [w:] *idem*, *Metropolis...*

[186] Publiusz Wergiliusz Maro, *Eneida*, księga I, 242–249, za: Publio Virgilio Marone, *Eneide. Testo latino a fronte*, przełożył na włoski R. Scarcia, Milano 2002.

naukowemu w Stanach Zjednoczonych. Badania wykazały, że kość należała do dorosłego mężczyzny umarłego na przełomie III i IV wieku naszej ery. Wykluczono zatem, że w grobie spoczywa Antenor z *Eneidy*, przy założeniu, że taka postać naprawdę istniała.

Wielka różnica zachodzi też między Antenorem Gucciniego a Antenorem z *Iliady*. Wprawdzie niektóre elementy fabuły Gucciniego nawiązują do głównego wątku homeryckiego poematu. Wspomnieć tu należy przede wszystkim o żeńskiej postaci na tle wydarzeń. Bohater w utworze Gucciniego jest skazany na wygnanie, dlatego że zabił w pojedynku zazdrosnego rywala[187]. Analogia z wątkiem porwania Heleny i wojny, która z tego powodu następuje, jest oczywista. Podobieństw jest wszakże więcej, w tym stylistycznych. Na początku tekstu Gucciniego pojawia się na przykład wzmianka o rżeniu konia i obraz wozu. Można je porównać ze sceną batalistyczną w *Iliadzie*, gdzie właśnie występują obok siebie rydwan i konie[188].

Mimo tych podobieństw treści i formy Antenor Gucciniego nie wykazuje się mądrością, jaka cechuje Antenora Homera. W *Iliadzie* bohater przekonuje — wprawdzie nieskutecznie — obywateli Troi i ich sprzymierzeńców do oddania Heleny Grekom w celu zakończenia wojny[189]. Antenor w piosence Gucciniego przeciwnie — przyjmuje wyzwanie na pojedynek wbrew wszelkiej logice, a w końcu zabija przeciwnika, mimo że nawet nie wie dokładnie, o którą to kobietę toczy się spór[190].

Żadne wspólne cechy nie występują pomiędzy bohaterem Gucciniego a Antenorem, którego Dante umieszcza w piekle wśród zdrajców ojczyzny[191]. Paradoksalnie znajdujemy natomiast wspólną cechę dwóch Antenorów, gdy porównujemy piosenkę Gucciniego z *Odprawą posłów greckich*. Na samym końcu poematu Kochanowskiego Antenor zachęca:

---

[187] F. Guccini, *Antenòr...*

[188] Homer, *Iliada*, księga V, 288–291, za: Omero, *Iliade. Testo greco a fronte*, przełożył na włoski G. Cerri, Milano 2003.

[189] *Ibidem*, księga VII, 427–431.

[190] F. Guccini, *Antenòr...*

[191] Dante Alighieri, *Piekło*, XXXII, 70–139; XXXIII, 1–90.

Na każdy krok nam każą radzić o obronie;
Ba, radźmy też o wojnie, nie wszystko się brońmy;
Radźmy, jako kogo bić; lepiej, niż go czekać![192]

Antenor z piosenki też nie chce się bronić przed zarzutami rywala. Woli walczyć z nim na noże i pojąwszy, że rywal nie szuka zadośćuczynienia, tylko śmierci, w końcu zabija go precyzyjnym pchnięciem. Inaczej mówiąc, woli „radzić o wojnie" niż o obronie. Paradoks polega na tym, że jest wielce nieprawdopodobne, iżby Guccini kiedykolwiek czytał wiersze Kochanowskiego. Podobieństwo dwóch postaci jest całkowicie przypadkowe.

Motywy protestu powracają w utworze poświęconym Wenecji. Cała piosenka jest aktem oskarżenia przeciw faryzeuszostwu ludzi, którzy pozostają obojętni w obliczu największej tragedii, jaką jest śmierć dwudziestoletniej dziewczyny po porodzie.

Tekst rozwija się wzdłuż równoległych wątków śmierci Stefanii i śmierci samego miasta. Śmierć, niczym w słynnej powieści Thomasa Manna[193], jest nieodłącznym atrybutem Wenecji od samego początku piosenki. Obraz wyjściowy przedstawia właśnie umierającą Wenecję, która niczym stara nierządnica sprzedaje turystom „słodką obsesję swoich ostatnich, smutnych dni"[194]. Fakt, że miasto jest skazane na śmierć, potęguje u Gucciniego okoliczność, że kiedy zapada zmrok, turyści mogą już tylko obserwować dym unoszący się w powietrze z zakładów chemicznych w Porto Marghera.

W przeciwieństwie do dekadenckiego miasta „Stefania była piękna, Stefania nigdy nie chorowała"[195]. Czas przeszły, którym zaczyna się druga strofa, jest złowrogi. Wkrótce dowiadujemy się, że w wyniku niedbalstwa personelu medycznego Stefania umarła po porodzie. Jak to w antonomazji miast nad wodą, przenośnie „Stefania utonęła", zostawiając jednak coś po sobie: czasopismo kolorowe i róże na stoliku, ale przede wszystkim — osierocone dziecko. Wszystko działo się wśród

---

[192] J. Kochanowski, *Odprawa posłów greckich*, 603–605.

[193] Th. Mann, *Śmierć w Wenecji*, przeł. L. Staff, Wrocław 1992.

[194] F. Guccini, *Venezia*, [w:] *idem*, *Metropolis*...

[195] *Ibidem*.

obojętności zarówno sanitariuszy, jak i rodziny. Stefania umarła w samotności.

Obraz Wenecji, jaki się wyłania z tekstu Gucciniego, jest przeciwieństwem stereotypów o rzekomo najpiękniejszym mieście na świecie. „Wenecja jest marzeniem sennym — przekonuje narrator — z tych, które można sobie kupić". Przebudzenie jest jednak gorzkie. Okazuje się, że „Doża zmienił swoje miejsce zamieszkania" i przez tysiąc okien słychać już tylko płacz niemowlęcia i ponurą syrenę portową w Mestre[196].

Guccini

Niektóre tematy z poprzedniej płyty wracają w tym dziele z 1983 roku i doczekają się jeszcze bardziej wyrafinowanego opracowania literackiego. Przykładem jest rozwijanie wątku południowoamerykańskiego, który widniał już w utworze *Antenòr* na płycie *Metropolis.* Zainteresowanie Gucciniego językami krajów Ameryki Łacińskiej nabierało z biegiem czasu wymiaru niemal naukowego. Uwidaczniają się przy tym wpływy kulturowe kolegi po fachu Juana Carlosa Biondiniego — Argentyńczyka o włoskich korzeniach, wybitnego gitarzysty, który towarzyszy Gucciniemu w niemal każdym przedsięwzięciu muzycznym.

W 1993 roku Guccini umieścił nawet w swojej książce *Vacca d'un cane* (Psia krowa) rozważania językoznawcze nad czasownikiem *polegiare.* Czasownik oczywiście nie figuruje w żadnym słowniku języka włoskiego, jest bowiem wyrazem zaczerpniętym z zasobów leksykalnych dialektu z okolic Modeny. Guccini napisał na temat tego czasownika: „To słowo znają wszystkie włoskie dialekty, zna je także dialekt lunfardzki — język argentyńskiego półświatka, *apoliyar*"[197].

Zafascynowanie Ameryką Południową doprowadziło do opublikowania na płycie *Guccini* utworu poświęconego ówczesnej Argentynie. Wszystko tu jest pozornie proste. Podmiot utworu zwierza się ze swego znacznego rozczarowania podróżą do kraju, który w poprzednim stuleciu był celem milionów włoskich emigrantów. Wątek włoskich korzeni wielu dzisiejszych Argentyńczyków Guccini podsumowuje w opisie

---

196 *Ibidem.*

197 F. Guccini, *Vacca d'un cane...*

taksówkarza, którego określa jako „*gaucho* z Sondrio lub Varese z miną emigranta, którego poniosło gdzieś tam, daleko"[198].

Argentyna jest w tekście miejscem bardziej idealnym niż rzeczywistym. Od samego początku dowiadujemy się od narratora, że decyzja wyjazdu zapadła nagle i bez planowania:

> Pociąg? Ach, pociąg jest zawsze tak banalny, jeśli to nie pociąg na Dziki Zachód
> Albo swoisty „Orient Express", wymarzona lokomotywa.
> Samolot? Ach, samolot to przecież błyszczące aluminium, samolot to naprawdę odlot,
> Samolot to cały czas „Spirit of St. Louis", „Czerwony Baron",
> Więc ogarnia cię żądza latania, gdy wykończony zakrzyczysz pewnego dnia,
> Oglądając, jak odlatuje jumbo i ci się wydaje, że wzniesie się w nieskończoność.
> Więc czemu nie polecieć do Argentyny? Zostawić wszystko i wybrać się do Argentyny,
> Aby zobaczyć, jak wygląda Argentyna[199].

Podróż jest tu ucieczką z przygnębiającej rzeczywistości, cel zaś oswabadzającej podróży nie może być zbyt bliski. Musi wymagać latania, ponieważ wymiar symboliczny lotu — inicjacja, wyrwanie się z dotychczasowej rutyny życia codziennego — jest o wiele mocniejszy niż emocje związane z jazdą pociągiem. Argentyna staje się więc celem przypadkowym, została wybrana tylko dlatego, że jest bardzo daleko.

Rozczarowanie nastąpi po przylocie. Okazuje się bowiem, że w Argentynie nie ma niczego, czego narrator nie doświadczyłby już w swojej przeszłości. Argentyńczycy to „ludzie z lat 50.", „schody i zapachy" są zwyczajne, twarze i dni — podobne do tych, do których narrator jest przyzwyczajony. Miejsce jest jednak obce, tak że w końcu Argentyna okazuje się „równaniem bez rozwiązania"[200]. Ucieczka potwierdziła tylko bezsensowność poszukiwania odpowiedzi egzystencjalnych pod niebem, na którym błyszczy Krzyż Południa.

Podróż była daremna. Kosmiczny lęk (nawiasem mówiąc, tak podobny do lęku bohatera *Obcego* Finardiego) zniknął dopiero na widok „słodkiego, pocieszającego wschodu słońca" po bezsennej nocy, tak jak bywało w rodzimym kraju[201]. Okazuje się więc, że narrator nie tęsknił

[198] F. Guccini, *Argentina*, [w:] *idem*, *Guccini...*
[199] *Ibidem.*
[200] *Ibidem.*
[201] *Ibidem.*

za prawdziwą Argentyną, tylko za idealnym krajem, który istnieje może wyłącznie w marzeniach i wzorach kulturowych. Zdaje to potwierdzać fakt, że na zakończenie piosenki Guccini postanowił po prostu zanucić melodię ze słynnego swego czasu musicalu: *Don't cry for me, Argentina*.

Wątek podróży i bezużyteczności przemieszczania się w poszukiwaniu sensu istnienia jest obecny na całej płycie. W utworze *Autogrill* (Grill bar przy autostradzie)[202] okazją do rozmyślenia się jest okazjonalny postój, podczas którego narrator daremnie próbuje podrywać barmankę. Fabuła jest prosta: kameralny klimat sprzyjający flirtowi kończy się gwałtownie, kiedy do opustoszałego zajazdu zagląda niespodziewanie para podróżników. Narrator rezygnuje wtedy ze swojego zamiaru i rusza dalej w drogę.

Wbrew pozornej banalności tekst jest nadzwyczajnie wyrafinowany, ponieważ kolejność refleksji narratora oddaje w sposób wybitny proces uświadamiania sobie, że próba nawiązania kontaktu była skazana na niepowodzenie od samego początku. Narrator bowiem nie szukał rzeczywistej przygody erotycznej, potrzebował tylko przedmiotu zainteresowania w celu zwalczania swojej melancholii. Nie był więc zainteresowany dziewczyną samą w sobie, wobec czego jakiekolwiek wydarzenie — nie tylko niespodziewane pojawienie się obcej pary — mogło doprowadzić do przerwania zalotów, które były przede wszystkim wytworem fantazji bohatera. Nie podjął on *de facto* konkretnych kroków w celu bliższego poznania barmanki[203].

Ucieleśnieniu archetypu podróżnika jest poświęcony utwór *Gulliver*. Postać w tej piosence jest bardzo podobna do oryginału Swifta[204]. Jest tylko jedno mało istotne odchylenie od fabuły XVIII-wiecznej powieści. Gulliver Gucciniego nie kieruje swoich wspomnień do kuzyna, jak to jest u Swifta, lecz do innych członków rodziny: bratanków,

---

[202] Historyczną i socjologiczną analizę tych typowo włoskich „restauracji dla kierowców" przedstawiono w: S. Colafranceschi, *Autogrill. Una storia italiana*, Bologna 2007.

[203] F. Guccini, *Autogrill...*

[204] Por. J. Swift, *Podróże do wielu odległych narodów świata: w czterech częściach, przez Lemuela Gullivera, początkowo lekarza okrętowego, a następnie kapitana licznych okrętów*, Warszawa 1998, *passim*.

siostrzeńców lub wnuków w zależności od tego, jak słuchacz zechce zinterpretować wieloznaczne włoskie określenie *nipoti*.

Podobieństwo, jakie zachodzi między postacią oryginalną a postacią w tekście Gucciniego, nie tyczy się tylko treści. Zachowany jest również pierwotny chwyt literacki, mianowicie niewiarygodne sprawozdania z podróży stają się okazją do rozwijania „dyskursu". „Dyskurs" ten polega na wymianie zdań o rzeczywistości i pytań o sens istnienia, zatem na podkreśleniu wartości aktu komunikowania się. Nie przekazanie wiedzy, tylko szczera rozmowa bez dogmatyzmu jest podstawą kultury naprawdę ludzkiej[205].

Nieprzypadkowo Gulliver Gucciniego „uśmiechał się tak, jak tylko ten umie się uśmiechać, kto nie boi się własnego jutra"[206]. Innymi słowy, nie obawia się, że rozmówca może być źle do niego nastawiony i uznać jego opowiadania za kłamstwa bądź objawy niewiarygodności. Uśmiech symbolizuje poszukiwanie głębszego poziomu komunikowania się. Przekazanie wiedzy o dziwnych, dalekich krajach nie jest ważne samo w sobie. Ważna jest tymczasem międzyludzka wymiana, dzięki której człowiek przestaje odczuwać „okrutną samotność karła"[207].

Tekst o Gulliverze kończy się kolejnym stwierdzeniem, że podróże same w sobie jeszcze nie stanowią odpowiedzi na pytanie o sens życia. Puenta jest apodyktyczna. Po wszystkich swoich przygodach wśród liliputów, „mądrych koni" i innych cudownych stworzeń Gulliver zdoła wyciągnąć jeden jedyny wniosek: „Od czasu i morza niczego nie można się nauczyć"[208].

Poetyka podróży bez celu osiąga swój szczyt w utworze pod znaczącym tytułem *Inutile* (Bezużytecznie). Tu też fabuła jest pozornie banalna. Mowa o wycieczce do nadmorskiego kurortu, którą bohater postanowił uczcić urodziny swojej znajomej. Urodziny są jednak w marcu, pogoda nie sprzyja zabawie, więc wycieczka okazuje się w sumie nie-

---

[205] A. Bony, *Discours et verité dans 'Les voyages de Gulliver' de Jonathan Swift*, Lyon 2002, *passim*.

[206] F. Guccini, *Gulliver*, [w:] *idem*, *Guccini...*

[207] *Ibidem*.

[208] *Ibidem*.

udana i kończy się szybko pod pretekstem, że „w marcu zmrok zapada zbyt wcześnie".

Plaża w Rimini jest tak pusta, prawie bezużyteczna w marcu,
Pozbawiona lata, ale durna i wakacyjna w każdym swoim symbolu,
Podczas gdy my, bez odrobinki ironii, wśród muszli i piasku
Wymyślamy sobie razem jakąś wiosnę.
Dopiero chwilę temu przestał padać ten siąpiący bezustannie deszczyk.
Uderzając o pale falochronu, morze rozbijało się na strzępy.
W opustoszałej restauracji skupiony i powolny kelner
Rozwiązywał zagadkę ciężkich chmur.
Koniecznie i bez fantazji biegaliśmy rytualnie,
Odważnie i boso wzdłuż linii łamania się fal.
Zmęczone morze miało kolor zielonej butelki,
Powietrze jak w ponurym pomieszczeniu.
Odkryliśmy, że dzisiaj morze oddaje mizerny wrak,
rozbitkami były smoła i zardzewiałe puszki.
Rozmowa była wyłącznie kolejną zbrodnią
Przeciw własnym życiorysom.
No i rozmowa o czym? O winie za chłodnym i lekko skwaśniałym?
O owocach morza podanych z wrodzonym brakiem elegancji?
Kto już z własnych powodów jest smutny, jak wyciśnięta cytryna,
Ten staje się jeszcze smutniejszy po tuzinkowym posiłku.
A wyobraź sobie, chciałem ci zrobić niespodziankę na urodziny,
Ale wszystko było błędne w nas, posezonowych turystach.
Noc już przeminęła, poranek straciliśmy sami,
A popołudnie też już chyba zmarnowaliśmy.
Wbrew wszystkiemu dobrze było nam razem,
Tak bez przyszłości, w miłej niepewności.
Zastanawiałem się, czy to zrobić, czy nie, czy rozmawiać, czy nie,
Czy zostać z tobą i zmienić swoje życie.
Gdybyśmy byli parą, jak wiele innych par,
Czyżbyśmy się skromnie z tego wszystkiego cieszyli?
Czy byśmy raczej się kłócili na każdym kroku w celu wyciszania
Głośnego krzyku naszej nudy?
Bezużyteczne pytania, a może i bezużyteczny dzień,
Dzień do spędzenia, jak popadnie, bez sprawdzenia rachunku.
Pośpiesznie żegnaliśmy się i pośpiesznie wróciłem do domu,
Bo w marcu zmrok zapada zbyt wcześnie[209].

[209] F. Guccini, *Inutile*, [w:] *idem*, *Guccini*...

Charakterystyczne dla tekstu jest odzwierciedlanie się nastrojów opowiadającego podmiotu w zewnętrznym środowisku. Smutkowi towarzyszą na przykład deszczowy dzień, zanieczyszczone morze, a nawet kiepski obiad. Jest tylko jedna wyraźna metafora: smutny człowiek jako wyciśnięta cytryna. Jednak cała atmosfera wiersza wskazuje na emocjonalną pustkę, jaką odczuwa narrator. Tylko tymczasowość jest pocieszająca. Kiedy zaczynają się pytania o konkretne możliwości bycia razem z kobietą, od razu wysuwa się na pierwszy plan rozczarowanie codziennością. Inne pary albo są zadowolone z odpoczynku w sposób bardzo ograniczony, albo wręcz się kłócą, byle nie poddać się nudzie. Z tej obserwacji relacjonujący bohater wyciąga wniosek, że najlepiej jest spędzić dzień, jak popadnie. Co do długoterminowych planów, lepiej w ogóle ich nie mieć i wycofać się pod byle pretekstem, choćby błahym, jak wczesne zapadnięcie zmroku.

W sumie wycieczka do Rimini w *Inutile* jest kolejną realizacją poetyki charakterystycznej dla całej płyty. Była to strata czasu, przedsięwzięcie, które nie skutkowało ani nowym związkiem uczuciowym, ani nawet dobrą zabawą. Była właśnie bezużyteczna, tak jak wyprawa do Ameryki Południowej w utworze *Argentyna*, podróż autostradą w *Autogrillu* czy też niesamowite, nieprawdopodobne podróże Guliwera, które bohatera Gucciniego niczego nie nauczyły.

Signora Bovary

Tytuł jednej z piosenek i całej płyty nawiązuje otwarcie do arcydzieła Gustawa Flauberta. Nie można jednak spodziewać się, żeby odniesienia do francuskiej powieści były zbyt ścisłe. Pani Bovary nie jest też u Gucciniego bohaterką w powszechnie przyjętym ujęciu. Pełni natomiast rolę rozmówczyni, adresatki niemal filozoficznych rozważań narratora o upływie czasu, nadchodzącej śmierci, sensie istnienia.

Źródłem inspiracji dla Gucciniego nie jest fabuła powieści Flauberta, lecz szczególna kondycja psychologiczna, którą można określać „bowaryzmem". W skład „bowaryzmu" wchodzi zasadnicze niezadowolenie ze swojej sytuacji uczuciowej i społecznej. Wskutek tego niezadowolenia człowiek buduje wewnętrzny, zidealizowany obraz świata i siebie samego. Obraz ten rozbija się jednak gwałtownie w momencie, gdy z jakiegokolwiek powodu stanie się konieczna konfrontacja z rzeczywistością, porównanie świata wewnętrznego z realiami życia.

Guccini przekłada poetykę „bowaryzmu" na następujący tekst:

Co cię czeka na końcu tego dnia
Na wpół świątecznego i prawie bolesnego,
W którym rozdarte pary przechadzają się,
Jak skrawki gazy łopoczące na tle suchego, jesiennego nieba;
W którym ludzie odchodzą w mgnieniu oka
Bez cierpienia, bez świadomości,
A twoje myśli są tylko cezurą
Między zaśnięciem a śmiercią?

Co cię czeka na końcu tej nocy,
Kiedy wyje wilcza godzina,
A nowy dzień nie przyjdzie nigdy, nigdy,
A ciemność jest dalekim, niekończącym się gwizdem,
A minuty są długie, jak poty,
Godziny — ostre, jak kosy,
A twoje myśli są jak pies z kulawą nogą,
Którego wszyscy wypędzają kopnięciem?

Co cię tam czeka, co tam jest? Odpadające kafelki w poczekalniach
Drugorzędnych stacji kolejowych,
Droga i jeszcze raz droga, jedyna przygoda samotnika,
Nocni klowni, walizki puste albo pełne szminek dla tragedii wymyślonych,
Telewizyjne piloty na codzienne wiadomości z piekła,
Dowcipy postmodernistycznych architektów,
Kochanki, które odeszły, przyjemności kupione na raty,
Liczydła na rachunek lat i zim.

Co cię czeka tam, na samym końcu,
Kiedy tak czy siak będziemy musieli się rozliczyć
I dni będą kapały, jakby z kranów w ciemności
I będziemy mówili: „Poczekaj, proszę jeszcze chwilę..."
I nigdy nie będziemy gotowi?
Odwagi, Pani Bovary, wśród zabójców i hochsztaplerów!
Na końcu tego dnia jest jeszcze jedna noc,
A na końcu tej nocy jest jeszcze, jest jeszcze...[210]

---

[210] F. Guccini, *Signora Bovary*...

Jedynym elementem tekstu bezpośrednio zaczerpniętym z dzieła Flauberta jest koniec dnia czy też początek nocy, którego wartość symboliczna jest jednak odwrócona. U Flauberta zmierzch jest tłem ucieczki Emmy, która zamierza popełnić samobójstwo, co wynika z faktu, że zaraz ukradnie arszenik w aptece[211]. Powieściowa pani Bovary nie ujrzy więc tego, co się znajduje na końcu nocy. Na zakończenie wiersza Gucciniego znajdujemy natomiast powtórzenie bezpodmiotowego zdania: „Jest jeszcze...". Podpowiada, że na końcu nocy jest jeszcze do znalezienia nieokreślony bodziec, który zachęci do przetrwania przy życiu, mimo że życie jest ciężkie. Ku temu zmierza również zawołanie: „Odwagi, pani Bovary". Jest to zachęcenie do zwalczania instynktów samobójczych wbrew wszelkiemu złu, które w tekście symbolizują „zabójcy i hochsztaplerzy".

W przeciwieństwie do Flaubertowskiej postaci — pani Bovary Gucciniego nie tylko nie chce przyśpieszyć swojego zgonu, ale chciałaby nawet powstrzymać śmierć, prosząc o jeszcze jedną chwilę. „Bowaryzm" Gucciniego nie skutkuje zatem samozniszczeniem, tylko depresją ujawniającą się w smutnych wspomnieniach o zapuszczonych poczekalniach, byłych kochankach itp. Przeszłe lata i zimy wydają się tak bezsensowne, że pozostaje tylko ich liczenie na liczydle czasu. Pozostaje jednak również nieokreślona nadzieja na nowy, lepszy dzień po zakończeniu tej spędzonej w zadumie nocy.

Warto dodać, że jeden z elementów w treści piosenki przypomina inną, równie słynną postać literacką cudzołożnicy samobójczyni. Element ten stanowi pociąg, o którym w tekście znajdujemy dwie wzmianki pośrednie: „poczekalnie drugorzędnych dworców kolejowych" oraz „daleki, niekończący się gwizd". Bohaterką tą jest oczywiście Anna Karenina[212].

Wbrew ogólnej niechęci Gucciniego do umieszczenia elementów zbyt ściśle autobiograficznych w swoich tekstach — na płycie *Signora Bovary* znajdują się przynajmniej dwie piosenki poświęcone członkom najbliższej rodziny autora. Pierwsza z nich nosi tajemniczy tytuł

---

[211] G. Flaubert, *Pani Bovary*, przeł. A. Micińska, Warszawa 1999, cz. III, rozdział 8.

[212] L. Tołstoj, *Anna Karenina*, przeł. K. Iłłakowiczówna, Warszawa 2001.

Van Loon. Jak o tym wspomina sam Guccini w obszernym wywiadzie z jego biografem Massimem Cotto, postać Van Loona inspirował ojciec autora: „Van Loon — rzecze Guccini — był Holendrem [...] autorem popularnonaukowych dzieł w zakresie historii, geografii i różnych dyscyplin humanistycznych. Jego opracowania znajdowały się często w domach takich osób, jak mój ojciec, który miał rozmaite zainteresowania, ale nigdy nie miał ani okazji, ani pieniędzy, aby zdobyć wyższe wykształcenie"[213].

Tekst piosenki jest więc oparty na metonimii, przy czym autor ulubionych książek symbolizuje czytelnika tychże książek. Z tego względu Van Loon Gucciniego to nie tylko konterfekt ojca autora, ale też wcielenie egzystencjalistycznej przesłanki, którą Guccini swego czasu umieścił już w wyżej omówionym utworze *Braciszek*. Sednem przesłanki jest prawidło, że to nie formalne wykształcenie stanowi o wartości człowieka, tylko jego umiejętność znalezienia transcedentalnego sensu w wydarzeniach życia codziennego. Okoliczność tę zauważył także inny biograf Gucciniego, Paolo Jachia. Napisał: „Warto podkreślić, że przeciwstawienie ignorancji i mądrości zmierza ku udowodnieniu, iż »kultura« nie oznacza tu książkowego oczytania, lecz zrozumienie swojego życia i nadawanie mu sensu niezależnie od tego, jak to życie wygląda, to jest bez bowaryzmu"[214].

Tęsknocie za ojcem, który bywa teraz w osobliwym raju podobnym do „naszych gór", gdzie jednak trwa w nieskończoność lato bądź „zima bez zmartwień", towarzyszy żal, że w młodości narrator nie do końca zachowywał się wobec niego w sposób przyzwoity, nie szanował jego ogromnego doświadczenia życiowego:

Van Loon żył, ale ja uznałem, że już umarł
Lub gorzej — że do niczego się nie nadaje, a to tylko z powodu różnic
Pomiędzy jego mitami a moją ówczesną młodzieńczą pychą,
Moją ignorancją. Skąd miałem wiedzieć, jak długo sobie pływał,

[213] M. Cotto, *op. cit.*, s. 124.
[214] P. Jachia, *op. cit.*, s. 144.

Odważny jak Caboto[215], wśród bałwanów swojej codzienności,
Aż rekin stał się z biegiem czasu rybą słodkowodną?[216]

Metafora w ostatnim wersie nie jest jedyna, w której pojawiają się zwierzęta. Ambicje ojca poskromiła wojna, wskutek której nie mógł ani się dokształcić, ani zajmować czymkolwiek innym niż walką o przetrwanie jego rodziny w najtrudniejszych warunkach. Podmiot relacjonujący dodaje: „Zobaczyłem, że czasem myszka potrafi zaryczeć jak lew"[217]. Po latach tej szarej myszce, która jednak była odważna jak lew, to jest ojcu — Guccini poświęcił jeden z najbardziej wzruszających tekstów w całej swojej karierze artystycznej.

Drugą piosenką, której treść dotyczy bliskiej rodziny Gucciniego, nosi tytuł, który jest dosłownym tłumaczeniem włoskim idiomatycznego wyrazu w dialekcie wschodniej Emilii: *Culodritto* (Wypięta pupa). „Wypinanie pupy" oznacza zachowanie czy też ogólnie postawę osoby asertywnej, która jest świadoma swoich potrzeb i zdecydowanie dąży do osiągnięcia celu. Tak autor określa swoją — wówczas kilkuletnią — córkę.

Tekst jest napisany w formie listu czy też przemówienia ojca do dziecka. Głównym wątkiem są psychologiczne projekcje. Narrator porównuje swoje dzieciństwo z realiami w życiu córki. Przypomina sobie brud i bijatyki z rówieśnikami na polach, podwórkach i ulicach, niewinne wybryki, jak kradzież winogron z winnicy, i zdaje sobie sprawę, że dziewczynka nigdy nie będzie miała podobnych doświadczeń, już bowiem stała się „królewną pilotów", czyli swoją wiedzę o „ciekawym świecie dorosłych" zdobywa z telewizji i już jest obeznana w zakresie technologicznych nowości. Niemniej ostrzega, że łatwo zgromadzić konkretną, specjalistyczną wiedzę, która potem jednak okaże się całkiem bezużyteczna, ponieważ wyciąganie wniosków z życiowych

[215] Giovanni Caboto (1450–1499), genueński żeglarz, pływał najpierw pod banderą Republiki Weneckiej, a od 1484 roku zamieszkał w Anglii, zmieniając swoje nazwisko na John Cabot. W latach 1497–1498 dotarł pierwszy do Labradoru i Zatoki Hudsona — zob. J.A. Gierowski, *op. cit.*, s. 194.

[216] F. Guccini, *Van Loon*, [w:] *idem*, *Signora Bovary...*

[217] *Ibidem*.

doświadczeń pozostaje na zawsze problemem trudnym do rozwiązania i każde pokolenie ma się z nim zmagać. Na zakończenie zachęca jednak dziewczynkę do „wyfrunięcia" z gniazda; do lotu tam, dokąd on sam już nie może polecieć. Jest to świat, w którym — przynajmniej tak młodym się wydaje — wszystko jest jeszcze do zrobienia. „I wszystkie lub prawie wszystkie błędy są jeszcze do popełnienia", puentuje[218].

Piosenkę nieutrzymującą się w konwencji „bowaryzmu", a jednak stanowiącą kolejny przykład poetyki odzwierciedlenia wewnętrznego niepokoju w środowisku zewnętrznym, Guccini napisał razem z Biondinim. Wpływy Argentyńczyka niechybnie widoczne są w partyturze kompozycji. Jest to bowiem tango *Scirocco.* Ciepły i wilgotny wiatr z południa urasta w tym utworze do roli siły nadprzyrodzonej, która przekształca codzienność i zamazuje granice rzeczywistości. Niemal demoniczne działanie boga wiatru sprawia, że zwykłe widoki, na przykład dwie słynne średniowieczne wieże w centrum Bolonii stają się w oczach narratora rękami, którymi macha nieokreślony olbrzym, wykonując „barokową gestykulację"[219].

W tym utworze też, jak często bywa u Gucciniego, fabuła jest pozornie banalna. Narrator opisuje rozstanie mężczyzny i kobiety. Chodząc ulicą, widzi, że za witryną jakiegoś baru siedzi stary znajomy. Chciałby wejść i spędzić z nim trochę czasu na pogawędce przy winie. Okazuje się jednak, że znajomy na kogoś czeka. Bliżej nieokreślona „ona" przychodzi w pośpiechu „w perkalowej sukience obciskającej jej biodra".

Napięcie związane z tym spotkaniem odbija się na niebie, na którym gromadzą się groźne chmury. Spotkanie trwa krótko. Narrator jest niechcący świadkiem małej tragedii. „Ona" oprócz mleka dolewa do zamówionej herbaty łzy, potem nagle wstaje i odchodzi oburzona. Znajomy narratora tymczasem pozostaje nieruchomy, jakby „przybity gwoździami" dwóch różnych, ze sobą sprzecznych, aksjologii.

Wymiar tragedii wyjaśnia się *ex post.* Kobieta w perkalowej sukience była kochanką znajomego i była ciężarna. Znajomy nie mógł się

218 F. Guccini, *Culodritto*, [w:] *idem*, *Signora Bovary...*

219 F. Guccini, *Scirocco*, [w:] *idem*, *Signora Bovary...*

zdecydować między jedną moralnością, na podstawie której powinien był uratować swoje pierwsze małżeństwo, a drugą moralnością, według której powinien był się rozwieść i wejść w związek z przyszłą matką jego dziecka. Narrator przyznaje się, że nie wie, jak to się skończyło. Wyraża jednak życzenie, żeby znowu zawiało sirocco. Wiać powinno wręcz codziennie, aby nadprzyrodzona moc boga wiatru skłoniła nas wszystkich do nowego spostrzegania rzeczywistości, abyśmy zechcieli zajrzeć za fasady i zauważyć „ciemne labirynty" ukrywające się w każdym domostwie, włącznie z zakamarkami własnego życia.

Z punktu widzenia stylistyki warto zauważyć, że Guccini wtrąca do swojego tekstu niektóre elementy z „poetyckiej prozy" Dina Campany. W opisie bolońskich wież, wzmiankach o nieprawdopodobnych „żaglówkach latających na Via dei Giudei", określeniu mianem tańca przyśpieszonego chodu kobiet — dają się usłyszeć echa wiersza *Scirocco (Bologna)* pióra poety z Faenzy[220].

Na podstawie *Scirocco* możliwe staje się końcowe podsumowanie istoty „bowaryzmu" Gucciniego. Od Flauberta autor zapożyczył z pewnością poetykę rozdwojenia jaźni, zasadniczej sprzeczności między światem wybujałej wyobraźni a często przykrymi realiami życia codziennego. Ostateczne przesłanie jest jednak inne. U Flauberta długoletnia walka marzeń z codziennością kończy się zniszczeniem Emmy. Zniszczenie jest nieuniknione, dlatego że sama bohaterka nie znosi konfliktu wewnętrznego i sama chce położyć mu ostateczny kres. U Gucciniego tymczasem nie ustaje nadzieja na lepsze jutro. Jego pani Bovary jeszcze oczekuje jakiegoś pozytywnego wydarzenia na końcu nocy. Tymczasem dziewczynka z „wypiętą pupą" ma ruszyć w świat, mimo że już z góry wiadomo, że będzie popełniała dużo błędów. W ostateczności może zawsze powrócić sirocco i otworzyć nam oczy, skłaniając nas do przezwyciężenia wspólnej ludzkiej niedoli dzięki solidarności, której wyrazem ma być, między innymi, zaniechanie potępiania cudzych wyborów życiowych i symboliczna pogawędka przy winie.

---

[220] D. Campana, *Scirocco (Bologna)*, [w:] *Canti orfici. Die Tragödie des letzten Germanen in Italien*, oprac. M. Caronna, Soveria Mannelli 1993.

Quello che non…

Płyta z 1990 roku nie jest przełomowa. Teksty piosenek utrzymują się w konwencji intymistycznej, chociaż nie brakuje rozważań egzystencjalnych. Jednakże wydarzenia u schyłku lat 80., między innymi upadek muru berlińskiego, nie odzwierciedlają się w tekstach.

Pod względem konstrukcji wypowiedzi szczególnie ciekawy jest utwór *Quello che non…* Niedokończone zdanie nawiązuje w sposób bezpośredni do wiersza, który Montale opublikował w zbiorze *Szkielet mątwy* w 1925 roku. Swój słynny tekst *Non chiederci la parola* (Nie żądaj od nas słowa) Montale zakończył stwierdzeniem, że wszystko, co on i inni poeci tamtego czasu mogą powiedzieć, dotyczy tego, „kim nie są i czego nie chcą" (wł. *quel che non siamo, quel che non vogliamo*).

Guccini w swoim wierszu kreuje bohatera, który zwracając się do bliżej nieokreślonego rozmówcy, próbuje określić, kim lub czym obaj nie są. Zaprzeczenie tożsamości odgrywa się na płaszczyźnie relacji z bezpośrednim otoczeniem i własnym doświadczeniem życiowym. Sam fakt, że podmiot i jego rozmówca żyli w pewnym środowisku i mieli pewne doznania, jeszcze nie może określić ich dokładnie, nie stanowi o ich prawdziwej tożsamości. Jak Argentyna w piosence pod tym samym tytułem, tak i człowiek w tym utworze pozostaje „równaniem bez rozwiązania"[221].

W tekście pojawiają się obrazy z życia na północy Włoch i wspomnienia z pierwszych lat powojennych. *Incipit* stanowią dwa bezpośrednie pytania: czy rozmówca postrzega na niebie skutki wysokiego ciśnienia atmosferycznego, czy odczuwa nadejście niezwykłej pory roku. Jest to późna jesień, kiedy na Nizinie Padańskiej „nocna mgła podpowiada jednym tchem, że przybył bóg zimy"[222].

Cały tekst składa się z podobnych obrazów, czasem ponurych. Znajdujemy na przykład typowe krajobrazy opuszczonych dzielnic przemysłowych, których cechą rozpoznawczą są „ropa, stelaże, ruiny kominów, tajemnicze peryferie, niemiłosierne szyny wiodące donikąd"[223].

---

[221] F. Guccini, *Argentina...*

[222] F. Guccini, *Quello che non…*, [w:] *idem*, *Quello che non…*

[223] *Ibidem.*

Są ponadto obrazy nisko wiszących chmur deszczowych o nieokreślonym kolorze i lęk spowodowany wrażeniem, że nizina ciągnie się w nieskończoność. Wszystko oddaje — szczególnie słuchaczom urodzonym na północy Włoch — istotę depresyjnej pory zimowej, na której tle przeżywa się nieprzyjemne doświadczenia, między innymi podróż w zapyziałym wagonie kolejowym lub „blaknące ślady starych blizn, listów, których już nie wyślemy"[224].

Narastanie takich ponurych opisów i przykrych wspomnień doprowadza narratora do stwierdzenia, że „już niczym nie jesteśmy". *Quello che non...* jest więc jednym z nielicznych dzieł Gucciniego, w których nie ma w ogóle miejsca na nadzieję, choćby minimalną.

Inaczej brzmi piosenka *Aemilia*, która jest owocem współpracy Gucciniego z kolegą po fachu Dallą, też urodzonym w Emilii[225]. Pisownia łacińska w tytule wskazuje na historyczną *sensu lato* treść utworu. Region Emilia jest utożsamiany do dziś z obszarem doliny Padu, wzdłuż którego ciągnęła się droga konsularna zbudowana z inicjatywy Marka Emiliusza Lepidusa ok. roku 187 p.n.e. Właśnie ta droga — „tak antyczna, jak sam człowiek"[226] — występuje w tekście Gucciniego w roli głównego czynnika tożsamości zbiorowej, chce się rzec, narodowej mieszkańców Emilii. Mieszkańców Emilii Guccini określa nawet mianem „wstrętnej rasy" z powodu ich powszechnego braku otwarcia na świat i niemal wrodzonego anarchizmu, czego dobitnym przykładem jest osobowość XIX-wiecznego kompozytora Giuseppe Verdiego. Innymi słowy mieszkańcy Emilii według Gucciniego nie są Włochami obdarzonymi szczególnymi cechami regionalnymi. Są wręcz odrębnym narodem czy nawet rasą.

Dalsza historia w tekście piosenki obejmuje zastępy „północnych wojów", jakich ojczyzna Emilia widziała pod dostatkiem. W ich poczet wchodzą Goci[227] przybyli do północnych Włoch wskutek wędrówek ludów w pierwszych wiekach naszej ery, a ich inwazja zdaje się trwać

[224] *Ibidem*.

[225] Lucio Dalla napisał muzykę i aranżację. Słowa są wyłącznym dziełem Gucciniego.

[226] F. Guccini, *Aemilia...*

[227] Rzecz o szczepie zwanym Gotones w *Germanii* Tacyta.

aż do XX wieku. Właśnie w Emilii, mianowicie w miejscowości Marzabotto niemieccy faszyści popełnili 29 września 1944 roku największe ludobójstwo na terenie Włoch w czasie II wojny światowej.

Historia nie kończy jednak swego biegu w czasach współczesnych. Na zakończeniu tekstu Guccini szkicuje następujący obraz przyszłości:

Będzie ogromna przyjemnością
Patrzenie w przyszłości z dalekiej planety
Na tę zieloną plamę tu na Ziemi,
Czując, jak serce zwalnia, aż zagubi się w niej[228].

Osiemnaście lat wcześniej w *Korzeniach* ten sam autor poszukiwał źródła swojej tożsamości kulturowej. Można powiedzieć, że na przełomie lat 80. i 90. je odnalazł. Świadczą o tym nie tylko słowa piosenki *Aemilia*, ale również poetycki opis powstania Pávany — wioski z dzieciństwa, której w 1989 roku autor poświęcił w całości swoją debiutancką powieść[229].

Parnassius Guccinii

Parnassius mnemosyne Guccinii to nazwa podgatunku motyli, w skład którego wchodzą osobniki rodzaju *Parnassius* należące do populacji określonej strefy apenińskiej na pograniczu Emilii i Toskanii. Podgatunek został sklasyfikowany w 1992 roku przez entomologa Giovanniego Salę — fana Gucciniego, który w ten sposób uwiecznił nazwisko swojego idola. W geście wdzięczności Guccini postanowił umieścić obraz tego motyla na okładce płyty, którą wydał w 1993 roku.

Utwory na płycie wskazują na powrót Gucciniego do tematów z początków swojej kariery. Szczególnie widoczny jest wątek dylanowski i jeszcze nieposkromiona tendencja do przekładania protestów na teksty piosenek, mimo że w chwili wydania płyty autor miał już 53 lata. Jedna piosenka protestu miała szczególny wpływ na świadomość polityków nowej włoskiej lewicy demokratycznej z początków lat 90.

---

228 F. Guccini, *Aemilia*...

229 F. Guccini, *Croniche epafàniche*, Milano 1989.

Przyczyniła się nawet do późniejszego podjęcia odważnej inicjatywy w polityce zagranicznej rządu włoskiego.

Wątek dylanowski włącznie z bezpośrednim cytatem z utworu amerykańskiego barda pojawia się w całej okazałości w tekście piosenki *Farewell*. Tytuł nawiązuje do piosenki, którą Dylan napisał w pierwszej połowie lat 60., ale nigdy jej nie nagrał. Weszła natomiast do repertuaru piosenkarki Joan Baez, która przedstawiła ją po raz pierwszy w 1965 roku.

Oryginał Dylana w wykonaniu Joan Baez nosił tytuł *Farewell Angelina*. W treści chłopak żegna się z dziewczyną, ponieważ został wcielony do oddziału wojskowego przeznaczonego do teatru wojennego w Wietnamie. Tematy pacyfistyczne nie powtarzają się u Gucciniego. Sam wyraz pożegnania staje się tymczasem pseudonimem dziewczyny, z którą autor miał związek uczuciowy w latach 60. Tylko pod koniec wiersza Guccini wtrąca jedną zwrotkę z angielskiego oryginału: *The triangle tingles and the trumpet plays slow*[230].

Głównym tematem piosenki są wspomnienia z młodości. Nie ma jednak — jak to często bywa u Gucciniego — tęsknoty za okresem w życiu, w którym miało się wprawdzie więcej energii, entuzjazmu, ale równocześnie też brakowało dojrzałości emocjonalnej i mądrości. Tęsknota, jeśli już jest, nabiera cech żalu, że nie doszło do utrwalenia związku z osobą, którą lubi się jeszcze do dziś. Teraźniejszość jednak nie zapewnia odpowiednich warunków potencjalnym partnerom, ponieważ oboje już się starzeją, czego też narrator gorzko żałuje. Żal uwidacznia się w metaforze, według której zarówno on, jak i ona są liśćmi wiszącymi na gałęzi i czekającymi tylko na opadanie.

Przywiązanie, niemal miłość do rozmówczyni, uwidacznia się już na samym początku tekstu. Wypowiedź zaczyna się spójnikiem, jakby narrator chciał podkreślić, że wbrew rozstaniu dialog między nimi nigdy ostatecznie się nie przerwał. „I uśmiechałaś się, i wiedziałaś, jak się uśmiechać"[231], zaczyna narrator i sam obraz uśmiechniętej dwudziestolatki kojarzy się z miłymi wspomnieniami o tej osobie.

---

230 F. Guccini, *Farewell*, [w:] *idem*, *Parnassius Guccinii*, Milano 1993.

231 *Ibidem*.

Rzecz rozgrywa się w realiach ówczesnych. Chłopak i dziewczyna spędzają miłe chwile w towarzystwie przyjaciół grających na gitarach i pijących wino. Nagle „zdziwieni i szczęśliwi" zdają sobie sprawę, że przyjaźń przerodziła się w miłość. Wtedy wydaje im się, że znaleźli „tajemniczy klucz" otwierający wszystkie drzwi świata[232].

Związek w końcu rozpada się. Mądrością dzisiejszej osoby dojrzałej bohater usiłuje wyjaśnić, dlaczego tak się skończyło. Konkluduje, że błędne było przekonanie, że zwykła historia miłosna jest czymś nadzwyczajnym, z czego może wynikać związek na całe życie. Na zakończenie przeprasza za to zwierzenie, twierdząc, że kiedyś te jego słowa mogłyby wzruszyć rozmówczynię, dzisiaj natomiast są bezużyteczne, ponieważ niezależnie od tego, czy ona rozpłacze się, czy się zaśmieje, ani nie płacze, ani nie śmieje się razem z nim.

Piosenką protestu jest *Canzone per Silvia* (Pieśń dla Sylwii). Bohaterką utworu jest Silvia Baraldini, w której obronie stanął swego czasu nie tylko Guccini, ale także Umberto Eco i wciąż jeszcze przyszły noblista — Dario Fo.

Silvię Baraldini aresztowano 9 listopada 1982 roku w Stanach Zjednoczonych pod zarzutem działalności terrorystycznej. Była rzeczywiście sympatyczką *Black Liberation Army* (Czarnej Armii Wyzwolenia), to jest organizacji paramilitarnej walczącej o lepsze warunki bytowe czarnoskórych Amerykanów. Oskarżono ją także o współdziałanie w ucieczce Assaty Shakury z więzienia w miejscowości Clinton 2 listopada 1979 roku. Należy podkreślić, że Baraldini była tylko sympatyczką zbrojnej organizacji, sama zaś nie tylko nie popełniła nigdy przestępstw z użyciem przemocy, ale nawet nie miała przy sobie w chwili zatrzymania żadnej broni ani innych przedmiotów, których użycie mogłoby grozić utratą życia lub zdrowia osób trzecich. Ucieczka Shakury z więzienia skończyła się też bez rozlewu krwi. Porwano wprawdzie dwóch strażników, ale uwolniono ich po fakcie i nikt nie został ranny. Według włoskiego kodeksu karnego za takie czyny Baraldini groziłoby maksymalnie pięć lat pozbawienia wolności[233].

---

[232] *Ibidem.*

[233] Por. G. Fiandaca, E. Musco, *Diritto penale. Parte Generale*, Bologna 1995 — na szczególną uwagę zasługują tu okoliczności łagodzące, wynikające z § 114 włoskiego kodeksu karnego.

Postępowanie karne w amerykańskim sądzie zakończyło się w lipcu 1983 roku. Baraldini skazano na 43 lata więzienia, w tym: 20 za wspieranie Czarnej Armii Wyzwolenia, czyli wyłącznie za jej przekonania polityczne, zważywszy, że osobiście nigdy nie stosowała przemocy wobec nikogo; 20 lat za współdziałanie w ucieczce Shakury; 3 lata za odmowę współpracy z wymiarem sprawiedliwości, ponieważ nie przyjęła propozycji bezkarności i nagrody pieniężnej w zamian za informacje o innych członkach nielegalnej organizacji. Zwłaszcza ta ostatnia okoliczność, z której wynika absolutna wierność skazanej swoim etycznym przekonaniom, skłoniła włoską opinię publiczną do moralnego wsparcia Baraldini[234].

Baraldini odbyła pierwsze lata kary w nowojorskim więzieniu. W 1988 roku zachorowała na raka. Po licznych zabiegach chirurgicznych przeniesiono ją do zakładu karnego o zaostrzonym rygorze w miejscowości Marianna na Florydzie. Wsparcie różnych osób ze świata kultury poskutkowało w końcu bezpośrednim zainteresowaniem włoskiego MSZ. Dzięki ekstradycji Baraldini od 24 sierpnia 1999 roku pozwolono jej odbywać resztę kary w areszcie domowym.

Rozmawiałem osobiście z Silvią Baraldini we wrześniu 2009 roku. Mieszka obecnie w Rzymie, gdzie prowadzi z powodzeniem małą, uroczą restaurację w dzielnicy Pigneto. Niechętnie przypomina sobie swoje przeżycia w Stanach, za to jest bardzo zaniepokojona obecną falą ksenofobii we Włoszech. Podczas rozmowy cały czas uśmiechała się.

W momencie, w którym Guccini pisał swój protest song, Baraldini znajdowała się w zakładzie karnym na Florydzie. Postać politycznie prześladowanej Silvii urasta w tekście do rozmiarów epickiej heroiny. Staje się „małą Włoszką, której boi się wielka Ameryka", dlatego że w ogóle boi się „myśli osób wolnych, które cierpią, popełniają błędy, mają nadzieje". Wobec tego narrator otwarcie domaga się, żeby „naród dewotów", czyli Amerykanie, wypuścili ją, ponieważ nie można uwięzić wolnej myśli. Zresztą „Silvia nigdy nikogo nie zabiła ani niczego nie ukradła" i siedzi w więzieniu tylko ze względu na swe przekonania[235].

---

234 Zob. E. Mancinelli, *Il caso Baraldini*, Roma 1995.

235 F. Guccini, *Canzone per Silvia*, [w:] *idem*, *Parnassius Guccinii*...

Zasadniczą hipokryzję i brak konsekwencji w polityce społecznej Stanów Zjednoczonych symbolizują w utworze rażące sprzeczności: drapacze chmur obok slumsów czy Statua Wolności, która dla Silvii jest owej wolności zaprzeczeniem. Przeciwstawienie tych elementów przypomina subtelną ironię, jaką Guccini posłużył się w *Lagrze.* W tym dziele adwersarz opowiadającego potępiał zbrodnie nazistowskie, twierdząc równocześnie: „My natomiast zabijamy w imię słusznej sprawy"[236].

Dwanaście lat później Guccini znowu krytykuje faryzeuszostwo, chociaż tym razem nie zwraca ostrza swej krytyki ku już nieistniejącemu Związkowi Radzieckiemu, lecz w kierunku Stanów Zjednoczonych. Tak bowiem można zintepretować między innymi „tęsknotę za świetlaną przeszłością", którą narrator przypisuje Amerykanom. Kiedyś byli obrońcami wolności, dzisiaj natomiast jako pierwsi pozbawiają wolności osoby, które mają „niesłuszne" przekonania.

D'amore, di morte e di altre sciocchezze

Rok 1994 to kolejne stadium przełomu w dziejach Republiki Włoskiej. Po prawie pół wieku od zakończenia II wojny światowej politycy o neofaszystowskim rodowodzie weszli w skład rządu. Pierwszy gabinet Berlusconiego wspierała koalicja, do której należał między innymi Sojusz Narodowy — spadkobierca Włoskiego Ruchu Socjalnego, czyli partii pielęgnującej spuściznę po faszystowskiej Włoskiej Republice Socjalnej z lat 1943–1945.

Wydarzenie to nie zawsze miało wpływ na twórczość włoskich artystów. Fakt, że to właśnie w tamtym czasie Guccini ponownie odkrył w sobie pasję do piosenek protestu bez nadmiaru rozważań egzystencjalnych, może wydać się zwykłym zbiegiem okoliczności. Można przecież tłumaczyć powrót twórczości protestacyjnej również czynnikami psychologicznymi, jak na przykład przezwyciężenie przez autora „kryzysu wieku średniego", jaki uwidaczniał się w tekstach z lat 80. Poetyka oporu wobec tendencji autorytarnych we włoskim społeczeństwie sta-

---

236 F. Guccini, *Lager...*

je się w każdym razie cechą rozpoznawczą twórczości Gucciniego od drugiej połowy lat 90.

Pierwsze oznaki rezygnacji z intymistycznych nastrojów na rzecz tekstów „walczących" dały się zauważyć już na płycie *Parnassius Guccinii*, a zwłaszcza w omówionej piosence protestu o losach Silvii Baraldini. Jednakże dopiero na płycie *D'amore, di morte e di altre sciocchezze* (O miłości, śmierci i innych głupotach) z 1996 roku znajdujemy wątki protestacyjne w roli głównych treści wierszy Gucciniego.

Dobitnym przykładem nowej poetyki jest powrót tematów pacyfistycznych w utworze *Il caduto* (Poległy). Jest to historia włoskiego żołnierza poległego podczas tzw. kampanii rosyjskiej Mussoliniego, która formalnie zaczęła się 22 czerwca 1941 roku, chociaż *de facto* ograniczyła się do inwazji na terytorium ukraińskie w 1942 roku (kwatera główna włoskiego korpusu ekspedycyjnego była wówczas we Lwowie).

W tekście uwidacznia się powrót do poetyki „zwierzeń umarłych", znanych z wierszy Edgara Lee Mastersa, a także młodzieńczych utworów Gucciniego, *Auschwitz* bądź *Drzewo i ja.* Poległy żołnierz, z głębi swego zamarzniętego stepowego grobu, mówi o bezsensie wojny. Określa ją mianem „dziecinnego żartu", ponieważ przed wcieleniem do wojska nigdy nie podróżował, a obce kraje oglądał wyłącznie „przez celownik karabinu". Ironią losu spoczął na obczyźnie, podczas gdy jego życzeniem było „chłonąć wzrokiem zapachy swoich gór", zobaczyć wiecznie zielone liście dębu ostrolistnego, poplątane gałęzie buków, doświadczyć raz jeszcze „piękna wyłaniającego się z łupiny jadalnego kasztana"[237].

Upiększony jedną jedyną synestezją: „chłonąć wzrokiem zapachy" tekst rozwija się wokół przeciwstawienia materialnej kultury górala, w skład której wchodzi zadziwiająca znajomość drzew, i absurdalności śmierci na wojnie w dalekim, obcym pod każdym względem kraju. Z punktu widzenia struktury wypowiedzi tekst należy do szerokiego spektrum piosenek pacyfistycznych, których antonomazją jest we Włoszech wymieniona już *Wojna Piotra* pióra De Andrégo.

---

[237] F. Guccini, *Il caduto...*

Warto wspomnieć o piosence treściowo podobnej do *Poległego.* Jest to utwór Włodzimierza Wysockiego *Он не вернулся из боя* (Nie wrócił z pola walki). Dzieło Wysockiego z pewnością zainspirowało Gucciniego, który zna je bardzo dobrze. W 1993 roku brał bowiem udział w artystycznym projekcie ku czci Wysockiego. Jego efektem było nagraniem 15 piosenek różnych autorów na płycie zbiorowej *Il volo di Volodja* (Lot Wołodii). Wśród 15 piosenek był także utwór Gucciniego *Il volo interrotto* (Przerwany lot). Był również wierszowany przekład *Он не вернулся из боя*, przetłumaczony na włoski przez Sergia Secondiana Sacchiego. Utwór Wysockiego, w jego oryginalnej aranżacji, wykonał Eugenio Finardi[238].

We włoskim przekładzie pt. *Dal fronte non è più tornato* (Z frontu już nie wrócił) obecnych jest wiele elementów stylistycznych i symbolicznych, które miały się później powtórzyć w *Poległym* Gucciniego. Są to na przykład „tysiąc kolorów lasu", wiatr wiejący na stepie i kilka innych.

Powrót do stylistyki z wcześniejszej twórczości nie ogranicza się li tylko do ech pacyfistycznych i Mastersowskich w *Poległym.* Na płycie *O miłości, śmierci i innych głupotach* Guccini przedstawia także utwór, który z pewnego punktu widzenia stanowi ciąg dalszy *Jadowitej.* Brak w nim wprawdzie wulgaryzmów, wręcz przeciwnie odwołuje się do niektórych postaci, a częściowo także do XVII-wiecznej leksyki dramatopisarza francuskiego Edmonda Rostanda. Jednakże kompozycja wiersza, skupiona wokół żalów mówiącego podmiotu, jego polemiki z otaczającą go rzeczywistością, w dużej mierze przypomina utwór sprzed dwudziestu lat.

Piosenka nosi tytuł *Cirano.* Jest to zitalianizowana forma imienia bohatera Rostanda. Zmienione imię wskazuje między innymi na to, że Guccini nie zamierzał trzymać się zbyt wiernie francuskiego dramatu. W przeciwieństwie do dramatu Rostanda bohater Gucciniego nie umiera w zakończeniu utworu, lecz wyraża otwarcie nadzieję, że ulubienica będzie umiała kochać go mimo jego wad, z których zbyt długi

---

[238] E. Finardi, *Dal fronte non è più tornato,* [w:] *idem et al.*, *Il volo di Volodja*, Roma 1993.

nos jest tylko najbardziej widoczną. Intryga miłosna ma tu znaczenie drugorzędne w porównaniu z dominującym w tym utworze tonem protestu. A oto jak przemawia Cirano:

Chodźcie tu do mnie, ludzie o krótkich nosach,
Panowie uszminkowani, już nie wytrzymam z wami.
Wbiję moje pióro w sam środek waszej pychy,
Tą szpadą was zabiję, gdy tylko mi się zechce.
Chodźcie tu do mnie, wy wraki poetów,
Beznadziejni piewcy katastrofalnych dni,
Błaźni żyjący z wierszy bez żadnej werwy i siły.
Może macie pieniądze i sławę, ale brak wam hartu.
Cieszcie się sukcesem, cieszcie się, póki trwa,
Tresowanej publiczności pewnie się nie boicie.
Wyjeżdżacie, byle gdzie, by tylko nie płacić podatków,
Głupi i uśmiechnięci, jak każdy prymus.
Choć jestem tylko biednym kadetem z Gaskonii,
Nie mogę wytrzymać z ludźmi, co marzeń już nie mają.
Blichtr? Kariera? Proszę, w pułapki te nie wpadnę
I z licencją poetycką nie wybaczę, a uderzę.
Skończmy z tym, chodźcie wszyscy do mnie
Nowi bohaterowie, politycy na fali,
Chodźcie pachołkowie, alfonsi i miernoty,
Nieustraszeni wodzireje spreparowanych audycji,
Którzy zawsze uprawiacie sztukę obojętności,
Odwagi, liberałowie, pokażcie, co jest grane,
Bo i tak ktoś inny za to zapłaci, jak zwykle
W tym błogosławionym, dziwacznym „pięknym kraju".
Nic w ogóle mnie nie obchodzi, że ja też nie mam racji,
Uprzykrzanie życia innym sprawia mi przyjemność,
Lubię, gdy ktoś mnie nienawidzi.
Cwaniaków i arogantów wyśmiewam od zawsze
I z licencją poetycką nie wybaczę, a uderzę.
[...]
Chodźcie, ludzie puści, skończmy z tym na zawsze.
Przybywajcie księża, którzy sprzedajecie wszystkim wieczne życie,
Jeśli jest, jak mawiacie, jakiś Bóg nieskończoności,
To powiedzcie, z ręką na sercu, że już Go zdradziliście.
A wy, materialiści, święcie przekonani,
Że Bóg już nie żyje, a człowiek jest sam na tym padole,
To wy szukacie prawdy z nosem w ziemi, jak świnie,
No chowajcie sobie żołędzie, ale zostawcie mi skrzydła.

Wróćcie do domu, karły, znikajcie mi z oczu,
Oburzony jestem ogromnie, chcę walczyć z olbrzymami.
Dogmaty, przesądy, w te pułapki nie wpadnę nigdy
I z licencją poetycką nie wybaczę, a uderzę[239].

Apostrofa do „błaznów" wykorzystujących naiwność i powierzchowność publiczności, zbijających fortuny, wybierających stały pobyt za granicą, aby nie płacić podatków we Włoszech, jest swoistym echem wołania do „kolegów bardów, grona uprzywilejowanych" w tekście *Jadowitej* sprzed dwudziestu lat. Niewykluczone, że aluzja o niepłaceniu podatków odnosi się do konkretnej osoby — Luciana Pavarottiego. W rzeczy samej słynny tenor miał kłopoty z włoskim wymiarem sprawiedliwości między innymi dlatego, że uzyskał obywatelstwo Księstwa Monaco i z tego względu nie odprowadzał na rzecz włoskiego urzędu skarbowego podatków od dochodów z gaż. Założenie, że Guccini złośliwie portretował Pavarottiego, jest oparte na tym, że przyszły tenor i przyszły kantautor chodzili do tej samej klasy szkoły podstawowej, a w tekście jest inwektywa przeciw „głupim, uśmiechniętym prymusom". Jednakże Guccini nigdy nie potwierdził tej obserwacji.

W porównaniu z *Jadowitą* jest w tekście *Cirano* element zupełnie nowy i w dodatku bardzo aktualny. Mamy tu do czynienia z prawdziwą filipiką, skierowaną przeciwko Silviowi Berlusconiemu, który został tam napiętnowany jako „polityk na fali". W rzeczywistości wygrane przez partię Berlusconiego wybory do parlamentu w 1994 roku stanowiły ewenement. Postać telewizyjnego magnata i prezesa znanej drużyny piłkarskiej, który nagle „wszedł na boisko" walki politycznej i oczarował elektorat hasłem zapożyczonym od kibiców włoskiej reprezentacji: *Forza Italia*, wygrał wybory w pierwszym podejściu i stworzył, eufemistycznie mówiąc, niekonwencjonalny rząd z dotychczasowymi pariasami sceny politycznej: neofaszystami i populistami z Ligi Północnej, w połowie lat 90. była bardzo modna. Wielu Włochów było pełnych podziwu dla oszołamiającej kariery przedsiębiorcy spod Mediolanu.

239 F. Guccini, *Cirano*, [w:] *idem*, *D'amore, di morte e di altre sciocchezze...*

Bohater Gucciniego nie daje się zwieść pozorom. Nie „wpada w pułapkę" blichtru i kariery, gardzi dworem nowego króla telewizyjnych ekranów i parlamentarnej mównicy, nazywa jego stronników „pachołkami, alfonsami i miernotami", samego Berlusconiego zaś „karłem" ze względu na jego starannie ukrywany niski wzrost. Szydzi poza tym z „nieustraszonych wodzirejów spreparowanych audycji", czyli pracowników komercyjnych stacji telewizyjnych Berlusconiego, którzy na ekranie udają bezkompromisowość, ale *de facto* nie mogą krytykować swojego pracodawcy pod rygorem utraty posady, więc prowadzą właśnie takie „spreparowane" programy. Na końcu Cirano namawia do szczerości: niech liberałowie przestaną ukrywać się za populistycznymi hasłami i powiedzą bezpośrednio, czego chcą. Mogą sobie na to pozwolić, ponieważ w „pięknym kraju" — Italii — brak odpowiedzialności biznesmenów jest normą. Zyski są dla nich, a koszty poniesie zawsze ktoś inny.

Retoryka, którą posługuje się narrator, przypomina manierystyczne tropy z czasów Rostanda. Znajdujemy w tekście wyrafinowane oksymorony, np. „uprzykrzanie życia innym sprawia mi przyjemność", „lubię, gdy ktoś nienawidzi". Ponadto fabułę wzbogaca wielokrotne powtarzanie wersu: „I z licencją poetycką nie wybaczę, a uderzę". Zwrotka nawiązuje do pierwowzoru kadeta biegłego zarówno w poezji, jak i w walce na broń białą, który komponował wiersze w trakcie pojedynków, a uderzał rywali dokładnie na końcu strofy.

Zakończenie epopei kadeta z Gaskonii jest znacznie mniej tragiczne u Gucciniego niż u Rostanda. W piosence nie brakuje wprawdzie wątku miłosnych cierpień. Cirano Gucciniego jest zakochany w Roksanie, ale nie odważy się ujawnić swoich uczuć. Ma zbyt długi nos i jest przekonany, że stanowi on przeszkodę na drodze do szczęścia ze swoją ukochaną. „Odczuwa ciężar" samotności i odreagowuje, zamykając się w domu, gdzie szuka pocieszenia w pisaniu wierszy. Jednakże w przeciwieństwie do wydarzeń w piątym akcie sztuki Rostanda — bohater Gucciniego w końcu nie wybiera śmierci. Przestaje natomiast ukrywać się, a w tej ostatecznej epifanii znajdujemy prawdziwie filozoficzne rozważanie o sensie życia: „Już czuję, że nie cierpiałem daremnie, skoro kochasz mnie takiego, jak jestem. Twój na zawsze Cirano"[240]. Warto przeżyć różne przykrości w życiu, podpowiada nam bohater utworu, jeżeli w końcu znajdziemy akceptację tych, na których nam zależy.

Temat braku akceptacji bliźniego powraca w utworze *Quattro stracci* (Sterta szmat), tym razem akcent położony został na międzyludzkie związki uczuciowe. Jeszcze raz tekst zaczyna się od spójnika, co ma podpowiadać słuchaczom, że piewca zwraca się do osoby, którą zna od dawna i z nią prowadzi lub prowadził nieustanną, codzienną wymianę zdań.

Osobą tą — okazuje się w dalszym ciągu wiersza — była partnerka, która odeszła bez konkretnych powodów. Piosenka stanowi więc odpowiedź na wyrazy niezadowolenia byłej ukochanej skierowane do podmiotu utworu. Jest w niej również napiętnowanie powierzchowności i egotyzmu, wskutek którego brakuje akceptacji osoby, z którą żyło się przez długie lata, pomimo że ta niczym konkretnym nie zawiniła.

Sterta szmat

I patrzę przez okno i widzę ten mur co zawsze, ty też go znasz.
Papierosa czy pióro trzymam w prawicy, frywolne symbole, których nigdy nie lubiłaś.
Nigdy tego nie lubiłaś, co mam na sobie, gadam, opowiadam, a dla ciebie jestem niemy,
Palenie i pisanie wydają ci się dziwne, lepsze są ręce rzemieślnika,
A wszystko, co umiesz, to skreślić mnie.
Ja jednak jestem dumny z moich marzeń,
Mego wiecznego potykania się,
A wyśmiewam to, czego szukasz i nigdy nie będziesz miała.
Czy nie wiesz, że trzeba wiedzy i staranności, by starzeć się bez dojrzewania?
Czy jestem dojrzały, czy nie, mam dosyć twojej złożonej prostoty.
W końcu kto to powiedział, że masz rację z twoimi „also sprach" o dojrzewaniu?
Może to iluzja gotowa do spożycia dla wiecznej ofiary cudzej przemocy,
Nadużyć nietolerancyjnego świata, fatalności.
Niech każdy pójdzie, gdzie chce iść,
Niech każdy starzeje się, jak to najlepiej mu odpowiada,
Ale ty mi nie mów, co to jest wolność!
Wolność twych naparów ziołowych, jogi, psychologii i homeopatii,
Podręczników na frustracje i skrępowanie, jakie odczuwałaś w moim domu,
Na nudne bytowanie z facetem niepraktycznym, bez stanowczości matematyka,
Bez wiedzy o silnikach, nawet bez prawa jazdy,

---

240 *Ibidem*.

Z facetem zagubionym w chmurach i poezji.
Zakładam się, że teraz będziesz chciała spróbować tego, czego nie chciałaś ze mną robić:
Kochać się, łazić do późna, fantazjować.
Fantazja może przynieść pecha, gdy nie wiesz dokładnie, jak ją tresować,
Ale jest tania, niczego niewarta, a nikt już nie może zabronić ci korzystania z niej.
Dzięki Bogu nie jestem twoim ojcem, nie jestem nawet równym gościem,
Ty masz fantazję poplątanych myśli, chodzisz na krótkich nogach i umyśle,
A potem przyjdzie odpowiednia pora, kiedy to się samo ułoży.
Drogi świata stoją przed tobą otworem, bo ty i tak masz wszędzie plecy
I zawsze będziesz miała właściwy pretekst, by odmówić mi twoich czterech liter.
W odmawianiu byłaś geniuszem, tyle czasu zmarnowałaś, odmawiając mi.
Nie ma usprawiedliwienia, nie ma jak tego poprawić, bo zważywszy dokładnie, nie ma powodu.
Urodzona w marcu, urodzona wariatka,
Niepokalana, a marzy ci się kurewstwo,
Kiedy jesteś w środku, to chcesz wychodzić, cały czas szukasz minionych miłości
I skasowałaś wszystko oprócz własnego „ja".
Tu cię przygważdżam do twych myśli, tej sterty szmat, na którą wyrzuciłaś przeszłość,
Zagubiona w wiecznym poszukiwaniu tego, czego nie ma[241].

Dodatkowym wątkiem w tekście jest krytyka powierzchownego podejścia do spraw życiowych, które przekłada się na uproszczoną „filozofię" — symbolizują ją w tekście „podręczniki na frustracje i skrępowanie" — składająca się z rozmaitych egzotycznych mód, jakimi są joga, kuracje ziołowe, homeopatia itp. Z takiego podejścia wynika nastawienie apodyktyczne rozmówczyni, które jej były partner ironicznie podsumowuje Nietzscheańskim „also sprach". Tej rzekomej „nauce o dojrzałości" przeciwstawiając paradoks głoszący, że o wiele bardziej chwalebne jest starzenie się bez dojrzewania, ponieważ wymaga wiedzy i staranności.

Czujność w analizowaniu najnowszych trendów i ich ubocznych skutków na zbiorową kulturę Włochów i Włoszek uwidacznia się na całej płycie. Obok jogi i homeopatii w *Stercie szmat* warto zwrócić uwagę na „nieustraszonych wodzirejów" z komercyjnych telewizji Berlusconiego, którym Cirano nie szczędzi szyderstwa. Prawie trzydzieści lat po swojej debiutanckiej płycie Guccini udowadnia, że nieustannie

241 F. Guccini, *Quattro stracci*, [w:] *idem*, *D'amore, di morte e di altre sciocchezze...*

dojrzewa, osiągając stopniowo coraz wyższe rejestry artystycznej ekspresji. Na płycie *O miłości, śmierci i innych głupotach* potrafi nie tylko po prostu protestować, odwołując się do konwencji pacyfistycznej, ale także ironizować z powierzchowności i braku solidnej kultury humanistycznej większości rodaków, piętnując żałosne skutki tych zbiorowych wad zarówno w sferze tego, co społeczne, jak i tego, co prywatne. Robi to zaś w sposób nadzwyczajnie elegancki. Przyswaja sobie częściowo tematykę i styl Wysockiego, zapożycza się u najpopularniejszego bohatera w twórczości Rostanda, by uczynić z niego całkiem nową postać, w końcu z dużą swobodą wykorzystuje cytat z niemieckiego filozofa w roli antonomazji apodyktyczności.

Stagioni

Prawdopodobnie płyta *Stagioni* miała być zbiorem ostatnich piosenek w karierze Gucciniego. O rzeczywistych zamiarach autora świadczy protest song, którego tekst jest swego rodzaju artystycznym testamentem. Tytuł całej płyty zaś stanowi włoski wyraz, którego nie można przetłumaczyć jednoznacznie. Rzeczownik rodzaju żeńskiego *stagione* (liczba mnoga: *stagioni*) oznacza bowiem zarówno „pora roku", jak i „sezon", „okres historyczny". Na płycie znajdują się trzy utwory, których tytuły nawiązują do pór roku. Są nimi *Autunno* (Jesień), *Inverno'60* (Zima 1960 roku), *Primavera '59* (Wiosna 1959 roku). Jednakże wymiar historyczny, tak jakby płyta miała być ostatecznym podsumowaniem całej kariery autorskiej, wyłania się wyraźnie z swego rodzaju testamentu, jakim jest *Addio* (Pożegnanie).

Wymiar autobiograficzny tekstu autor deklaruje od samego początku. Początek tymczasem nie jest śpiewany, lecz mówiony i naśladuje formułę testamentu: „W roku 1999 naszej ery ja, Francesco Guccini, wieczny student, stwierdziwszy nieograniczoność przedmiotu nauczania, a może dlatego, że wiem, że nic nie wiem, [...] żegnam się"[242].

W tej mowie pożegnalnej obecne są również rozmaite wyrazy samookreślające. Autobiograficzny mówca odmawia sobie, między innymi,

---

242 F. Guccini, *Addio*, [w:] *idem*, *Stagioni*...

statusu „artysty", samookreślając się jako „mały bakałarz". Skromność tego stwierdzenia jest tylko pozorna. Mając na uwadze pogardę autora dla „kolegów kantautorów", którzy w *Jadowitej* sprzedają się wieczorem „za parę milionów", oraz szczerą nienawiść w stosunku do „błaznów żyjących z wierszy bez żadnej werwy i siły", o których mowa w *Ciranie*, można zakładać, że u Gucciniego „artysta" jest synonimem osoby sprzedajnej, dla której sztuka nie jest wartością samą w sobie, tylko sposobem zarabiania łatwych pieniędzy. Wyszukane, książkowe słowo „bakałarz" kojarzy się natomiast z ciągłym poszukiwaniem prawdy, jak to było w przypadku średniowiecznych *clericorum*.

W rzeczywistości „bakałarz", czyli licencjat Francesco Guccini, miał wkrótce zostać magistrem. Dnia 21 października 2002 roku senaty Uniwersytetu w Modenie i *Universitatis studiorum* w Bolonii postanowiły jednomyślnie przyznać mu *honoris causa* tytuł magistra nauk pedagogicznych. W uchwale można przeczytać:

> Francesca Gucciniego najbardziej popularnej roli barda zawsze towarzyszyło głębokie zainteresowanie różnymi aspektami literatury pięknej, lingwistyki, teorii komunikacji. Cieszył się on nieprzerwanie ogromną popularnością wszystkich pokoleń młodzieży, z którymi zawsze potrafił nawiązać kontakt. To zważywszy i wziąwszy pod uwagę stosowność, adekwatność oraz różnorodność stosowanych przez niego metod przekazu, uzasadnione jest uznanie go za wychowawcę pozaszkolnego.
> [...] Przyznając Francescowi Gucciniemu tytuł magistra nasze Uczelnie pragną wyrazić szacunek dla wartościowej pracy człowieka, który zawsze potrafił być godnym reprezentantem i kontynuatorem wielowiekowej, ugruntowanej na solidnych fundamentach, tradycji zapoczątkowanej przez uczonych włoskich w czasach średniowiecza[243].

Niewykluczone, że właśnie z powodu przyznania mu tytułu magistra *honoris causa* Guccini postanowił wrócić do pracy twórczej, mimo że wcześniej zdecydował był z nią skończyć. Wracając do jego ówczesnego *Pożegnania*, warto zwrócić uwagę na to, że na początku płyty znajduje się tylko jego mówiony *incipit*. Całą piosenkę autor umieścił natomiast na zakończenie krążka, jakby chciał najpierw przedstawić dobitnie wszystkie „sezony" swojego życia i swojej kariery, a dopiero potem żegnać się na zawsze.

---

[243] http://www.almanews.unibo.it/01_02/Html/guccini.htm (dostęp: 9 stycznia 2012).

Pierwszym „sezonem" jest okres studencki, w którym Guccini pielęgnował powszechny w tym czasie mit rewolucjonistów Trzeciego Świata. Symbolem tej fali wyzwolenia zarówno krajów Afryki i Ameryki Łacińskiej, jak i stanu umysłów postępowej młodzieży europejskiej, stał się Ernesto Guevara de la Serna — lekarz urodzony w Argentynie, znany lepiej jako Che Guevara, który brał decydujący udział w rewolucji kubańskiej 1959 roku i zginął w 1967 roku podczas przygotowań do ludowego powstania w Boliwii. Piosenka zatytułowana *Stagioni* jest adaptacją oryginalnego utworu z końca lat 60., którego Guccini nigdy wcześniej nie nagrał.

Tekst zaczyna się w konwencji wspomnienia z młodości. Pierwszy wers: „Tyle czasu minęło od tamtego jesiennego dnia", wskazuje na swobodny przepływ obrazów z przeszłości do współczesnej świadomości narratora. Znakiem rozpoznawczym utworu nie jest jednak tęsknota za minionymi czasami. Sens przypominania sobie tamtych dni wyłania się dopiero pod koniec tekstu w sposób dość nieprzewidywalny, za pośrednictwem proroctwa: „Pewnego dnia gdzieś, nie wiadomo gdzie, w miejscu, w którym nikt się go nie będzie spodziewać, tam powróci »el Che«"[244].

Powtórny proces mitotwórczy widoczny w zakończeniu utworu polega na doprowadzeniu postaci Che Guevary do wymiarów eschatologicznych. W tekście Gucciniego *el Che*, który „pewnego dnia w jakimś miejscu [...] powróci", pod żadnym pozorem nie stanowi marksistowskiego męczennika czczonego do dzisiaj na Kubie. Wynika zresztą klarownie z poprzednich słów narratora, że lewicowe hasła z lat 60. i 70. to typowe dla tych czasów „iluzje" czy „chimery". *Che* Gucciniego nie jest więc historycznym Ernestem Guevarą, lecz tylko ucieleśnieniem powszechnego pryncypium etycznego. Jest to demiurg walczący o wolność i sprawiedliwość. Jest zatem także symbolem wspomnianych w tekście „buntowników" występujących przeciw przemocy tych państw i organizacji, które pod pozorem „zderzenia cywilizacji" wykorzystują najsłabszych lub wręcz prowadzą wojny o polityczne wpływy i dostęp do surowców.

---

244 F. Guccini, *Stagioni*, [w:] *idem*, *Stagioni*...

Wymiar symboliczny *Che* Guevary przenosi się na postać literacką w utworze poświęconym bohaterowi Cervantesa. Piosenka *Don Chisciotte* (Don Kichot) jest idealnym ciągiem dalszym twórczości obejmującej rozmaitych bohaterów z arcydzieł literatury światowej. Postaci zaczerpniętej z powieści Cervantesa towarzyszą w tekstach Gucciniego, jak zobaczyliśmy wyżej, Guliwer, pani Bovary, Cyrano de Bergerac i inni.

Absolutnie nowatorskim elementem w *Don Chisciotte* jest polifonia. Cyrano występuje w piosence jako swego rodzaju narrator wewnętrzny, Guliwer — jako bohater, o którym opowiada w trzeciej osobie narrator zewnętrzny, pani Bovary jest zaś adresatką rozważań filozoficznych. Po raz pierwszy w *Don Chisciotte* Guccini skonstruował natomiast tekst w formie prawdziwego dialogu między tytułowym bohaterem a jego „giermkiem" Sancho. Strukturę tekstu podkreśla też duetowe wykonanie: część Don Kichota śpiewa sam Guccini, Sancha tymczasem kreuje „el Flaco" (Chudy), to jest argentyński gitarzysta o włoskim rodowodzie Juan Carlos Biondini.

Sancho nie jest u Gucciniego deuteragonistą. Obaj bohaterowie piosenki są równie ważni dla rozwoju fabuły. Nieprzypadkowo w ostatnim wersie „podpisują" się w kolejności odwrotnej, niż wskazywałaby ich względna ważność w powieści Cervantesa. W zakończeniu Gucciniego jako pierwszy maszeruje Sancho, a dopiero za nim Don Kichot.

Analiza tego tekstu wyraźnie pokazuje, że bohaterowie proponują dwa różne wobec siebie, miejscami absolutnie przeciwne, spojrzenia na świat. W tak zwanych wykonaniach na żywo ten kontrast wzmacnia dodatkowo fonetyka. Argentyńczyk w roli Sancha, mimo że doskonale mówi i śpiewa po włosku, realizuje jednak niektóre fonemy zgodnie z fonologią kastylijską. Na przykład „s" jest u niego o wiele mniej dźwięczne niż w standardowej wymowie włoskiej, tymczasem „r" na początku wyrazu wibruje w sposób szczególny. Z tego wynika dalsza charakteryzacja bohaterów za pomocą fonetyki. Szlachcic Don Kichot wysławia się wzniosłym językiem Gucciniego, z lekko toskańskimi naleciałościami, które Włoch łatwo skojarzyłby z Petrarką. Ludowa postać Sancha tymczasem zdradza swój plebejski rodowód za pośrednictwem hiszpańskiego akcentu. Argentyńczyk może nie wymawia dokładnie tak, jak chłopi z centralnego regionu hiszpańskiego la Mancha, jednak ogólne cechy fonologiczne kastylijskie wystarczą, aby dla włoskiego słuchacza taka fonetyczna charakteryzacja była wiarygodna.

Tekst rozpoczyna się wypowiedzią Don Kichota. Początkowo wydaje się, że to rodzaj osobistego rozrachunku. Uświadamia sobie, że przeczytał tysiące historii o rycerzach, ale w rzeczywistości nic nie robi, tylko siedzi w swoim pokoju nad książkami. Nagle zwraca się do Sancha, twierdząc, że konieczne jest marzenie, choćby szalone. Wysyła go więc po siodło.

Znajdujemy tu pierwsze istotne odstępstwo od tekstu Cervantesa. Don Kichot Gucciniego od samego początku jest świadomy swojego „szaleństwa", tak że nie można nawet mówić o szaleństwie w ujęciu ścisłym, ponieważ nie znika u niego umiejętność krytycznego porównania swojego zachowania z powszechnie przyjętymi wzorami psychicznej normalności. U Gucciniego Don Kichot jest więc wariatem z wyboru, a nie z powodu choroby.

Idealistyczne wzloty Don Kichota kontruje Sancho, który z pozoru jest głosem zdrowego rozsądku, ale wkrótce okazuje się takim samym marzycielem jak szlachcic, któremu służy. Sancho śpiewa:

> Ten szaleniec nie czuje się dobrze, potrzebny jest mu lekarz,
> Lepiej mu się nie sprzeciwiać, nigdy nie ma dobrego humoru…
> Jest najsmutniejszą postacią, jaką kiedykolwiek ujrzał świat,
> Nieustraszonym rycerzem na samotnej wojnie
> Rozpętanej z miłości do kobiety poznanej
> W hotelu na godziny, w którym uprawia prostytucję.
> Myśląc jednak, że zobaczył prawdziwą księżniczkę,
> Zechciał ze wszystkich sił złożyć jej przysięgę.
>
> Nie wiemy, gdzie jesteśmy, nie mamy nic do jedzenia, ani nic do picia
> W dodatku ten wariat, naiwny jak dziecko,
> Nie dalej jak wczoraj tłukł się o skrzydła wiatraków.
> Ja zaś jestem realistą i zadowolę się zamkiem.
> Niech mianuje mnie Wielkorządcą, da mi ziemi pod dostatkiem,
> Skoro ja też mam serce i nazywam się Sancho Pansa[245].

---

245 F. Guccini, *Don Chisciotte*, [w:] *idem*, *Stagioni*...

Jak widać, pragmatyzm Sancha dotyczy tylko nagród. Nie interesuje się sławą i miłością, tylko zamkiem i ziemią uprawną. W rzeczywistości jednak wierzy w tę samą bajkę co Don Kichot, ponieważ właśnie od niego zależą korzyści majątkowe, do których Sancho dąży. Tymczasem „giermek" martwi się o zdrowie swojego przełożonego, potwierdzając tym samym, że jest jego godnym kompanem.

Don Kichot i Sancho okazują się więc doskonale dobraną parą wbrew pozornym sprzecznościom w głoszonych przez nich poglądach. Na zakończenie nawet śpiewają razem na znak osiągniętej zgody. Właśnie ostatnie strofy robią z nich kolejne ucieleśnienie aksjologii buntowników przeciw nadużyciom władz, jak to było w przypadku Che Guevary w utworze *Stagioni*. Fazę końcową utworu zaczyna Sancho, wyrażając swoje wątpliwości. Zło nie jest bynajmniej obce temu światu, przeciwnie, zawsze triumfuje, coraz częściej panoszą się w nim bezlitośni kapitaliści. Czy w takim świecie, mając do pomocy tylko „szkapę i nieudolnego giermka", Don Kichot zdoła uratować ludzkość? Wtóruje mu Don Kichot:

> Czy chcesz mi powiedzieć, drogi Sancho, że powinienem się wycofać
> Tylko dlatego, że zło i władza mają tak ponure oblicze?
> Czy powinienem zrezygnować także z odrobiny godności
> I pokornie przyjąć do wiadomości, że tak to już jest na tym świecie?[246]

Wyłania się tu dobitnie typowe dla Gucciniego spojrzenie na świat. Stwierdziwszy, że ideały lewicowe z przeszłości były „chimerami" i „iluzjami", nie wypada jednak zrezygnować z buntowniczej postawy, ponieważ w grę wchodzi godność człowieka, który w żadnym wypadku nie może zaakceptować ani autorytaryzmu, ani społecznej niesprawiedliwości. Konkluzja śpiewana razem przez obie postacie jest swego rodzaju manifestem ideałów wolnościowych:

> Władza to śmieci w historii ludzkości,
> A choćbyśmy byli tylko romantycznymi niezdarami,
> Wyplujemy nasze serca prosto w twarz niesprawiedliwym.
> My Panowie na *la Manchy*, Sancho Pansa i Don Kichot[247].

---

[246] *Ibidem*.
[247] *Ibidem*.

„Władza" i „zło" są w tym tekście nieokreślonymi pojęciami. Nie ma podstaw, żeby stwierdzić z pewnością, do jakich realnych osób czy zjawisk się odnoszą. Przypominają pod tym względem „rzeczy same w sobie" w Kantowskim ujęciu[248]. Tymczasem spis „zjawisk", poprzez które dano człowiekowi poznać „władzę" i „zło", znajduje się w dalszym ciągu *Pożegnania*. W inicjalnym recytatywie narrator zawiesił wypowiedzenie, tymczasowo kończąc zdaniem: „Żegnam się". W pełnym tekście na zakończeniu płyty powtarza się mówiony wstęp, jego zdanie końcowe trwa jednak dalej w części śpiewanej:

[...] żegnam się ze wszystkimi waszymi niekończącymi się pierdołami,
reflektorami i brokatami w telewizjach,
wrzaskiem nieskładnym zawodowych polityków,
z tą waszą pustą sławą godną dupków [...][249]

Używanie wulgaryzmów, jak „pierdoły" czy „dupek", oddaje bardzo skutecznie oburzenie narratora i zwraca uwagę słuchacza na fakt, że dla wykształconego, wrażliwego artysty nie ma miejsca we współczesnym świecie entertainmentu. Światem tym rządzi bowiem tandeta i wrzask. Sława, jaką w nim można zdobyć, jest pusta, jest zaprzeczeniem inteligencji.

Temu sztucznemu, tandetnemu światu narrator przeciwstawia dalej w tekście swoje plebejskie korzenie. Nie bez dumy przypomina, że jest synem „gospodyni domowej i skromnego urzędnika", wychował się „wśród niewykształconych, ale mądrych górali". Jest tu tylko pozorny brak konsekwencji. Górale mieszkający na apenińskich stokach nie mieli wprawdzie formalnego wykształcenia, jednak byli mędrcami, ponieważ „umieli Dantego na pamięć" i sami byli w stanie improwizować wiersze. Do wsi z dzieciństwa wracają więc cały czas myśli autobiograficznego narratora, ponieważ tylko i wyłącznie tam może znaleźć dzisiaj odrobinę normalnej kultury.

W czym ujawniają się zatem „władza" i „zło" według Gucciniego? „Złem" jest na pewno telewizyjna tandeta, zastępowanie prawdziwej kultury „próżnymi plotkami o piłkarzach miliarderach i ich człeko-

[248] O. Höffe, *Mała historia filozofii*, Warszawa 2004, s. 160–161.

[249] F. Guccini, *Addio...*

kształtnych modelkach", doprowadzenie wszelkiej wiary do nadziei na wygraną w totolotka. Tymczasem „władzą", przeciw której nie tylko wolno, ale wręcz należy się zbuntować, jest władza „alfonsów i dziwek", „aferzystów i oszustów". Towarzyszy jej zresztą rzekoma opozycja „tych, którzy określają się mianem lewicowców i demokratów", ale ani myślą przeciwstawiać się prawicowcom, a nawet gustują w religijnym fundamentalizmie[250].

Puenta *Pożegnania* zawiera równocześnie deklarację poetycką i bardzo dyskretny, wyrafinowany cytat literacki. Na przełomie dwóch tysiącleci „ten trefniś wprawdzie do niczego, ale oburzony", za jakiego ma się *porte-parole* autora, zdaje sobie sprawę, że jego „lwi ryk staje się jagnięcym beczeniem", niemniej kieruje swoje słowa do publiczności z nadzieją, że ta odbierze je z należytą powagą. Na określenie publiczności zaś wykorzystuje zwrotkę Baudelaire'a: *Hypocrite lecteur! — mon semblable, — mon frère!*[251], zamieniając jednak „czytelnika" na „słuchacza" (wł. *auditore*), a „brata" na „przyjaciela" (wł. *amico*).

Ta ostatnia zmiana jest szczególnie zastanawiająca. Wybór „słuchacza" miast „czytelnika" jest w pełni uzasadniony, ponieważ publiczność Gucciniego zazwyczaj słucha jego piosenek, rzadziej czytając jego teksty. Dlaczego jednak „brat" staje się „przyjacielem", jest zagadnieniem trudnym do rozstrzygnięcia. Może tą zmianą autor chciał podkreślić swój sprzeciw wobec retoryki chrześcijańskiego „braterstwa", która jemu kojarzy się niemal jednoznacznie z faryzeuszostwem. Ogólnie rzecz ujmując, autor Guccini często przypomina wierzącego antyklerykała, jak to wynika między innymi z fragmentu utworu *Cirano*, w którym występują przecież obok siebie inwektywy skierowane nie tylko pod adresem księży zdradzających Boga, ale również przeciw materialistom, którzy „szukają prawdy z nosem w ziemi, jak świnie"[252]. Założenie to zdaje się potwierdzać wzmianka w *Pożegnaniu* o lwim ryku, który „staje się jagnięcym beczeniem", czyli przenośnie słowem Baranka Bożego.

---

[250] *Ibidem.*

[251] Ch. Baudelaire, *Les fleurs du mal*, Paris 2007.

[252] F. Guccini, *Cirano...*

Warto poświęcić kilka słów także piosence, która stanowi swego rodzaju ciąg dalszy *Wypiętej pupy* sprzed kilkunastu lat. Utwór ten nosi tytuł: *E un giorno...* (A pewnego dnia...) i też dotyczy córki. Powtarza się tu po raz kolejny podtekst składniowy polegający na rozpoczęciu zdania od spójnika, dlatego że treść jest skierowana do osoby, z którą dialog trwa od dłuższego czasu.

W skrajnie syntetycznym tekście, liczącym mniej niż czterysta słów, rozwija się fabuła swoistego *Bildungsroman*. Każda strofa zawiera jedno ujęcie z przeszłości. Na początku jest chodzenie do przedszkola, potem — do podstawówki, za chwilę jest powrót do pokoju, który jako dziewczyna ozdabiała podobiznami bohaterów nastolatek. Między jednym a drugim obrazem rozwija się natomiast konfliktowy stosunek z ojcem, który w pewnym momencie przestał symbolicznie „opowiadać bajki i trzymać za rękę" swoją córkę[253].

Nie ma jednak w tekście, jak też nie było w *Wypiętej pupie*, stwierdzenia niemożliwości komunikowania się między pokoleniami. Tu też ojcowski narrator przepowiada, że dojrzewanie nie będzie łatwe i trzeba będzie za nie zapłacić „niebotyczną cenę". Ale właśnie po przykrych doświadczeniach związanych ze stawaniem się osobą dorosłą może córka będzie patrzyła na ojca innymi oczami. Zrozumie, że jest do niej nadzwyczajnie podobny, „trochę szalony, trochę mądry". Tak jak ona, dozuje obawy i odwagę i może dumnie powiedzieć: „Cały czas się starałem". Właśnie to hasło — swoiste streszczenie zasady bezwzględnej wierności sobie — można uznać za najdobitniejszą spuściznę ideową człowieka Gucciniego.

Ritratti

Podczas gdy na płycie *Stagioni* przekształcono postać Ernesta Guevary w symbol ponadhistoryczny i tym samym immanentny, na krążku z 2004 roku pt. *Ritratti* (Portrety) znajduje się niemal hagiograficzny utwór poświęcony postaci realnie w swoim czasie istniejącej — argentyńskiemu lekarzowi zamordowanemu 9 października 1967 roku

[253] F. Guccini, *E un giorno...*, [w:] *idem*, *Stagioni...*

w Boliwii. Ku czci rzeczywistego bohatera Guccini dokonał własnej adaptacji dzieła Manuela Vazqueza Montalbána. Ten niedawno zmarły kataloński pisarz był znany we Włoszech dzięki między innymi swojej książce na temat kubańskiej rewolucji[254]. Dzieło napisał na podstawie niektórych tekstów autorstwa samego Guevary. Książka niestety nie została jeszcze przetłumaczona na polski. Dzięki adaptacji Gucciniego dzieło Montalbána zaistniało jako *Canzone per il 'Che'* (Pieśń dla „Che"), do której muzykę napisał Juan Carlos Biondini.

W *Pieśni dla „Che"* znajdujemy wątki, które już były obecne w *Stagioni*. Najważniejszy z nich stanowi raz jeszcze walka ze „złem" i „władzą", którym jednak w nowszym utworze autor nadaje oblicze konkretniejsze dzięki zapożyczeniu haseł od samego Guevary za pośrednictwem twórczości Vazqueza Montalbána. „Zło" staje się na przykład „biedą", „władza" zaś — „przemocą" wobec niepokornych biednych. W zakończeniu natomiast przewija się myśl o „powrocie" Guevary, a ściślej mówiąc, o wymiarze niemal mitologicznym postaci „bohatera Trzeciego Świata". Oto dwa szczególnie znaczące fragmenty, w których narrator przemawia słowami samego argentyńskiego rewolucjonisty:

> Walczymy z biedą,
> A równocześnie z przemocą.
> [...]
> Panie Pułkowniku, jestem Ernesto, *el „Che"* Guevara.
> Strzelajcie! Będę tak samo przydatny po śmierci, jak i za życia[255].

Wraca też na tej płycie temat Ameryki — bajecznej krainy wolności, która to wolność okazuje się jednak nader iluzoryczna. Wątek ten znaleźliśmy już w utworze *Amerigo*, w którym Stany Zjednoczone tkwią w fantazji dziecka, jako kraina filmowych bohaterów albo walecznych żołnierzy wysłanych przez prezydenta Roosevelta w celu wyzwolenia Włoch i Europy od faszyzmu. Jednakże oczyma tytułowego bohatera — emigranta USA — są też przedstawione jako miejsce, gdzie Murzyni, Irlandczycy, Polacy i Włosi muszą mozolnie się przedzierać „przez lata katorgi, piwa i dziwek". Sprzeczność pomiędzy obrazem Ameryki a jej

---

[254] M. Vázquez Montalbán, *E Dio entrò all'Avana*, Milano 1999.
[255] F. Guccini, *Canzone per il 'Che'*, [w:] *idem*, *Ritratti...*

realiami symbolizuje też w *Pieśni dla Sylwii* Statua Wolności, w której cieniu Baraldini znalazła tylko więzienie za swoje przekonania. Uwieńczeniem poetyki fałszywie wolnej Ameryki jest na *Portretach* piosenka poświęcona Krzysztofowi Kolumbowi i jego załodze, którzy w 1492 roku wypłynęli z epokową misją odkrycia szlaku do Indii, a w końcu odkryli nieznany dotąd kontynent.

Guccini opisuje wyprawę słynnego żeglarza między innymi następującymi wersami:

> I płynie, płynie tam, jak już płynie dusza przed urodzeniem.
> Płynie, płynie, jednak ocean to tylko piach i marzenia,
> Aż ktoś podnosi mglistą kurtynę
> I, jak w iluzorycznym cyrku, wyświetla Amerykę.
> Tam żądza złota urodziła pustych żebraków sensu
> Pławiących się w próżności, głodnych nieskończoności.
> Tam kryształowe wieże Babel już wyższe od niebios
> Powodują, że serce bić ci przestanie, jak Ikarowi podczas lotu.
> Tam z celi do azbestowego księżyca chodzi człowiek „przed egzekucją".
> Tam w Dniu Dziękczynienia piecze się indyka w kuchni.
> A gdy roje ogłuszających samolotów okrążają jak pajęczyna
> Tę bezsensowną, gorzką Amerykę, to on podnosi kotwicę, stawia żagle
> I odpływa, odpływa stamtąd, jak najdalej od tego ogłuszającego kłamstwa.
> Odpływa, odpływa stamtąd, w sercu są tylko Ninia, Pinta i Santa Maria[256].

Amerykańskie sprzeczności przekładają się tutaj na gruntowne rozmyślanie żeglarza. Kolumb najpierw stara się o pomyślne zakończenie wyprawy, mimo że płynie w nieznane. Kiedy jednak odkryje, co naprawdę dzieje się na tych ziemiach, jest zdegustowany, „podnosi kotwicę, stawia żagle" i ucieka od iluzji *American way of life*. Zdaje sobie sprawę, że przedmiotem jego pożądania nie była Ameryka, lecz żegluga sama w sobie. W sercu ma tylko swoje okręty i nic innego.

Krytyczne nastawienie wobec Ameryki przekłada się na zbiór obrazów, jakie ujawniają się Kolumbowi, kiedy tylko zobaczy Nowy Świat. Od samego początku Ameryka przedstawia się jako spektakl „w iluzorycznym cyrku". Brak w niej przede wszystkim sensu istnienia. Życie polega tylko i wyłącznie na dążeniu do pieniędzy, na „żądzy złota" obnażającej jednoznacznie bezduszne oblicze społeczeństwa konsump-

---

256 F. Guccini, *Cristoforo Colombo*, [w:] *idem*, *Ritratti*...

cyjnego. Pośrednio narrator polemizuje także z martyrologią związaną z zamachami 11 września 2001 roku. „Krzyształowe wieże" porównuje się bowiem w tekście z wieżą Babel, której cechą rozpoznawczą jest według Biblii bluźnierstwo[257].

Bluźnierstwo polega między innymi na zredukowaniu Dnia Dziękczynienia do rutyny upieczenia indyka, przede wszystkim jednak wyraża się zabójstwami w majestacie prawa, jakie się wykonuje w kraju, w którym jeszcze obowiązuje kara śmierci. Obraz człowieka chodzącego „przed egzekucją" nawiązuje bezpośrednio do filmu Tima Robbinsa z 1995 roku[258].

Oprócz historycznych postaci Guevary i Kolumba jest też na płycie bohater prawdziwie mitologiczny — Odyseusz, któremu Guccini poświęca piosenkę, do której dodaje osobliwy komentarz: „Z podziękowaniem i przeprosinami dla Homera, Dantego, Foscola, K. Kavafisa, J.C. Izzo, A. Prandiego"[259]. Nie ma na liście Jamesa Joyce'a i to nikogo nie powinno dziwić. Guccini nawiązuje w tym utworze do klasycznego bohatera i jego homerowskich perypetii, czego dowodem ma być samo imię stanowiące tytuł utworu. Guccini wybrał bowiem starogrecką wersję *Odysseus*, rezygnując z łacińskiej formy *Ulysses*, która mogłaby się kojarzyć ze strumieniem świadomości w arcydziele współczesnego powieściopisarza irlandzkiego. Odyseusz Gucciniego natomiast ma cechy jak najbardziej klasyczne, chociaż jest przedstawiony także przez pryzmat późniejszych adaptacji przez autorów wymienionych w „słowie wstępnym" do piosenki.

Kim są jednak autorzy, którym Guccini dziękuje i których przeprasza? Obecność Homera na liście nie potrzebuje chyba wyjaśnień. Wzmianki o Odyseuszu w twórczości Dantego i Foscola są powszechnie znane wszystkim, którzy kiedykolwiek zajmowali się choćby przelotnie historią literatury włoskiej. Pozostała trójka jest zdecydowanie bardziej tajemnicza. Nazwisko Prandi jest szczególnie mało znane. Jego

---

[257] Ks. Rodzaju, XI, 1–9.

[258] Oryginalny tytuł: *Dead Man Walking*, scenariusz i reżyseria: T. Robbins, tytuł wersji polskiej: *Przed egzekucją*, premiera w Polsce: 12 kwietnia 1996 roku.

[259] F. Guccini, *Odysseus*, [w:] *idem*, *Ritratti*...

tożsamość zdradza nam jednak sam Guccini: „To jeden z moich kuzynów, który napisał kiedyś wiersz o Odysei”[260].

Tymczasem Jean-Claude Izzo, zmarły 26 stycznia 2000 roku w Marsylii, był autorem powieści kryminalnych. Najpopularniejszym z bohaterów jego książek jest Fabio Montale, policjant małego wzrostu, ale wielkiego apetytu, a przede wszystkim — wielkiego serca, które ujawnia się w jego osobistym poświęceniu na rzecz bezpieczeństwa mieszkańców chyba najsłynniejszego z miast portowych Morza Śródziemnego — Marsylii. Nawiasem mówiąc, bohater Izzo stał się wzorem wielu postaci w powieściach kryminalnych, które Guccini napisał wraz z Macchiavellim.

Guccini lubi Montalego i jego nieżyjącego już autora, jednakże dedykacja nie jest tylko dowodem sympatii. Guccini miał na myśli konkretne dzieło Izzo. Jest nim powieść *Les marins perdus* (Zagubieni marynarze), w której pisarz opowiada historię frachtowca o nazwie Aldébaran, zacumowanego na stałe w marsylskim porcie z powodu bankructwa armatora[261].

Na statku pozostaje trzech najważniejszych członków załogi. Są nimi Turek — radiotelegrafista Nedim, Grek — drugi oficer Diamantis, i Libańczyk — kapitan Abdul Aziz. Ta trójka nie może opuścić okrętu, zatem marynarze spędzają czas, opowiadając sobie historie na tematy o bardzo szczególnym zabarwieniu. Są to historie o kobietach, które na nich czekają, o dzieciach, których nie widują od urodzin, o dalekich krajach, o których nie mogą zapomnieć. Inaczej mówiąc, przeszłość wszystkich trzech marynarzy jest nadzwyczajnie podobna do perypetii Odyseusza z Homerowego eposu.

Guccini, snując swoje opowiadania o Odyseuszu, wzoruje się na memuarach członków załogi Aldébarana. W piosence bowiem Odyseusz jest równocześnie bohaterem i narratorem. W przeciwieństwie do *Odysei* Homera nie ma w tekście opowiadania o Odyseuszu w trzeciej osobie, lecz sam bohater wyraża swoje wartościujące zdanie o życiu i doświadczeniach z przeszłości. Związek między

---

260 http://www.francescoguccini.it/ritratti_new/content.htm (dostęp: 9 stycznia 2012).

261 J.C. Izzo, *Les marins perdus*, Paris 1997, *passim*.

utworem Gucciniego a powieścią Izzo nie tyczy się zatem treści, lecz stylistyki.

Tymczasem Konstantinos Kavafis był postacią wielce symboliczną, niemal mitem szeroko pojętej kultury śródziemnomorskiej. Urodził się 29 kwietnia 1863 roku w Aleksandrii w rodzinie Greków pochodzących ze Stambułu. Tym samym reprezentował sobą trzy spośród najważniejszych cywilizacji, które stanowią do dzisiaj o obliczach i tradycjach w akwenie śródziemnym: egipskiej, greckiej, tureckiej. W 1892 roku stał się w wieku zaledwie 29 lat wysokim urzędnikiem w aleksandryjskim ministerstwie. Dzięki dobrze płatnej posadzie osiągnął niezależność finansową i, co za tym idzie, mógł swobodnie podróżować. Długo bawił w Paryżu i w Atenach. Umarł w 1933 roku w Aleksandrii[262].

Poetycką twórczość Kavafisa charakteryzuje przede wszystkim poszukiwanie formy niemal epigramatycznej. Jego wiersze są zazwyczaj krótkie, treść — zwięzła. Wyłania się z nich idea poezji prawie arystokratycznej, w ramach której wiersze stanowią swego rodzaju ucieczki od błahości życia codziennego. Głównym wątkiem są często wspomnienia, kult hellenistycznej i bizantyjskiej przeszłości, z której autor wyławia postacie symbolizujące egzystencjalistyczne zakłopotanie współczesnego człowieka[263]. Uwagę Gucciniego przyciągnął na pewno wiersz *Itaka*, w którym poeta przemawia do słuchacza wprawdzie nieokreślonego, którego jednak można uznać bez trudu za samego Odyseusza.

Wypływając do Itaki, pisze Kavafis, warto życzyć sobie długiej podróży, w ten sposób można bowiem zgromadzić przygody i doświadczenie. Nie warto natomiast bać się potworów ani Neptuna, ponieważ groźne istoty nadprzyrodzone czyhają tylko na tych, którzy je noszą w sobie. Można je spotykać wyłącznie wtedy, gdy własna dusza zachęca do walki z nimi.

Jeżeli podróż jest naprawdę długa, będzie wiele letnich poranków, wiele portów do odwiedzenia po raz pierwszy, wiele faktorii, gdzie można będzie kupować mnóstwo perfum i spotykać wielu mędrców.

---

[262] Dane biograficzne w: P.M. Minucci, *Costantino Kavafis*, Firenze 1979.

[263] Por. komentarze krytyczne Z. Kubiaka w: K. Kavafis, *Wiersze i proza*, Warszawa 2001.

Itakę należy zachować cały czas w pamięci, ale dotrzeć do niej dopiero wtedy, gdy człowiek jest już stary i bogaty. Nie wolno się spodziewać bogactwa od Itaki, ponieważ już podarowała okazję do wspaniałej podróży. Stary, mądry podróżnik nie będzie rozczarowany tym, że Itaka jest biedna. Ze swoim doświadczeniem będzie wiedział, jakie jest to prawdziwe znaczenie Itaki.

Od Kavafisa Guccini zapożyczył przynajmniej dwa elementy. Pierwszy to bieda Itaki, którą Odyseusz Gucciniego opisuje w kategoriach „skalistej wyspy" — niegościnnego miejsca, gdzie dla niego „pot i ziemia były srebrem, wino i oliwa były złotem". Drugim elementem jest radość wpływania do nieznanych dotychczas portów, o której mowa na samym końcu piosenki i symbolizuje niestrudzone poszukiwanie nieskończoności przez narratora.

Wracając do cytowanych przez Gucciniego wielkich poetów włoskich, można z absolutną pewnością skojarzyć dzieło Foscola, do którego odnosił się autor. Jest to sonet pt. *Do Zacinto*, w którym poeta zwraca się do wyspy swojego dzieciństwa, wzmiankując o „słynnych wersach" Homera. *Odyseja* w ujęciu Foscola to dzieło o „rozmaitych wędrówkach, po których piękny, bo sławny i nieszczęsny Odyseusz ucałował swoją skalistą Itakę"[264]. Guccini zapożyczył od Foscola wielce literacki w języku włoskim przymiotnik *petrosa* (skalista) w celu określenia rodzimej wyspy Odyseusza.

W przeciwieństwie do idealizowanego bohatera, który w sonecie Foscola jest wręcz „piękny, bo sławny i nieszczęsny", Odyseusz Dantego jest postacią w gruncie rzeczy dwulicową. Z jednej strony wypowiada może najsłynniejszą apostrofę w całej *Komedii*. Zachęca w niej:

> Zważcie plemienia waszego przymioty:
> Nie przeznaczono wam żyć, jak zwierzęta,
> Lecz poszukiwać i wiedzy, i cnoty[265].

---

[264] W oryginale: *il diverso esiglio / per cui bello di fama e di sventura / baciò la sua petrosa Itaca Ulisse.*

[265] *Piekło*, XXVI, 118–120, [w:] D. Alighieri, *Boska Komedia*, przeł. E. Porębowicz, Kraków 2003 — w oryginale kolejność „przymiotów" jest odwrotna: *Considerate la vostra semenza: / fatti non foste a viver come bruti, / ma per seguir virtute e canoscenza.*

Postać, która tak się wysławia, zdaje się wielkim autorytetem moralnym. Z drugiej strony jednak ten sam Odyseusz znajduje się w najgłębszym kręgu piekielnym. „Tą lekką zachętą"[266] zgubił bowiem swoich towarzyszy, skłaniając ich do wypłynięcia za Słupy Heraklesa, czyli poza najdalszą granicę wówczas znanego świata, po czym doszło do zatonięcia ich statku. Właśnie tę okoliczność zapożyczył Guccini, wykorzystując niemal dosłownie jeden z wersów Dantego. Pisze dosłownie poeta: „Myśmy z wioseł zrobili skrzydła na szalony lot"[267]. Wtóruje mu Odyseusz Gucciniego: „Wiosła zmieniłem w skrzydła na szalony lot"[268].

Kim jest więc Odyseusz Gucciniego? Od samego początku podkreśla, że „nie należał do morza", miał natomiast „duszę rolnika", jednak olimpijscy bogowie wraz z innymi ludźmi sprawili, że musiał wypłynąć. Jest tu autobiograficzne echo. Guccini nieraz powtarzał, że czuje się u siebie tylko w Pávanie, czyli we wsi swojego dzieciństwa. Wiele razy pojawia się ponadto w jego twórczości temat bezprzedmiotowości żeglugi morskiej. Dobitnym przykładem jest końcowe stwierdzenie Gullivera, że „od czasu i morza niczego nie można się nauczyć", ale również w utworze *Bezużytecznie* plaża w Rimini widnieje jako miejsce kompletnie pozbawione sensu. Tymczasem zarówno w *Bizancjum*, jak i w *Wenecji* morze symbolizuje obojętność wobec ludzkich losów.

Wątek ten powraca w ostatniej strofie *Odyseusza*. Według narratora każdy szlak morski jest „kłamliwy", składa się wyłącznie z legend zagubionych w wiecznej nocy, w której żyje ślepy Homer. Jednak właśnie Homer podarował Odyseuszowi życie wiecznie za pomocą zwrotek, rytmu, rymów. Tym samym bohater ma „nieskończoną radość" ciągłego wpływania do wcześniej nieznanych portów.

Jest tu poważna poszlaka wskazująca na symboliczne znaczenie postaci Odyseusza w poetyce Gucciniego. Z jednej strony ucieleśnia moc poezji, za której pośrednictwem można osiągnąć jedyną możliwą nie-

---

[266] *Piekło*, XXVI, 122 — w oryginale: *orazion picciola*, czyli „małe przemówienie".

[267] *Piekło*, XXVI, 125, przeł. D. Artico — wersja Porębowicza: „prąc skrzydła wioseł na jazdę szaloną" wydaje się zbyt daleko posuniętą licencją poetycką tłumacza: *de' remi facemmo ali al folle volo.*

[268] F. Guccini, *Odysseus...*

śmiertelność. Z drugiej zaś daje przykład godnego życia, które polega — jak zresztą także u Kavafisa — na ciągłym poszukiwaniu mądrości w nowych portach.

Oprócz homeryckiej postaci, rewolucjonisty i odkrywcy jest na płycie także portret „bohatera życia codziennego". Jest nim Carlo Giuliani — chłopak zamordowany 20 lipca 2001 roku w Genui podczas protestów z okazji szczytu G8. Wydarzenia z Genui pozostają dotychczas w dużej mierze niewyjaśnione. Zapadły wyroki sądowe skazujące niektórych funkcjonariuszy policji i karabinierów za stosowanie nadmiernej przemocy, nieuzasadnione naruszenie nietykalności cielesnej manifestantów. W akcie oskarżenia prokurator napisał nawet o istnych „torturach", jakim miały być poddawane setki obywateli nielegalnie zatrzymanych. Oskarżeni policjanci zostali jednak uniewinnieni z tego ostatniego zarzutu[269]. Genueński prokurator Ezio Castaldi stwierdził ponadto, że w trakcie manifestacji niektóre oddziały włoskich karabinierów nadużywały środków bezpośredniego przymusu: pałek, gazów łzawiących, w celu uniknięcia starcia protestujących z siłami bezpieczeństwa Stanów Zjednoczonych, ponieważ Amerykanie byli gotowi do użycia broni palnej z ostrą amunicją[270].

Do strzelaniny jednak doszło. Szeregowiec Mario Placanica z batalionu karabinierów Sicilia w trakcie manifestacji strzelił z bojowego pistoletu marki Beretta kal. 9 do Giulianiego, trafiając go w głowę. Dwudziestoletni Giuliani zginął na miejscu. Wskutek późniejszego dochodzenia Placanica został uniewinniony, mimo że Giuliani był bezbronny, zatem nie było bezpośredniego zagrożenia utraty życia lub zdrowia przez osoby trzecie ani przez samego karabiniera.

Guccini napisał piosenkę *Piazza Alimonda.* Jest to plac w Genui, na którym zginął Giuliani. Tekst utrzymany został w konwencji *Praskiej wiosny.* Na samym początku utworu z 1970 roku jest obraz Pragi skupionej na placu św. Wacława, „pamiętającym czasy dawnej świetności". Analogicznie *Piazza Alimonda* rozpoczyna się aluzją do wspa-

---

[269] M. Calandri, *Bolzaneto, quasi un colpo di spugna*, „La Repubblica" 15 lipca 2008, s. 13.

[270] M. Calandri, M. Preve, *Genova, al G8 agenti Usa pronti a sparare*, „La Repubblica" 20 lipca 2008, s. 16.

niałej tradycji średniowiecznej republiki morskiej. W Genui, jak ją przedstawia Guccini, wciąż jeszcze bije „republikańskie serce", a życie, jak dawniej, toczy się w sieci carrugiów, czyli zaułków genueńskiej starówki[271].

Kolejne podobieństwo zachodzi w porównaniu opisu wojsk Układu Warszawskiego wysłanych w 1968 roku na stłumienie praskiego zrywu wolnościowego i szeregów włoskich policjantów (w niebieskich mundurach) i karabinierów (w czerni), którzy „okupowali" Genuę podczas szczytu G8. Siły porządkowe przedstawia się następująco: „Czarne albo niebieskie mundury, dokładne rozkazy, pot i gniew, twarze i tarcze hoplitów, pod skórą świerzbowce nienawiści"[272].

Zakończenie utworu jest jednak bardziej pesymistyczne niż w przypadku *Praskiej wiosny.* W piosence z 1970 roku „tłum zranionych" zwraca się do niebios z cichą nadzieją na wolność w nieokreślonej przyszłości[273]. Natomiast w utworze *Piazza Alimonda* jest tylko pozorny powrót do normalności po tragicznym wydarzeniu. Latarnia morska góruje jak wcześniej nad miastem, są niemal impresjonistyczne obrazy pomalowanego na zielono kiosku z gazetami i czerwonych kwiatów ozdobnej szałwii. Nie ma jednak perspektyw lepszego jutra. W przeciwieństwie do samobójczego protestu Jana Palacha śmierć Giulianiego nie przyniesie więcej wolności. Pozostaje tylko „gorzki i niezatarty ślad otwartej rany" w zbiorowym ciele Genui, która będzie pamiętać, „bo niełatwo jest zapomnieć"[274].

[271] F. Guccini, *Piazza Alimonda,* [w:] *idem, Ritratti...*
[272] *Ibidem.*
[273] F. Guccini, *Primavera di Praga...*
[274] F. Guccini, *Piazza Alimonda...*

Nie tylko śpiewem, lecz pisanym słowem przepięknym

Niewierszowaną twórczość Gucciniego można sklasyfikować w ramach trzech głównych nurtów. Jest przede wszystkim tak zwana trylogia autobiograficzna, do której jednak autor odnosi się dzisiaj z pewnym dystansem. Stwierdził bowiem w wywiadzie: „Dzisiaj nie napisałbym już powieści podobnej do tych trzech, które stanowiły zabawę w język mówiony, mieszankę różnych dialektów i potocznego języka włoskiego"[275].

Autobiograficzna „trylogia" składa się z książek napisanych między 1989 a 2003 rokiem. Zaczyna się od *Croniche epafàniche* (Kronik Pàvany). Sednem tego utworu jest próba systematyzacji wspomnień autora po tym, jak w wieku dorosłym odkrył ponownie wieś swojego dzieciństwa. Książka jest także swego rodzaju uwieńczeniem badań lingwistycznych nad dialektem strefy geograficznej, w której scalają się języki i kultury Niziny Padu z językiem i kulturą toskańską, skąd wywodzi się literacki język włoski. Północne stoki apenińskie stanowiły przez dłuższy czas naturalną barierę oddzielającą cywilizacją szeroko pojętej Padanii od języka i kultury środkowych Włoch. Wyjątkami były małe osiedla górskie, w których te obce sobie strefy cywilizacyjne mieszały się w sposób bardzo osobliwy.

Ostatnie dzieło „trylogii" Gucciniego nosi tytuł *Cittanòva blues* (Nowomiejski blues) i dotyczy lat młodzieńczych autora, kiedy opuścił on rodzinną Modenę, żeby najpierw służyć jako oficer w wojskach lądowych, a potem zamieszkać w Bolonii w związku z rozpoczęciem studiów na tamtejszym uniwersytecie. Owym „Nowym Miastem" jest właśnie Bolonia, która zostaje utożsamiona z bluesem, ponieważ

[275] Wywiad z M. Smargiassim, „La Repubblica" 19 maja 2008.

jest siedzibą muzycznej bohemy, ale też miejscem smutku, gdzie ludzie umierają pod katedrą św. Petroniusza w beznadziejnym wyścigu za swoimi marzeniami[276].

Najciekawsza jest chyba jednak druga powieść, która ukazała się pierwotnie w 1993 roku pt. *Vacca d'un cane* (Psia krowa). Chronologicznie fabuła rozwija się od powrotu do Modeny po zakończeniu II wojny światowej do wcześniejszych doświadczeń Gucciniego jako członka amatorskiej grupy rockowej, włącznie z pierwszą wyprawą do „Nowego Miasta" na koncert. Na jednym z tych koncertów za pół darmo, który odbywał się w podupadłym lokalu nad Padem wśród chmar komarów, początkujący muzyk Guccini twórczo przeklął: „Czy mam tak grać przez całe życie? No sami zostańcie w tym zawodzie, psia krowa!"[277]. Dalszy przebieg wydarzeń pokazał, że Guccini niekonsekwentnie odniósł się do postanowienia rzucenia zawodu muzyka — ku wielkiemu zadowoleniu jego publiczności.

W powieści nie tylko Bolonia, ale także Mòdena ma swój pseudonim. Nazywa się „Città della Motta" (w tłumaczeniu: Zamkowo lub Zamkowice). Włoskie słowo *motta* jest zapożyczeniem z francuskiego *la motte* i odnosi się do szczególnej budowli powszechnej we wczesnym średniowieczu na obszarze cesarstwa karolińskiego. Jest to warownia na wzgórzu, która z biegiem czasu zaczęła pełnić funkcję ośrodka administracyjnego dla przylegających wsi, aż stała się prawdziwym zamkiem, siedzibą feudała. Nie ma pewności, czy nazwa miasta Mòdena pochodzi właśnie od rzeczownika *motta*. Gucciniowskie utożsamienie ma podłoże przede wszystkim fonetyczne.

Odmowa przyznania Modenie jej właściwej nazwy wiąże się z poczuciem alienacji, które zawładnęło małym Franceskiem w momencie przeprowadzki do miasta. „No spróbuj ty zamieszkać w mieście!", skarży się maluch, który pierwszych pięć lat swojego życia spędzał w górach i był przyzwyczajony do bezpośredniego kontaktu z przyrodą i „powłoki ochronnej" otaczającej niemal odizolowaną od reszty świata zagubioną w Apeninach wieś.

---

[276] Por. F. Guccini, *Bologna...*

[277] F. Guccini, *Vacca d'un cane...*, s. 137.

Szok pierwszego kontaktu z miastem symbolizuje podróż tramwajem. Nie dosyć, że za oknami migają ulice i domy zamiast kasztanowców, że wszystko jest płaskie, a nie górzyste, to jeszcze podczas jazdy otacza małe dziecko tłum obcych twarzy. „Tramwaj jedzie i jedzie — rozpacza mały Francesco — ktoś wsiada, ktoś wysiada i zaczynasz wątpić, czy kiedykolwiek zdołasz wszystkich poznać"[278].

Przybyłe dziecko czuje się nieswojo także wśród rówieśników. Czuje, że jest postrzegane jako obce między innymi z powodu języka. Mały Francesco ma akcent góralski, wymawia samogłoski zgodnie z fonologią toskańską, podczas gdy inne dzieci mają wyraźną wymowę padańską, używają innych zaimków. Uwidacznia się tutaj pasja językoznawcza Gucciniego, wskutek której miał później podjąć pracę naukową i opublikować nawet słownik dialektu z Pàvany[279].

Jednakże robi wrażenie przede wszystkim bezpośredni i bardzo prosty sposób, w jaki autor oddaje alienację pięcioletniego dziecka. Dziecko nie jest w stanie zgłębić powodów bycia „innym", zatem narrator wypowiada się wyłącznie na podstawie bezpośrednich doświadczeń malca. Mały Francesco jest „inny", dlatego że inaczej mówi. Tak jak u prawdziwego pięciolatka, nie ma psychologicznych bądź egzystencjalistycznych rozważań. Jest natomiast proste stwierdzenie faktu, że rówieśnicy „wysławiali się trochę inaczej albo, ściślej mówiąc, to *ty* wysławiałeś się śmiesznie"[280].

Fabuła powieści obejmuje proces dorastania dziecka, które idzie w parze z ważnymi chwilami w dziejach powojennych Włoch: odbudową kraju, referendum ustrojowym, które monarchię przemieniło w republikę, otwarciem na mody zza Atlantyku. Wszystko jest jednak opisane słowami wyrostka, czyli przez pryzmat bezpośrednich kontaktów ze światem dorosłych.

W pewnym wieku zaczyna się okres, który w jednej ze swoich piosenek Guccini zdefiniował „głupią adolescencją"[281]. Nastolatki z Modeny, jak to wynika z powieści, miały swoje „obrzędy inicjacyjne".

278 *Ibidem*, s. 12.

279 F. Guccini, *Dizionario del dialetto di Pàvana*, Porretta Terme 1998.

280 F. Guccini, *Vacca d'un cane...*, s. 21.

281 F. Guccini, *Piccola città...*

Polegały one na piciu lokalnego wina Lambrusco, na rywalizacji, kto najgłośniej beknie, na grze w piłkarzyki i na innych rozrywkach zakazanych małym dzieciom. Narrator zdradza też, w jaki sposób nastolatki patrzyły na siebie, jak na dorosłych już mężczyzn. Grupa kolegów była odważnym układem „ludzi dojrzałych i odpowiedzialnych", którzy już mieli własną wizję świata[282]. Im przynajmniej tak się wydawało. Jednakże ta „wizja świata" nie była niczym innym, jak ucieczką od szarej rzeczywistości, od szkolnej nudy i mglistych, mroźnych zim w poszukiwaniu idealizowanej Ameryki, która miała iluzoryczne oblicze Kaczora Donalda i bohaterów hollywoodzkich filmów.

Oprócz trylogii „powieści o dojrzewaniu" z mocnym autobiograficznym piętnem Guccini poświęcił dużo pracy twórczej prozie kryminalnej. W parze z Lorianem Macchiavellim napisał jak dotąd pięć powieści[283]. Bliskość dwóch autorów ma podłoże przede wszystkim geograficzne. Macchiavelli też pochodzi z doliny rzeki Reno, w której leży również Pàvana. Jest ponadto niewiele starszy od Gucciniego. Urodził się w 1934 roku w miejscowości Vergato. Karierę literacką rozpoczął jako dramatopisarz, za co był nagrodzony w niektórych konkursach, między innymi w Riccione i Reggio Emilia. W1974 roku odkrył jednak w sobie pasję do literatury kryminalnej i zaczął pisać powieści, których akcje rozgrywają się bez wyjątku we Włoszech. Jedna z jego powieści[284] doczekała się telewizyjnej adaptacji w reżyserii Pina Passalacqui. Odcinki te emitowała publiczna telewizja w kwietniu 1978 roku.

Głównym bohaterem powieści i telewizyjnej adaptacji jest podchorąży Antonio Sarti. Jest on wzorowym, w pełni oddanym służbie podoficerem policji. Wiele lat później Sarti wróci na ekrany dzięki reżyserowi Mauriziowi Rotundiemu. Od lutego 1991 roku stacja Rai nadawała trzynaście odcinków serialu *L'ispettore Sarti — un poliziotto,*

---

[282] F. Guccini, *Vacca d'un cane...*, s. 97.

[283] F. Guccini, L. Macchiavelli, *Macaronì. Romanzo di santi e delinquenti*, Milano 1998; *idem*, *Un disco dei Platters*, Milano 1999; *idem*, *Questo sangue che impasta la terra*, Milano 2001; *idem*, *Lo Spirito ed altri briganti*, Milano 2002; *idem*, *Tango e gli altri. Romanzo di una raffica, anzi tre*, Milano 2007.

[284] L. Macchiavelli, *Passato, presente e chissà*, Milano 1978.

una città (Inspektor Sarti — policjant i miasto). Nową postać Sartiego kreował aktor Gianni Cavina. Cechą rozpoznawczą nowej serii na podstawie kolejnych powieści Macchiavellego jest lokalizacja. Wszystkie przygody Sarti — awansowany w międzyczasie na inspektora — przeżywa w Bolonii bądź w jej okolicach.

Pod koniec lat 90. Macchiavelli z Guccinim postanowili stworzyć nowego bohatera, który w niewielkim stopniu przypomina popularnego Sartiego. Jest nim Benedetto Santovito — chorąży karabinierów, któremu przyszło pełnić służbę na wsi na pograniczu Emilii i Toskanii, czyli właśnie w otoczeniu, w którym wychowali się autorzy. Chorąży Santovito jest główną postacią wszystkich wspólnych powieściach Gucciniego i Macchiavellego. W pierwszej jest także dowcipne wyjaśnienie powodu wyboru nazwiska bohatera. Jeśli zmieni się kolejność imienia i nazwiska, wychodzi swojego rodzaju zawołanie, które kojarzy się z ludową religijnością typowego Sycylijczyka, który wyemigrował na północ Włoch: *Santo Vito benedetto!* (Niech będzie pochwalony święty Wit). Nieprzypadkowo debiutancki kryminał pary autorskiej nosi podtytuł: *Romanzo di santi e delinquenti* (Powieść o świętych i przeklętych). W pełni ujawnia się tutaj zamiłowanie Gucciniego do gier językowych.

„Święci" w podtytule odnoszą się też do pewnego elementu fabuły. Jednym z głównych bohaterów powieści jest Ciarein — dziecko XIX-wiecznego rozbójnika z terenu Apeninów, które emigruje do Francji. W Marsylii Ciarein żyje z ulicznego handlu figurkami świętych. W opisach ciężkiego życia młodego emigranta we Francji widoczne jest nastawienie wyraźnie polemiczne autorów wobec objawów ksenofobii we współczesnych Włoszech. Tak jak dzisiaj na ulicach włoskich miast słychać wyrazy pogardy wobec ulicznych handlarzy pochodzących z Afryki, również we Francji na przełomie XIX i XX wieku włoskich emigrantów nazywano obraźliwie *macaronì* (makaroniarze). Stąd też wybór głównego tytułu powieści, *Macaronì*, co ma uświadomić czytelnikom, że jeszcze niedawno również włoscy emigranci musieli się zmagać na obczyźnie z nieprzychylnością miejscowej ludności.

Charakterystycznym elementem *Macaronì* jest wymiar diachroniczny rozwoju fabuły. Przygody chorążego Santovito mają miejsce w roku 1939, natomiast cała historia Ciareina rozgrywa się pod koniec poprzedniego wieku. Pasjonującą czytelnika tajemnicą ma być nie tyle ustalenie winnych określonego przestępstwa, ile raczej odkrycie powiązań pomiędzy serią XIX-wiecznych zbrodni, w tym zamachu terrorystycznego w prowansalskiej kopalni, a serią innych pozornie bezsensownych zbrodni popełnionych na apenińskiej wsi w przededniu przystąpienia Włoch do II wojny światowej. Ten ostatni wątek autorzy rozwijają zresztą w sposób bardzo umiejętny. Opisują z mnóstwem historiograficznych szczegółów klimat terroru, jaki faszyści wówczas usiłowali stworzyć w regionie, w którym mieszkali prawie wyłącznie opozycjoniści.

Współpraca Gucciniego z Macchiavellim nie ograniczyła się do postaci chorążego Santovito. Objęła również pierwszą przygodę Sartiego[285]. Kilka lat temu jej komiksową adaptację opublikował plastyk Gianni Materazzo, Guccini zaś napisał do niej obszerny wstęp[286]. Fabuła zarówno powieści, jak i komiksu rozwija się wokół postaci młodego Sartiego, który aresztuje trzech podejrzanych terrorystów. Cała trójka jest oskarżona o zamach bombowy w obiekcie wojskowym w Bolonii, w którym zginęło czterech żołnierzy. Guccini był oficerem włoskich wojsk lądowych, ponadto żył i pracował w Bolonii właśnie w latach 70., to jest w najgorętszym okresie „strategii napięcia". Tematy scenariusza są mu znane więc z autopsji. Swoją bardzo czytelną prozą rekonstruuje we wstępie realia tamtego okresu, porównując je z sytuacją współczesnych Włoch.

Wstęp do *Le piste dell'attentato* (Tropy zamachowców) należy do trzeciego nurtu twórczości w prozie Gucciniego. Do tego nurtu zaliczamy krótkie opowiadania bądź scenariusze do komiksów. W nich Guccini uwalnia swoją niemal wrodzoną pasję opowiadania niezbyt długich historii w sposób podobny do tego, w który pisze teksty swoich piosenek. Sam przyznaje się do podobieństwa w wywiadzie prasowym[287]. Podkreśla jednak, że z formą piosenki związana jest potrzeba

---

[285] Zob. L. Macchiavelli, *Le piste dell'attentato*, Milano 1978.

[286] L. Macchiavelli, G. Materazzo, *Le piste dell'attentato*, wstęp F. Gucciniego, Palermo 2005.

[287] Wywiad z M. Smargiassim...

zwięzłości, której nie ma w prozie. W wywiadzie przytacza swój opis barmanki w utworze *Autogrill*. Zgodnie z partyturą miał do dyspozycji zaledwie osiem sylab, więc skondensował oblicze dziewczyny następująco: *Bionda senza averne l'aria* (Blondynka, a nie wygląda)[288].

Dwa najważniejsze scenariusze do komiksów napisał Guccini w drugiej połowie lat 70. Pierwszy powstał w ramach współpracy z plastykiem Magnusem i owocował dziełem *Largo delle Tre Api* (Skwer Trzech Pszczół) w 1975 roku[289]. Drugi scenariusz Guccini napisał dla przyjaciela Aurelia Bonviciniego, który zwykł podpisywać swoje rysunki imieniem artystycznym Bonvi. Zmarłemu przedwcześnie Bonviemu Guccini zadedykował też swoją płytę *O miłości, śmierci i innych głupotach* z 1996 roku. Scenariusz z 1979 roku utrzymuje się w konwencji fantastyki pseudonaukowej[290].

Opowiadania Gucciniego ukazały się w rozmaitych publikacjach, w tym także zbiorowych. Pierwsza próba jest z 1994 roku i została wydana wraz z krótkimi tekstami beletrystycznymi innych autorów: Giorgia Cellego, Valeria Massima Manfrediego[291]. Guccini współpracował później z rzymskim powieściopisarzem i autorem filmowych scenariuszy Vincenzem Ceramim. Wydał z nim tomik (zaledwie 139 stronic) w 2001 roku[292]. Renoma Ceramiego jest związana przede wszystkim z jego scenariuszem do filmu *Życie jest piękne* w reżyserii Roberta Benigniego. Jego umiejętność tworzenia przyciągających uwagę fabuł z pozornie mało istotnych wspomnień osobistych zbliża jego stylistykę do prozy Gucciniego w sposób godny uwagi.

We wspólnym dziele autorzy opowiadają między innymi o Ameryce wymarzonej, a potem doświadczonej na własnej skórze, o góralach cytujących Dantego z pamięci, o rewolucji obyczajowej 1968 roku we Włoszech, o Dylanie, o chłopczyku poszukującym Indian i kowbojów na stokach apenińskich. Inaczej mówiąc, zbiór opowiadań jest swoistą adaptacją treści najpopularniejszych piosenek Gucciniego, któ-

---

[288] F. Guccini, *Autogrill*...

[289] Magnus, *Largo delle Tre Api*, „Lo Sconosciuto" 1975, nr 2.

[290] Bonvi, *Storie dallo spazio profondo*, Milano 1979.

[291] G. Celli, F. Guccini, V.M. Manfredi, *Storie d'inverno*, Milano 1994.

[292] F. Guccini, V. Cerami, *Storia di altre storie*, Casale Monferrato 2001.

re to treści zostają jednak oddane przy wykorzystaniu wyrafinowanych technik literackich Ceramiego.

Ostatni jak dotychczas zbiór opowiadań pióra Gucciniego ukazał się w 2008 roku pt. *Icaro* (Ikar)[293]. Ikar jest bohaterem opowiadania, którego pierwszą wersję Guccini napisał już w połowie lat 60.[294] Prosta fabuła jest oparta na paradoksie. Na peryferiach Bolonii żyją staruszek Ikar i dziecko. Niespodziewanie to właśnie dziecko jest tutaj głosem rozsądku. Bawi się, ale nie doznaje rozrywki, ponieważ nie jest w stanie pozbyć się logiki aż nadto dojrzałej. Ikar tymczasem zbiera najrozmaitsze śmieci, z których *nomen omen* chce zbudować maszynę do latania. Finał jest tragiczny, jak to w micie starogreckim. Mitologiczna postać Ikara ma szczególnie znaczenie dla Gucciniego, który umieścił ją już mimochodem w tekście *Krzysztofa Kolumba.*

Opowiadanie napisane jako ostatnie nosi tytuł *La scimmia* (Małpa). Akcja toczy się na wyspach Mauritius, gdzie grupa włoskich turystów zostaje okrutnie oszukana przez tubylca. Najciekawszy w opowiadaniu jest wymiar językowy. Guccini w celu napisania wiarygodnych dialogów w miejscowym żargonie konsultował się metodycznie ze swoją gosposią Moniką, która pochodzi właśnie z archipelagu na Oceanie Indyjskim.

Egzotycznych lokalizacji w najnowszych opowiadaniach nie brakuje, jakby Guccini starał się wykroczyć poza znane tereny, na których odgrywają się fabuły w autobiograficznej „trylogii". W każdym razie dokładność w umiejscowieniu akcji jest zawsze wzorowa. Prócz *Małpy* przykładem nowego zwrotu ku egzotyce jest opowiadanie *José Pascucci*, w którym znajdujemy sprawozdanie z futbolowego meczu Argentyna–Kolumbia włącznie ze składami obydwóch reprezentacji. W rekonstrukcji realiów życia codziennego w Argentynie pomógł Gucciniemu gitarzysta „Chudy" Biondini.

Niemal neorealistyczna dokładność, z którą Guccini ozdabia szczegółami swoje krótkie formy narracyjne, idzie w parze z częstym stosowaniem przymiotników. W każdym tekście jest ich mnóstwo, co

[293] F. Guccini, *Icaro*, Milano 2008.
[294] Wywiad z M. Smargiassim…

nie tylko świadczy o bogatym zasobie słownictwa autora, ale także o świadomym wyborze pisarskiej techniki polegającej na konotatywnym określeniu niemal każdego obiektu, drobiazgu. Jest to prawdziwa „radość pisania" jak to, co Wisława Szymborska określa mianem radości z demiurgicznej mocy słowa. Puenta z wiersza polskiej laureatki Nagrody Nobla widnieje zresztą na samym początku tomu Gucciniego: *La gioia di scrivere. / Il potere di perpetuare. / La vendetta di una mano mortale.* (Radość pisania. / Możność utrwalania. / Zemsta ręki śmiertelnej.)[295].

[295] W. Szymborska, *Radość pisania*, [w:] *eadem*, *Sto pociech. Wiersze*, Warszawa 1967.

Na zakończenie

Porównywałem teksty Gucciniego i dwóch z wielu artystów, których również można zaliczyć do grona kantautorów. Wybór De Andrégo i Finardiego nie był przypadkowy, lecz uzasadniony podobieństwem między nimi a samym Guccinim. W przypadku De Andrégo podobieństwo jest przede wszystkim pokoleniowe, Finardi zaś okazał się autorem bliskim Gucciniemu ze względu na podjęte tematy. Niemniej także inni wspomniani wyżej autorzy, na przykład Lucio Dalla, Francesco De Gregori, Luciano Ligabue, Antonello Venditti mają swe dorobki artystyczne porównywalne z osiągnięciami Gucciniego. Nie wolno ponadto zapomnieć o jeszcze innych kantautorach, którzy swoimi utworami wzbogacili włoską muzykę w okresie rozkwitu piosenki autorskiej. Są nimi Edoardo Bennato, Pino Daniele, Ivano Fossati, Gianna Nannini, Vasco Rossi, Roberto Vecchioni i inni. Ich teksty też są głębsze pod względem treści niż zwykłe piosenki estradowe. W większości udowadniają także formalnie ich wyrafinowany warsztat literacki i potencjał ekspresywności.

Teoretycznie byłoby możliwe także rozszerzenie tego szkicu, gdyby włączyć w poczet kantautorów również bardów z „czwartego pokolenia", czyli artystów urodzonych po 1970 roku. Należy do nich na przykład Simone Cristicchi (rocznik 1977), który w 2007 roku wygrał festiwal w Sanremo piosenką *Ti regalerò una rosa* (Podaruję ci różę). Utwór opiera się na autentycznych pismach pacjentów szpitali dla umysłowo chorych. Protest przeciw przemocy i nieludzkiemu leczeniu *matti* (matołków) jest jednym z głównych wątków w twórczości Cristicchiego, który na ten temat opublikował także książkę[296].

[296] S. Cristicchi, *Centro di igiene mentale. Un cantastorie tra i matti*, Milano 2007.

W skład najpopularniejszej dotychczas płyty rzymskiego barda[297] wchodzą inne piosenki protestu na rozmaite tematy aktualności. Jest adaptacja utworu *L'italiano*, który swego czasu stał się bardzo popularny także w Polsce w wykonaniu Toto Cutugno. Do oryginalnego tekstu autorstwa Cristiana Minellona wniósł Cristicchi tylko jedną, ale jakże znaczącą poprawkę. W ostatniej zwrotce zastąpił orzeczenie imienne: *Sono un italiano vero* (Jestem prawdziwym Włochem) podobnie brzmiącym zdaniem: *Sono un italiano nero* (Jestem czarnym Włochem). Jest tu subtelna ironia skierowana przeciwko tym wszystkim, którzy uważają, jakoby obywatele Republiki Włoskiej o ciemnej skórze nie mogli być „prawdziwymi Włochami".

Inny protest song na płycie jest poświęcony Piergiorgio Welby'emu — bohaterowi walki o prawo do eutanazji dla siebie. Utwór *Legato a te* (Przywiązany do ciebie) ma mocno dwuznaczny tekst. Przemówienie narratora wydaje się skierowane do kochanki, powtarza się stwierdzenie: „Nie mogę żyć bez ciebie". Okazuje się jednak, że rozmówczynią jest maszyna, która sztucznie utrzymuje pacjenta przy życiu. Stwierdzenie: „Chciałbym, żeby mi było wolno z tym skończyć", jest krzykiem rozpaczy człowieka, który z powodu ideologii na tle religijnym został skazany na długoletnią wegetację bez możliwości powrotu do normalnego życia[298].

Utwór *Laureata precaria* (Pani magister na czas określony) przedstawia tymczasem nadzwyczajnie trudną sytuację młodszego pokolenia Włoszek, które mimo ukończonych studiów nie są w stanie znaleźć stałego zatrudnienia, muszą wałęsać się od jednego do drugiego niekwalifikowanego stanowiska za marne grosze[299]. Piosenka ta jest jednym z nielicznych protestów na tle społecznym, jakie pojawiły się we włoskiej panoramie muzycznej ostatnich kilkunastu lat.

Wbrew cechom typowym dla twórczości kantautorów — na przykład tekstom poświęconym palącym zagadnieniom społecznym — oraz znaczącemu nowatorstwu w stylach muzycznych, Cristicchiego i innych młodych bardów nie można uznać za „śpiewających autorów"

[297] S. Cristicchi, *Dall'altra parte del cancello*, Milano 2007.
[298] S. Cristicchi, *Legato a te*, [w:] *idem*, *Dall'altra parte del cancello...*
[299] S. Cristicchi, *Laureata precaria*, [w:] *idem*, *Dall'altra parte del cancello...*

w ujęciu ścisłym. „Czwarte pokolenie kantautorów" to tylko abstrakcja wynikająca z analizy przeprowadzonej w sposób czysto techniczny. Nie może być dalszych pokoleń kantautorów, dlatego że samo pojęcie zawiera w sobie treść przekraczającą granice tematyk i stylistyk, obejmującą natomiast realia historyczne i społeczne, które okazują się niepowtarzalne.

Dobitnie ujął to Guccini: „Dzisiaj wielu pisze piosenki i wykonuje je, ale nikt już nie może być określony mianem *cantautore*"[300]. I tak jest zapewne, ponieważ cechą charakterystyczną kantautorów była umiejętność przekształcenia zwykłych doświadczeń życiowych w świadomość zbiorową. Oznacza to, że piosenka autorska była wehikułem, za pomocą którego publiczność otrzymywała kulturowe bodźce, a dzięki nim ukształtowała swoją wizję świata. To nie jest już możliwe w dzisiejszym świecie, w którym jest wręcz nadmiar środków przekazu innych niż śpiewane na koncertach lub nagrane na płytach winylowych piosenki.

Poza tym kantautorzy mieli własne tło ideowe. Ich przekonania ukształtowały się wśród ówczesnych „sztywnych" stosunków społecznych i politycznych. Kantautor niezmiernie rzadko popierał jedną partię, jednak prawie zawsze był bardzo przychylnie nastawiony wobec ideałów wolnościowych zaprzeczających na przykład konieczności podziału świata na dwa wrogie wobec siebie, ale w istocie bardzo do siebie podobne, obozy polityczne i militarne. Ten podział tymczasem przestał istnieć na przełomie lat 80. i 90. ubiegłego wieku.

Dzisiaj na włoskiej scenie muzycznej pojawia się wielu nowych bardów — utalentowanych autorów i równocześnie wykonawców swoich piosenek, którzy podobnie do wyżej wymienionego Cristicchiego nie stronią od podejmowania tematów kulturowo i społecznie niewygodnych. Robią to w sposób nie mniej nowatorski niż swego czasu kantautorzy z lat 60. i 70. Epopeja kantautorów trwała jednak tylko w bardzo ograniczonym wymiarze czasowym i bezpowrotnie się skończyła. Dzisiaj nawet piosenka nie nazywa się już *canzone*, lecz *traccia*. W warunkach globalizacji i ujednoliconego toku myślenia tylko kalki z angielskiego mają jeszcze prawo bytu.

---

[300] Wywiad z M. Smargiassim…

Dyskografia i bibliografia

Dyskografia Gucciniego

Folk Beat n. 1 z 1967
Due anni dopo z 1970
L'isola non trovata z 1971
Radici z 1972
Opera buffa z 1973
Stanze di vita quotidiana z 1974
Via Paolo Fabbri 43 z 1976
Amerigo z 1978
Album concerto (na żywo z kapelą Nomadi) z 1979
Metropolis z 1981
Guccini z 1983
Fra la Via Emilia e il West (na żywo) z 1984
...quasi come Dumas (na żywo) z 1988
Quello che non... z 1990
Parnassius Guccinii z 1993
D'amore, di morte e di altre sciocchezze z 1996
Guccini Live Collection (na żywo) z 1998
Stagioni z 2000
Guccini Live@RTSI (na żywo) z 2001
Ritratti z 2004
Anfiteatro Live (na żywo) z 2005
The Platinum Collection (trzypłytowa antologia) z 2006

Publikacje autorstwa lub współautorstwa Gucciniego

Celli G., Guccini F., Manfredi V.M., *Storie d'inverno*, Mondadori, Milano 1994.
Guccini F., *Cittanòva blues*, Einaudi, Torino 2003.
Guccini F., *Cròniche epafàniche*, Feltrinelli, Milano 1989.

Guccini F., *Dizionario del dialetto di Pavana*, Nuèter, Porretta Terme 1998.
Guccini F., *Icaro*, Mondadori, Milano 2008.
Guccini F., *Vacca d'un cane*, Feltrinelli, Milano 1993.
Guccini F., Cerami V., *Storia di altre storie*, Piemme, Casale Monferrato 2001.
Guccini F., Macchiavelli L., *Un disco dei Platters*, Mondadori, Milano 1998.
Guccini F., Macchiavelli L., *Macaronì. Romanzo di santi e delinquenti*, Mondadori, Milano 1997.
Guccini F., Macchiavelli L., *Questo sangue che impasta la terra*, Mondadori, Milano 2001.
Guccini F., Macchiavelli L., *Lo Spirito e altri briganti*, Mondadori, Milano 2002.
Guccini F., Macchiavelli L., *Tango e gli altri. Romanzo di una raffica, anzi tre*, Mondadori, Milano 2007.

Literatura przedmiotu

de Angelis E., *Le mal de Paris. Influenza della canzone francese su quella italiana*, „Trasparenze" 22, San Marco dei Giustiniani, Genova, 2004, s. 41–50.
Bellati A.C. (red.), *Francesco Guccini. Dietro a frasi di canzoni*, Lombardi, Milano 1993.
Benziger O., *Bob Dylan. Seine Musik und sein Leben*, DTV, München 2006.
Bernardini M. (red.), *Guccini*, Muzzio, Padova 1987.
Berselli E., *Canzoni. Storia dell'Italia leggera*, Il Mulino, Bologna 2007.
Bertoncelli R., *Paesaggi immaginari. Trent'anni di rock ed oltre*, Giunti, Firenze 1998.
Bertoncelli R. (red.), *Belin, sei sicuro? Storia e canzoni di Fabrizio De André*, Giunti, Firenze 2003.
Bettinelli S., *Francesco Guccini e Pavana. Tra geopoetica e senso del luogo*, BRP, Besnate 2002.
Borgna G., *Storia della canzone italiana*, Mondadori, Milano 1992.
Borgna G., Serianni L. (red.), *La lingua cantata*, Einaudi, Torino 1976.
Cotto M., *Un altro giorno è andato. Francesco Guccini si racconta a Massimo Cotto*, Giunti, Firenze 1999.
Cotto M., *Portavo allora un eskimo innocente*, Giunti, Firenze 2007.
Coveri L. (red.), *Parole in musica. Lingua e poesia nella canzone d'autore italiana*, Interlinea, Novara 1996.
Danielopol C., *Francesco Guccini. Burattinaio di parole*, Clueb, Bologna 2001.
Gelsomino A., *I personaggi di Francesco Guccini fra letteratura e cultura popolare*, „Trasparenze" 22, San Marco dei Giustiniani, Genova 2004, s. 101–112.
Giustini J., *Carta da musica. I cantautori e la letteratura*, Minimum, Roma 1995.
Jachia P., *Francesco Guccini*, Editori Riuniti, Roma 2002.
Jona G., Straniero M.L. (red.), *Cantacronache. Un'avventura politico-musicale degli anni Cinquanta*, Scriptorium, Torino 1995.

Mikołajewski J., *Fabrizio, poeta szalony*, „Gazeta Wyborcza" 14–15 stycznia 2006.
Mollica V. (red.), *Francesco Guccini*, Lato Side, Roma, 1981.
Mollica V. (red.), *Francesco Guccini. Parole e canzoni*, Einaudi, Torino 2000.
Pattavina V. (red.), *Stagioni*, Einaudi, Torino 2000.
Pivato S., *La storia leggera. L'uso pubblico della storia nella canzone italiana*, Il Mulino, Bologna 2003.
Sacchi S.S. (red.), *Per chi suona il cantautore*, il Ponente, Sanremo 1983.
Sanfilippo A., *Francesco Guccini. Storie di vita quotidiana*, Bastogi, Foggia 2004.
Varesi A., *The Bob Dylan albums. A critical study*, Guernica, Toronto 2002.
Viva L., *Non per un dio ma nemmeno per gioco. Vita di Fabrizio De André*, Feltrinelli, Milano 2000.

Dolce Italia?
Cronache dell'Italia contemporanea nell'opera di Francesco Guccini ed altri cantautori

Abstract

Tratto da una tesi di dottorato discussa nel maggio 2007 alla Facoltà di Lettere dell'Università di Breslavia, il libro si pone lo scopo di presentare la molteplice attività artistica di Francesco Guccini al pubblico polacco. Oltre ad essere stato autore di canzoni per sé e per altri, Guccini ha anche scritto romanzi autobiografici; ha sceneggiato fumetti; ha prodotto (con Loriano Macchiavelli) romanzi gialli ambientati nell'Italia novecentesca; ed ha pure recitato con successo in alcuni film. Si tratta dunque di un esempio significativo di quella cultura italiana, non stereotipata né dozzinale, che tanta fatica fa ad affermarsi all'estero.

Partendo da una ricostruzione del termine stesso "cantautore" e dell'affermarsi di questa figura in Italia, dapprima quale imitazione degli *chansonniers* francesi e poi secondo schemi e percorsi evolutivi propri, si giunge a paragonare i cantautori medesimi a fenomeni analoghi che ebbero luogo nell'Europa centro-orientale a cavallo fra gli Anni '70 ed '80 del secolo scorso. Il paragone, oltreché il russo Vladimir Vysockij, ricomprende anche il "bardo di Solidarność" Jacek Kaczmarski.

La differenza sostanziale fra i cantautori di fine Anni '60 (fra cui lo stesso Guccini, che proprio allora iniziò la carriera) e i bardi dell'Europa centro-orientale sta nell'assenza di una scelta di campo aprioristicamente partitica. Mentre Kaczmarski, ad esempio, con un'intuizione quasi profetica cantava del crollo dei muri eretti dai regimi di "democrazia popolare", i cantautori italiani si limitavano piuttosto a stigmatizzare la distopia della democrazia italiana, bloccata da una *conventio ad excludendum* che impediva un'autentica dialettica parlamentare.

Per tutti gli Anni '70, epoca di crisi economiche, rapide trasformazioni assiologiche e limitazione dei diritti civili in nome della lotta al terrorismo, la canzone d'autore italiana divenne così una sorta di coscienza critica dell'Italia. Fu soprattutto in questo decennio che i testi di Guccini e di alcuni altri cantautori divennero infabulazione artistica di fenomeni storici e sociali. Verso la fine del decennio crebbe un'altra generazione di cantautori che, sull'onda di fenomeni importati dal mondo anglosassone come il *punk,* alla rivoluzione contenutistica della canzone d'autore affiancò una rivoluzione morfologica: i testi si fecero meno letterari, dando spazio alla lingua di tutti i giorni; le partiture accentuarono maggiormente la loro base ritmica. Fu questa nuova generazione che accompagnò l'Italia per tutti gli Anni '80 ed oltre, fino a Mani Pulite.

Il piano dell'opera si snoda intorno a Guccini in quanto "decano" dei cantautori italiani ancora viventi, con sporadiche puntate nell'opera di altri autori e con alcune considerazioni sull'attività di prosatore dello stesso Guccini. Chiave interpretativa principale rimane tuttavia il riflettersi della storia contemporanea italiana nella sua produzione artistica.

Dolce Italia?
Italian contemporary history themes in works by Francesco Guccini and other songwriters

Summary

This book, derived from a doctoral (PhD) thesis defended *viva voce* at the Faculty of Humanities of the University of Wrocław in May 2007, is meant to acquaint the Polish public with Francesco Guccini's varied artistic production. While being a songwriter for himself and other performers, Guccini also wrote autobiographic novels, comics scripts and (together with Loriano Macchiavelli) detective stories set in the 20th-century Italy; he has been a successful film actor as well. His work is therefore to be considered as a relevant example of that peculiar kind od Italian culture which, being neither stereotyped nor cheapish, appears to be so hardly disseminated abroad nowadays.

Beginning with an exegesis of the very word *cantautore*, the popularity acquired in Italy by this category of performers is then analysed: First an imitation of sorts of the French *chansonniers*, Italian *cantautori* later trod their own evolutive path. In the book, they are then compared with similar personas performing in Eastern Europe from the late seventies, such as Russian Vladimir Vysotsky and the 'Bard of Solidarność,' Jacek Kaczmarski.

Throughout the seventies, an age of economic crises, quick changes in habits and morals, and substantial restrictions to civil rights as a result of counter-terrorism measures, songwriters took over the role of Italy's critical conscience. Especially in this decade, lyrics by Guccini and a few other *cantautori* turned into an artistic depiction of quite concrete historical and social phenomena. By the end of the decade, another generation of *cantautori* was also to appear. On the wave of Anglo-Saxon trends such as punk rock, this fresh roster carried out a formal revolution: Lyrics became less and less literary while everyday speech found its way as a means of expression, and music scores shifted from melody to rythm. This new line-up was to see Italy to the end of the eighties and further.

The book is centred around Guccini as the 'dean' of still living Italian *cantautori,* yet it contains also a few hints to other authors' work, and brief considerations too about Guccini's work as a prose writer. The main interpretation key is, at any rate, an analysis of his artistic production as a mirror for Italy's contemporary history.

Indeks osobowy

Sprzedaż wysyłkową publikacji
Wydawnictwa Uniwersytetu Wrocławskiego
prowadzi
Dział Handlowy
Wydawnictwa Uniwersytetu Wrocławskiego Sp. z o.o.
50-137 Wrocław, pl. Uniwersytecki 15
tel./fax 71 3752507, tel. 71 3752885
e-mail: marketing@wuwr.com.pl
www.wuwr.com.pl